庄 静 张 茜 主编
陈 媛 上官茹兰 副主编

大学生
健身健美
（第2版）

清华大学出版社
北京

内 容 简 介

本书根据国务院《关于强化学校体育促进学生身心健康全面发展的意见》及国家《"健康中国2030"规划纲要》《全民健身条例》的要求，结合高校体育健身健美教学课程具体介绍健身健美运动、矫正身体形态锻炼、有氧健身运动、肌肉力量耐力训练、器械锻炼、运动损伤处理、营养保健等健身健美运动知识与训练方法等内容。

本书通过健身健美训练来帮助学生树立"健康第一、终身受益"的观念，教授学生一套可以终身受益的健身健美运动。本书既可以作为普通高等院校、高职高专等各类职业院校大学生体育教学健身健美课程的首选教材，也可以作为广大社区居民、社会健身爱好者学习健身健美运动知识和进行强体健身运动的指导性用书。

本书封面贴有清华大学出版社防伪标签，无标签者不得销售。
版权所有，侵权必究。举报：010-62782989，beiqinquan@tup.tsinghua.edu.cn。

图书在版编目(CIP)数据

大学生健身健美/庄静，张茜主编. —2版. —北京：清华大学出版社，2024.3
ISBN 978-7-302-65780-4

Ⅰ.①大…　Ⅱ.①庄…②张…　Ⅲ.①健身运动－高等学校－教材 ②健美运动－高等学校－教材　Ⅳ.①G883

中国国家版本馆CIP数据核字(2024)第056225号

责任编辑：颜廷芳
封面设计：常雪影
责任校对：袁　芳
责任印制：沈　露

出版发行：清华大学出版社
　　　　网　　　址：https://www.tup.com.cn，https://www.wqxuetang.com
　　　　地　　　址：北京清华大学学研大厦A座　　　邮　　编：100084
　　　　社　总　机：010-83470000　　　　　　　　　邮　　购：010-62786544
　　　　投稿与读者服务：010-62776969，c-service@tup.tsinghua.edu.cn
　　　　质量反馈：010-62772015，zhiliang@tup.tsinghua.edu.cn
　　　　课件下载：https://www.tup.com.cn，010-83470410
印 装 者：三河市龙大印装有限公司
经　　销：全国新华书店
开　　本：185mm×260mm　　　印　　张：14.25　　　字　　数：431千字
版　　次：2016年8月第1版　　2024年5月第2版　　印　　次：2024年5月第1次印刷
定　　价：49.00元

产品编号：100822-01

第2版前言

《中共中央国务院关于深化教育改革　全面推进素质教育的决定》文件中指出："健康体魄是青少年为祖国和人民服务的前提，是中华民族旺盛生命力的体现。学校教育要树立健康第一的指导思想，切实加强体育工作。"

我国经济快速发展，国际市场竞争激烈，不仅就业形势严峻，工作压力也越来越大，无论是从业者、就业者还是创业者，都需要有良好的身体；否则很难适应当下的工作节奏。思想是革命的灵魂，身体是报国的本钱，坚定的政治思想、强健的体魄是为国家、为人民效力的前提。当前面对大学生身体素质普遍下降的趋势，加强体质锻炼、强化健身健美运动、提高大学生身体素质，已成为亟待解决的重大问题。

大学生健身健美训练既是高校体育教学的重要课程，也是当今社会各类从业者、社区居民群体普及率最高的运动项目。健身健美不仅体现了时代特征，而且对于"改善形体、外塑形象、内练修养、调养身心、增进健康"具有强大的促进功能，在增强和提高全民身体素质与身体健康中均发挥积极作用。

本书自出版以来，因写作质量高、注重强化操作训练而深受全国各类高校广大师生的欢迎，目前已多次重印。此次再版，编者审慎地对原教材进行案例更新、知识增补等修改，以使其更贴近现代健身健美训练，更好地为国家高等教育体育教学服务。

本书作为大学生素质教育的特色教材，根据国务院《关于强化学校体育促进学生身心健康全面发展的意见》及国家《"健康中国 2030"规划纲要》《全民健身条例》的要求，全面贯彻落实习近平总书记在全国教育大会、全国卫生与健康大会上的重要讲话精神和国家教育部、卫生健康委员会、共青团中央关于落实"进一步加强大学生身心健康的意见"，由首都医科大学、北京航空航天大学、华南理工大学、北京联合大学等多所高校的专家学者在多次研讨的基础上，结合党的二十大精神和高校体育健身健美教学课程内容改革实际而编写。本书的出版对关注大学生人生的长远发展具有积极、重要的意义。

全书共八章，以学习者身体素质培养为主线，根据健身健美训练的基本过程和操作规程，具体介绍健身健美运动、矫正身体形态锻炼、有氧健身运动、肌肉力量耐力训练、器械锻炼、运动损伤处理、营养保健等健身健美运动知识与训练方法等内容。

本书融入了身体素质教育最新的实践教学理念，力求严谨，注重与时俱进，具有知识新、内容丰富、操作性强、训练步骤清晰、循序渐进、注重实效等特点，注重树立"健康第一、终身受益"的观念。因此，它既可以作为普通高等院校、高职高专等各类职业院校大学生体育教学健身健美课程的首选教材，也可以作为广大社区居民、社会健身爱好者学习健身健美运动知识和进行强体健身运动的指导性用书。

本书由李大军总体筹划并具体组织，庄静和张茜任主编，庄静统改稿，陈媛、上官茹兰任副主编，由健身健美与体能训练专家王月主审。编者编写分工：张茜编写绪论、第二章，吴昊天编写第一章，庄静编写第三章、第六章，上官茹兰编写第四章、附录，陈媛编写第五章，黄辛美编写第七章，陈媛、张瀛、王亚丽、徐朋、吴昊天、陈媛负责动作示范，李晓新负责文字修改、版式调整、教学课件制作。

在本书再版过程中，编者参考国务院、教育部、国家体育总局、共青团中央历年颁布实施的国民素质教育及大学生身体锻炼的相关法规和管理规定，并得到有关专家、教授的具体指导，在此一并致谢。为了配合教学，本书配有电子课件，读者可以从清华大学出版社网站（www.tup.com.cn）免费下载。因编者水平有限，书中难免存在疏漏和不足，故恳请专家和读者批评、指正。

编 者

2023年10月

第1版前言

《中共中央国务院关于深化教育改革　全面推进素质教育的决定》文件中指出："健康体魄是青少年为祖国和人民服务的前提,是中华民族旺盛生命力的体现。学校教育要树立健康第一的指导思想,切实加强体育工作。"

对于当代大学生来讲,不仅要具备过硬的专业知识和应用技能,还应该具备健康健美的体魄。对于培养高级人才的高等院校来说,怎样增强大学生健康体质、最终实现高素质人才的全面发展,已成为高等教育管理者和高校体育工作者最为关切的问题。

全书共七章,以学习者身体素质培养为主线,根据健身健美训练的基本过程和操作规程,具体介绍:健身健美概述、健身健美课程原则、健身健美运动与营养保健、健身健美运动的基础知识、健身运动有氧锻炼方法、健美运动抗阻训练及伸展放松方法、健身健美课程教学计划书。

本书作为大学生素质教育的特色教材,坚持以科学发展观为统领,严格按照教育部、国家体育总局关于"加强大学生身体素质培育"的要求,全面贯彻教育部、卫生部、共青团中央关于落实"进一步加强大学生身心健康的意见",结合高校体育健身健美教学课程内容改革实际。本书作为北京联合大学规划教材项目,由北京联合大学、天津科技大学、郑州大学、河南理工大学、上海中医药大学、北京教育学院、北京中医药大学、首都医科大学等全国多所院校体育部和体育中心的专家、教授,在多次研讨论证的基础上共同精心撰写。

本书由李大军总体筹划并具体组织,王月和成爽主编,王月统改稿。乐严严、牛声宇为副主编,由健身健美与体能训练专家庄静主审。编者编写分工如下:王月编写第一章、第三章、第六章,乐严严编写第二章,杨亚萍编写第四章,成爽编写第五章,牛声宇编写第七章,王亚丽编写附录;张瀛、王亚丽、徐朋负责动作示范,华燕萍负责文字修改、版式调整,李晓新负责制作教学课件。

在本书的编写过程中,参阅了大量健身健美体能训练的最新书刊资料、教育部历年颁布实施的国民素质教育及大学生身体锻炼的相关法规、管理规定,并得到有关专家、教授的具体指导,在此一并致谢。为了配合教学,本书配有电子课件,读者可以从清华大学出版社网站(www.tup.com.cn)免费下载。因编者水平有限,书中难免存在疏漏和不足之处,恳请同行和读者批评、指正。

编　者

2016 年 5 月

目 录

绪论　健身健美课程思政案例应用——基于五星教学原理　1

1　第一节　五星教学原理在体育课程思政环节的应用
2　第二节　健身健美课程思政教学改革
8　第三节　健身健美课程思政案例应用

第一章　健身健美概述　14

14　第一节　健身运动和健美运动的概念
18　第二节　健身健美课程对大学生身心健康的指导作用
23　第三节　健康美的标准
27　第四节　健身健美——功能性训练的概述及训练方法

第二章　健身健美课程原则　31

31　第一节　健身健美课前的准备和要求
33　第二节　健身健美课中应注意的问题
36　第三节　健身健美课后的身体恢复

第三章　健身健美运动与营养保健　39

39　第一节　健身健美运动的营养学基础
56　第二节　食物的营养及价值
58　第三节　运动与合理膳食

第四章　健身健美运动的基础知识 65

- 65　第一节　人体肌肉系统及工作原理
- 67　第二节　健身健美运动常用动作术语与名词概念
- 75　第三节　健身健美运动常见的运动损伤与处理方法

第五章　健身运动有氧锻炼方法 78

- 78　第一节　有氧锻炼概述
- 79　第二节　有氧舞蹈
- 91　第三节　大学生啦啦操
- 99　第四节　形体训练

第六章　健美运动抗阻训练及伸展放松方法 107

- 107　第一节　抗阻训练概述
- 111　第二节　健美胸部肌肉训练
- 118　第三节　健美背部肌肉训练
- 129　第四节　健美腰腹部肌肉训练
- 141　第五节　健美肩颈部肌肉训练
- 150　第六节　健美上肢肌肉训练
- 161　第七节　健美下肢肌肉训练

第七章　健身健美课程教学计划书 175

- 175　第一节　教学大纲
- 178　第二节　健身健美课程计划制订方法
- 181　第三节　健身健美课程计划书

附录 A　教育部关于印发《高等学校体育工作基本标准》的通知 201
附录 B　全国健美操大众锻炼标准实施办法 204
附录 C　第八次全国学生体质与健康调研有关情况介绍 206
附录 D　教育部关于印发《高等学校课程思政建设指导纲要》的通知 209
附录 E　教育部办公厅关于做好 2023 年高校思想政治工作队伍培训研修中心重点建设工作的通知 215
参考文献 218

绪论

健身健美课程思政案例应用
——基于五星教学原理

章前导言

健身健美课程既要严格科学训练，又要体现强身健体奋力拼搏的体育精神，还要将思想政治教育的理念、任务、方法贯穿于学校人才培养体系和过程中。在体育教学中，坚持促进学生"全面发展"为中心，设计贴近学生的日常锻炼和生活作息的体育课程，使学生获得身体、精神、道德方面的专业培育和指导。

第一节　五星教学原理在体育课程思政环节的应用

党的二十大以来，体育课程与教学改革紧紧围绕国家落实"立德树人"的根本任务，对于新时代好青年的教育要切实落实，坚持脚踏实地、敢作敢为、善作善成、有理想、敢担当、能吃苦、肯奋斗的教育理念。体育课程有自己独有的德育体系和话语表达方式，其中蕴含的思政教育因素和道德教育功能与体育课程思政的核心体系建设密切相关。

体育课程思政建设遵循学生德育在体育教学过程中表现出的系统性，充分发挥了体育学科的特殊育人价值和融合育人作用，赋予了体育课程创新性的育人功能。

一、五星教学原理的概念

五星教学原理即"首要教学原理"，由当代国际教学设计领域领军人物戴维·梅瑞尔经过数十年的潜心研究发现而来，从初期对有效教学的发现再到对教学理论的顿悟，经过40余年的教学设计研究历程，呈现出阶梯式发展，且每10年形成一个创新阶段。

表面上看，许多不同的教学设计理论和教学模式形态各异，其背后都蕴含着相似的原理，它汲取了从赫尔巴特到建构主义学习环境等10余种教学理论的精华，既注重学会解决问题，又讲究扎实指导，教与学相统一，摆脱单纯先学后教的偏颇。

为了更好地实现学习效果突出、学习效率高、学生参与度大，"五星教学原理"经过实践验证总结出：面向任务原理、激活旧知原理、呈现新知原理、尝试应用原理及融会贯通原理五条基本原理。五星教学融入现代课程与教学理论研究，教育心理与教育技术研究，既是教学设计理论转型的重要标志，也是面向21世纪教学模式的新主流。

二、五星教学原理的优势

五星教学原理的优势在于聚焦完整任务设计，体育精神思政案例可围绕提出任务、示证任务、呈现新任务或完成任务展示的某一环节，有效地帮助大学生实现体育精神向思想意识再向实践行动的迁移，促进运动技能与身体素质的发展。

采用五星教学理论能够更好地将课程思政融入体育教学中，使体育课程思政设计有序交融，思政案例精准嵌入，在教学实践中勾起学生强烈的运动激情与兴趣，从而实现优质教学的目标。

与其他教学理论相比五星教学原理面向问题、解决问题的理念与体育学科较强的实践性、实用性特点一致，而五星教学原理为思政案例的精准嵌入提供了科学的流程框架，有效地提升了大学生体育课程思政教育效果。

三、五星教学原理的推广

专业课程是课程思政建设的主要载体，五星教学原理对于其他专业课程思政推广体现在以下三点。

第一，五星教学原理的流程框架为其他专业课程思政设计提供决策依据。不同课程的知识结构、思维方法和价值理念有所不同，经典教学原理模式帮助梳理专业课教学内容，挖掘课程思政案例，有机融入发现问题、示证新知、激活旧知等课程教学中，改革教学流程，达到以学生为本并启智、润心的教育效果。

第二，五星教学原理从解决问题出发，并将问题贯穿始终，使学生更好地发现自身专业问题，对于思政教育来说是一种更立体、生动的教学方法。

第三，同伴互评、标准测量更好地搭建支架，突出相互尊重、合作互信的课程思政教育元素。专业课程学习达到融会贯通阶段时，学生的作品展示就等同于学习效果的反馈，学生互评可以在帮助双方再次回顾知识点的同时引发激烈探讨，这使学习效果进一步升华。

分类推进课程思政建设突显专业特点，精准把握不同学科专业的特色、优势及育人目标，挖掘提炼专业知识体系中所蕴含的思想价值和精神内涵，科学合理地拓展专业课程的广度、深度和温度。

第二节　健身健美课程思政教学改革

健身健美是一项新兴的运动项目，近几年来发展较为迅速，在全国众多综合类院校、体育院校均开设专业课程，其课程内容着眼于社会体育指导与管理专业学生就业发展方向（教师、教练员、社会体育指导员等），全面、系统地讲解健身专业知识与技术、健身指导所需的学科基础知识（解剖学基础、营养学基础等）、行业从业基本技能（教学、销售等）等，重点帮助学生掌握私人健身运动专业技术，提高学生教学指导能力，从而使学生为大众健身事业的发展做出贡献。

健身健美课程涵盖内容广，是一门研究人体构造、预防人类疾病的专业核心课程。健身健美项目赛事近几年更加多元化，如CBBA全国锦标赛、CBBA全国大学比赛，以及一些商业赛事（如北京奥赛、黄金联赛、DMS赛事）等，均为大学生提供了广阔的竞赛舞台。综合比较，与传统体育教学体系相比，健身健美课程的特点在于该课程与社会的发展和需求联系紧密，课程教学内容广泛，以及具有针对性的教学过程，为社会培养高素质体育人才。

一、课程思政融于高校健身健美课程的必要性

高等教育教学要坚持把立德树人作为中心环节，把思想政治工作贯穿教育教学全过程，实现全程育人、全方位育人，努力开创我国高等教育事业发展新局面。我国高等教育必须坚持正确的政治方向，为我国培养全面发展的人才提供力量，培养一流人才，建设一流高校，将全面提高人才培养能力作为核心点，带动高校其他工作。

体育课程能够促进学生的身心和谐发展，在体育课程中将思想品德教育、文化科学教育与身体活动有机结合，培养全面发展人才。体育课程的心理健康目标是指自觉参与体育活动，改善身心健康，培养积极向上、乐观生活及顽强拼搏的态度；社会适应目标是指正确处理竞争与合作的关系，培养良好的体育道德和行为习惯。体育课程的心理健康目标和社会适应目标与课程思政的教育目的相契合，在健身健美课程教学中融入课程思政，正是落实体育课程目标的根本要求。

当今大学体育教学中，有部分体育教师对学生的思政教育工作认识不够全面，认为体育课当以传授体育技能和提高身体素质为主要任务，割裂思政教育与专业课教育的关系，认为思政教育应该是思政课程涉及的领域及教学目标，又因为教学课时的限制与教学任务的繁重，忽略了学生全面发展的需求，以及对教学工作中育德与育人的要求。因此，在课程教学中落实立德树人的总目标，将课程思政理念融入体育教学，是转变我国体育课程教学现状的迫切需要和新时代教育的主题。

大学生全面发展是思政理论教育的根本目的，可彰显其在教学中的功能，并以此实现各科课程的教学目标。随着当前各种社会思潮的涌入，大学生正确的世界观、人生观、价值观尚未成熟定型，对于某些负面的、有失偏颇的言论难以进行准确判断及分析，长期在各态多元思想冲击下，很难形成正确的人生观及价值观。体育课程蕴含的体育文化和体育精神，正符合思政教育融合其他学科特点的需求。因此，将思政教育与体育课程相融合，有助于帮助大学生在体育课中实现精神塑造，将体育精神融入日常实践中，敢于拼搏、自强不息，从而实现个人价值，在体育精神的影响下实现体育课堂与思政教育的融合，从而促进当代大学生全面发展。

二、课程思政融于高校健身健美课程的实践目标

健身健美课程作为高校的专业课程，在强调学生强身健体的同时，对学生思政教育也是必不可少的内容。中华优秀传统文化是中华文明的成果，是道德传承，是各种文化思想、精神观念形态的总体。当代大学生应当了解我国优秀的传统文化，也应肩负着弘扬中国优秀传统文化的历史使命。将不忘初心、牢记使命深深地烙印在学生的心中，可以通过课堂讲授、影音资料展示，将课程思政融入健身健美课程中，通过对体坛名将、风云人物及励志事迹的介绍，结合授课计划，将课程思政教育内容与健身健美运动的概念及发展概况有机结合。

在教学内容上，突出重点、抓住难点、把握热点、解析疑点。将知识的呈现融入思政内容，在潜移默化中引导学生树立并践行正确的社会主义核心价值观，引导学生坚定践行中国特色社会主义"四个自信"。健身健美课程外在可以修炼身体形态、素质，内在可以培养学生的自信心，使得学生身心得到巨大的改善，可以帮助学生树立对自身及未来的自信，在教学过程中积极引导教学，学生互测，制订计划，从实践、理论、制度、文化四个维度结合授课计划和授课内容，将"四个自信"教育的内容与健身健美指标测试及训练计划制订方法的教学内容相结合，有助于促进大学生健康成长。

在专业课程中潜移默化地将思政教育融入学生的上课环境中，在教学形式上有效结合专业领域内重点问题、社会热点问题等，以问题为导向实现专题式教学、研讨式教学，培养学生的"四个自信"。

激发学生的创新协助精神，树立以强体促强国的目标，在健身健美课程上，教师给予指导，学生与学生之间相互保护与帮助，同时健身健美在动作选择上有很大的不同，为使动作具备有效性，需不同个体不同对待，培养学生的创新和协作精神，发散学生思维。取其精华，去其糟粕，理论联系实际，发扬创新精神和匠人精神。

通过实践教学和观摩学习对我国体育优势项目及成功经验进行介绍，结合授课内容，将匠人精神与健身健美各部位训练方法的教学内容在教学过程中有机结合，加强实践体验环节，内化思政教育，强化实质性效果。不仅要传授专业知识，还要通过专业教学培养大学生对自己、对他人、对社会、对生活的正确态度。

传递公平、公开、公正的理念，树立正确的世界观、人生观、价值观。健身健美课程的教授需要通过实践来验证自身学习的效果，可以通过比赛、教学实习等方式强化自身专业知识，通过健身健美课堂，讲解教学和案例展示并结合授课内容，讲解多样化赛事编排规则及反兴奋剂举措，将健身健美项目赛事教学内容融入自由、平等、公正的社会主义核心价值观。

在教学方法上，以讨论式、案例式、启发式等授课方式为主开展教学；引导学生自己解决问题，调动学生的积极性；培养学生反省、提问、分析、批判、探索、创新、实践的能力；采用情境教学、案例教学等多种教学手段，提高课程效率。

高校应改进和加强课程思政教学环节，做好顶层设计、政策引导和制度保障工作，在有效融合思政教育和体育课程的同时，遵循现代教育教学规律，结合大学生追求新颖与时尚的特点，变革教学方式，可采将"热点问题""微博热搜""女排精神"等新时代话题引入教学课堂，构筑以思政课程为核心、热点问题为辅助的教学课程体系，以时代新颖问题为导向，将思政理念融入体育教学，引导大学生在课堂学习过程中紧密联系社会实际，提升自我思想，形成良好的思辨能力。

健身健美专业教师首先要有夯实的思政专业知识基础与熟练运用思政理论指导专业实践的能力，这就需要教师有坚定的信仰和扎实的理论素养，同时具备高水平的理论联系实际的业务能力，将体育人文、体育历史、体育精神、健身理论、赛事传统等社会性体育知识运用到体育实践教学中，并对教学方法和教学方式进行创新，联系大学生思想实际进行体育教学，促进学生思想观念和价值观念的形成。在遵循健身教学规律的同时，找到健身健美课程与德育的结合点，并不断总结、反思、改进，以满足不同学生的成长需要。

关注课程思政和终身体育教育，塑造学生持久自律的锻炼行为，在"大思政"教育理念下，体育教学中必须融入思政元素，这恰恰符合体育的教育功能。事实上，这也是体育教师多年来在课堂上一直坚持的理念。

第一,传递正确的价值观,提倡合理的行为方式和积极健康的生活态度。在班级里树立正气,创建和谐氛围,实事求是,互相尊重,以理服人。师生之间,学生之间,人格平等,做到人性化管理。

第二,潜心研究课堂教学,根据学生的特点能因材施教,努力为学生营造主动学习的环境,促成育人目标的达成。

第三,切实从学生角度去考虑,立足学生发展,重视情感表现评价,让学生在评价和鼓励中释放自己的潜能,积极参与自我训练或互助训练,促进学生参与课后的健身健美锻炼。

第四,教师需要言传身教和身体力行。教学无小事,处处是教育。教师组织实施体育教学的一言一行深刻地影响学生的发展,其学识素养、心理倾向、思想水平、人格魅力等在与学生的互动中暴露无遗。教师必须掌握课堂教学育人的手段和方法,不断提高育人能力,科学合理地运用于教学实践中。在课堂教学中,根据不同个体的思想、体能、个性等特点,采用灵活多样的育人手段和方法,有的放矢地完成育人目标。

第五,培养学生敬业乐业、吃苦耐劳、团队合作、持之以恒的精神。健身健美课程的每一个项目学习都是建立在学生良好身心状态基础之上的,才能以实现教学效果最大化。

在高校开设健身健美课程,对于提升大学生身体素质、塑造健美体型具有十分积极的作用。健身健美课在提升大学生力量素质和有氧耐力素质方面较普通体育课效果更为显著。健身健美班学生在推铅球、引体向上、立定跳远和50米跑这四个项目上的提高幅度远远高于普通班。

健身健美是促进健康的一种非常合理的锻炼手段,它将训练、饮食与恢复手段完美地结合起来,使我们保持高度完善的健康状态。健身健美能使大学生自然而然地获得健康的饮食习惯,远离吸烟、酗酒等不良嗜好,让他们的生活变得更积极、更乐观、更有规律。因此,健身健美锻炼的过程本身就是一个很好的健康教育过程,是一个很好的实施大学生健康教育的方法和途径。因此,在我国高校中开设健身健美课程是对大学生实施健康教育的需要。

培养大学生终身体育意识和能力是我国体育教育贯彻始终的教育目的,高校体育教育是学校体育的最后阶段,也是从学到用的衔接点,是培养终身体育思想、造就终身体育者的关键环节。这就要求我们在大学阶段应更加重视对大学生进行终身体育观念的培养。

大学生通过健身健美课程的学习,除了能获得健身健美的专业知识和技能外,还能了解基本的人体解剖学和运动生理学方面的知识,学会制订合理的健身计划和运动处方。运动处方是随着运动生理学的发展而逐渐成熟和完善起来的,运动处方的基本要素包括运动目的、运动类型、运动强度、运动时间、运动频度和注意事项等。运动处方的研究和应用,在健身健美中的作用和地位也已被越来越多的人所认识。

我国学校体育的目标不仅是增强体质,提高运动技术水平,还应培养学生具有以形体为主的身体健康美、心灵美、行为美,以及感受、创造这些美的能力。对大学生实施体育审美教育的主要途径应是高校尽快面向学生开设健身健美课程,努力使大学生树立身心健康的美学理念,积极培养大学生体育美的创造能力。

健身健美能培养和提高大学生的审美能力,让他们充分体验体育美的价值。体育美的价值在于它能满足人们对体育的审美要求,从而激励人们强烈的参与意识。

健身健美运动始终以塑造体育美的人体美、运动美、精神美为主要内容,它具有体育美的功能,把人的内在美与外在美和谐统一地表现出来,因而能给人留下美的属性印象,进而促使大学生对体育锻炼产生积极的体验愿望,激励大学生产生勇于"自我表现"的勇气,对树立终身体育的思想起到了积极作用。高校开设健身健美,不受性别、年龄、健康状况、原有运动基础限制,可根据大学生的兴趣爱好选择不同的技术动作、动作频率、动作难易度以及练习时间、强度等,从而达到不同的锻炼需要。

参与健身健美的锻炼活动,实际上也是审美教育活动,大学生接受塑造健康、健美的形体美、姿态美的审美教育,同时也得到了锤炼意志品质的审美教育。健身健美正是"从客体到主体"和"从主体到客体"这样一种双向运动。它的内容丰富,形式多样,因而能满足各种性格特征的大学生的审美需要,健身健美课程的开设是大学生体育审美教育的需要。

健身健美运动康复处方在高校体育课程中的实施,可以正心、正形。正心就是拥有良好的道德情操,身心健康;正形就是拥有健康的体魄和健美的体格。健身运动通常是指有氧运动,连续的运动让心跳不断加快,提高心率,增强心脏功能,同时消耗的氧气也更多,心肺功能可以得到很好的改善。健美运动则通常是指利用器械或者徒手进行身体外在形态的塑造和内在功能的锻炼,可以很好地塑造健康、健美的体态。健美运动具有针对性强、成效快等特点。

通过健身健美运动,增加力量和稳定性的同时还可以增加骨密度及关节韧带的韧性,减少日常运动对膝关节的磨损。在学生的体育课堂里加入健身健美运动处方,给学生传递正知、正觉、正位的观念,结合自身专业,为培养优秀人才做贡献。

伏尔泰有句名言:"生命在于运动。"就像流动的水,为生命注入能量,保持生命的活力。苏霍姆林斯基曾说过:"经常的体育锻炼,不仅能发展身体的美和动作的和谐,而且能培养人的性格,锻炼意志力。"

现行的体育课着重运动参与,有一定运动量,能冒汗,强身强心,这里面已经在慢慢向更深层次、更专业的医疗护理领域靠拢了,关注心血管系统在运动参与过程中的变化,体育不仅是骨骼、肌肉、身体形态的锻炼,身体的呼吸、循环、代谢系统也会受到历练。在教会学生一个运动技能的同时也要让他明白其中涉及的运动和医学等原理,培养其终身健康意识,并能灵活为自己设计不同的运动处方,并进行全面的健康锻炼与维护。

三、课程思政理念对于高校健身健美课程教学的作用分析

现如今,我国各大高校已经认识到思政教育改革工作势在必行,其不仅要对原有的思政课程进行改革,更应加快其他课程与思政教育之间的融合。体育课程与其他专业课程不同,具有较强的综合性和包容性,在体育课程中开展思政教育是一种可行的方法。高校健美教学的现状如下。

(一)教学理念落后

健身健美课程属于体育课程的一个分支,尽管具有大量的学生基础,但长期没有成为高校体育课程改革的重点项目。因此,多数高校的健美课程在教学理念方面存在滞后的问题,片面重视学生的达标成绩和对于技术动作的掌握情况,反而忽视了健身健美课程对于大学

生品质、人格方面的塑造。

（二）教学内容的问题

教学内容单一化也是高校健身健美课程的一大现状。有些健身健美教师安于现状，缺乏创新思维和创新精神，在课堂上所使用的教学素材相对老旧，甚至教学方式也已经被当今社会所淘汰。学生在选择健身健美课程时，往往希望通过健身健美课程来塑造良好的身体形态，磨炼自己的精神意志，而实际情况却与学生的心理预期相去甚远，从而导致学生的学习主动性和积极性大幅下降。

（三）教学评价体系的问题

长期以来，高校体育课程的教学评价体系一直存在一定的缺陷，而在推动课程思政进课堂理念的背景之下，这一缺陷被无限放大。尽管学校方面提倡在教学实践中融入思政教育理念，但实际上不仅存在落实的问题，现有的教学评价体系也并未设置与德育水平相关的内容。

四、高校健身健美课程在课程思政理念下的改革途径分析

健身健美课程教学目标的调整，对于现代化高校而言，培育人才的根本目标在于培养全面发展型人才，即学生不仅要具备专业的能力、丰富的知识储备，更要拥有独立的人格、良好的道德品质，同时还应当具备健康的身体状态，而高校健身健美课程显然是为实现这一目标而服务的。

（一）高校健身健美课程教学目标

高校健身健美课程可以将教学目标划分为以下三个部分。

1. 设置知识目标

学生首先需要了解与健身健美相关的理论知识，掌握正确的健身健美流程和健身健美原理，要学会使用科学的方式参与健身健美课程。

2. 设置能力目标

学生需要掌握健身健美课程所教授的基本动作，了解每一个动作的正确运动方式，并依靠健身健美训练逐步提高自己的身体状态和吃苦耐劳精神。

3. 设置德育目标

健身健美课程自身的特点决定了对于学生的耐心、持久性提出了较高的要求，学生通过系统的健身健美训练可以塑造坚韧的道德品质。学生需要从健身健美课程中发现思政教育的本意，要注重对学生团队精神和集体精神的打造。

（二）教学方式和内容的改革

传统的健身健美教学内容主要有理论学习和课堂实践学习两个部分。在课程思政理念的基础上，还应当添加思想教育部分。

（1）学习课堂理论时，学生需要充分了解健身健美的基本规格和要求，同时要根据个人的身体状态制订相应的锻炼标准和目标，并严格遵循课堂纪律。在这一部分，思政教育应以

培养学生的职业规则和职业道德为主,要求学生在不同的情境下要学会掌握相应的规则。

（2）在开展实践教学时,教学内容以提高学生体能、力量和身体柔韧性等多个方面,教师需要对学生进行动作指导和防受伤指导,确保学生安全的情况下,尽量保证学生动作的规范性。教师还可以在课堂当中引入竞争机制,激发学生的好胜心,通过小组对抗的形式来提高学生参与实践教学的积极性和主动性。

（3）在最为关键的思想教育中,教育内容主要以竞赛挫折教育、困难转移教育等,这些教育内容的主要目的是帮助学生从挫折、困难当中走出来,重新迎接新的挑战。

（三）教学评价体系的改革

教学评价体系是贯彻整个健身健美教学全过程的组成部分,其本质上是对学生学习成果的一种检验,同时也可以帮助教师发现自己教学方面的不足。在课程思政理念的影响下,健身健美课程的教学评价体系需要适当融入思政考察内容,通过设置合理的考核指标来对学生的学习状态、精神状态、道德品质进行考察,始终坚持动态化考核原理,掌握学生的思想政治意识是否通过健身健美课程得到提升。

综合来看,将课程思政理念融入健身健美课程中已经成为我国高等教育的发展趋势,这不仅是时代发展、社会发展对于健身健美课程所提出的基本要求,同时也是教育领域自身的基本要求。高校思想政治工作关系高校培养什么样的人、如何培养人,以及为谁培养人这个根本问题。要坚持把立德树人作为中心环节,把思想政治工作贯穿教育教学全过程,实现全程育人、全方位育人,努力开创我国高等教育事业发展新局面。

思想政治理论课要坚持在改进中加强,提升思想政治教育亲和力和针对性,满足学生成长发展需求和期待,其他各门课都要守好一段渠、种好责任田,使各类课程与思想政治理论课同向同行,形成协同效应。高校体育教师需要积极在实践当中尝试,加强健身健美课程中的思想政治教育,为培养全面发展人才打下良好的基础条件。

第三节　健身健美课程思政案例应用

体育是人类的一种社会活动,是在人们的社会生产和生活中产生和演变的。它与政治、经济、科学、文化、教育、军事等密切相关,以人的全面发展为研究对象,通过身体锻炼增强人的体质,通过体育的社会实践促进社会发展和文明进步。在体育运动中不断产生和积淀的规范人类行为和思想的体育文化是体育工作的指导思想和灵魂,是社会主义精神文明建设的重要组成部分,对提升人的道德素质、提高社会文明起到非常重要的影响作用。

体育精神是体育运动中所蕴含的对人的发展具有启迪和影响作用的思想作风和意识。体育精神是由体育运动所孕育出来的意识形态,它超出了体育运动本身,内化为人类心中的一种信念和追求。以体育精神为实现的媒介,利用彰显体育魅力的经典案例,提升大学生的思政水平,解决实际问题;用令人心潮澎湃、热泪盈眶的体育强国故事激发学生爱国共情,从而构建融合课程思政的个性化体育教学体系。

大学体育从育魂、健体的教育目标出发,在"立德树人"的引领下,深化学生法治理念,树立尊重规则、公平竞争的契约精神;帮助学生形成团结协作、吃苦耐劳的奋斗精神。

显性意义：有效的体育课程思政案例，激发学生主动参与体育活动，提高运动强度的承受能力，从而达到锤炼意志、提高学生身体素质及体育成绩的显性意义。

隐性意义：通过经典体育精神案例的学习，使学生在认知上产生共情，切实提升家国、奉献、职业责任等大爱情怀。

案例 1

敢医敢言，国士担当——钟南山

钟南山是中国工程院院士、著名呼吸病学专家，"共和国勋章"获得者。

出生于医学世家的钟南山院士，其实在大学期间也是一名专业的田径运动员。在北京大学医学部读书期间，他参加学校运动会曾创下几项纪录，至今无人能破。1956年，钟南山因体育成绩突出，作为北京医学院的运动员代表参加了北京市高校运动会，并摘取了400米栏的桂冠。1958年，钟南山被抽调到北京市集训，备战第一届全运会。1959年9月，在首届全运会上，钟南山以54.4秒的成绩打破了400米栏的全国纪录。

多年以来，钟南山体现出令人羡慕的健康水平，他喜欢力量训练，做举重训练得心应手，篮球场也经常能见到他的身影。虽然他最后没有选择成为一名职业运动员，但几十年来钟南山一直坚持进行身体锻炼，直到现在也是如此。他说锻炼对于保持体形起着关键作用。钟南山从小就喜欢运动，足球、篮球、跑步都有涉猎。他曾透露，自己的百米速度最快是11秒2，举重的最高重量是100公斤，卧推可以达到70公斤。

他每周会抽出三四天时间锻炼，内容包括：跑步25分钟左右；杠上撑20个；引体向上20个；仰卧起坐50个。一两周全家还会出去游泳一次。他推崇跑步，"我自己过去从事的运动就是中距离跑，在70年前已经有跑步锻炼的习惯，当然年轻时是把跑步作为竞技运动，年纪大了会慢跑健身。"他喜爱跑步，关注马拉松，虽没有跑过全程或者半程马拉松，不过经常会跑5公里左右的距离。在钟南山看来，跑步是提升上班族和青少年学生身体素质和抵抗力的最佳方法之一。

我们每一个人都知道拥有健康身体的宝贵，身体是一切的本钱，有了健康的身体，才能有抵抗病毒和疾病的免疫力，才能拥有看似平凡实则幸福的生活。同学们让"强国有我"不再是一句口号，行动起来，脚踏实地地用脚步丈量这个时代吧！

(1) 适用知识点：体能训练（2400米跑训练）、力量训练、科学健身。
(2) 体育精神课程思政点：敬畏生命、无私奉献的医者精神。
(3) 目标考核：抒发见解，分享心得。

案例 2

中国飞人——苏炳添

过去我们常常认为黄种人跑不过黑人运动员，在田径直道项目上输成了我们认为的"正常"结果，苏炳添却一次次挑战不可能，在世界大赛上一次次打破10秒大关，在2021年室内田径邀请赛西南赛区男子60米决赛中，苏炳添以6秒49的成绩夺冠，6.49秒位列2021年亚洲第一，世界第三。

随后在逆风每秒0.9米的前提下以9秒98的成绩获得在肇庆举行的2021年田径分区

邀请赛(华东赛区1)男子100米冠军。成功破十的同时,也创造了中国选手在中国国内赛事的百米最好成绩;6月11日晚,在2021年全国田径冠军赛暨奥运选拔赛的男子100米决赛上,苏炳添以9.98秒(+0.8米/秒)夺冠。

获得成功的同时他也要面对伤病的困扰、超龄的渴望与恐惧以及外界期待给予的压力,可他却始终保持着踏实、自律的职业习惯,敢于突破年龄,突破技术,突破极限,现在的他已不再是亚洲水平,已然成为世界级的优秀运动员。苏炳添说过,我的初心一直没有改变,虽然已经32岁,但依旧想成为东京奥运会上跑进百米决赛的中国人,如果我不行,我想为祖国培养出跑到9秒85的中国人,让他们踩着我的肩膀,在奥运会赛场上散发出中国速度,用行动证明中国速度没有极限。增强体育自信,掌握运动技能,熟知健康知识是实现伟大体育强国梦及全力奉献社会的有效助力。

教练对他的评价:

"苏炳添虽然个子不高,但是身材匀称,在跑的时候节奏感很好,眼神显得很坚定,跑出去那种气势就像脱缰的野马,步频快,很有杀气。"(中山市体校田径教师宁德宝评价)

"苏炳添很有天赋,在他还是青年运动员的时候就已经在省运会上获得了男子100米和200米项目的金牌,当时他100米最好的成绩是10秒59。"(教练袁国强评价)

"我带了他快十年了,可以说他是我带过的最自觉的队员。十年来,在训练场地上他只要出现在我的视线范围内,就绝对是在训练,从不偷懒。而且他在队员中从来都是以身作则,不会在训练过程中拉着队友聊天、玩手机。训练之外,苏炳添的生活最多就是上上网,很多运动员抽烟喝酒、夜不归宿等不良习惯他看不惯。所以作为教练我很放心,即便他不在我眼皮底下,也能保质保量地完成训练,动作永远是最规范的。"(教练袁国强评价)

"苏炳添非常伟大。过去我们一直认为自己跑不过黑人选手,每到大赛,输竟然成了'正常'结果。整整等了几代人,我们才赢来了苏炳添的爆发。他的突破有一个特别大的意义,那就是打破了我们长期被禁锢的思想和一些神话性的东西,挖掘出了队员的潜力。"(中国田径队总教练冯树勇评价)

"苏炳添太自律了,而且太职业了。他身上具备的这些素质,是大部分中国运动员仍然要学习的。他的训练态度是中国田径运动员中少有的,根本不需要教练去鞭策。"(外教亨廷顿评价)

(1) 适用知识点:太极拳动作套路、体能拓展、极点现象、途中跑技术、起跑技术。

(2) 体育精神课程思政点:自律训练,把握细节。不畏艰难,勇于突破极限,中国速度没有极限。

(3) 目标考核:抒发见解,分享心得。

案例3

可笑的主场优势,成就中国速度——武大靖

2018年2月20日,2018年平昌冬季奥运会,在短道速滑男子500米预赛第一组比赛中,武大靖以40秒264的成绩刷新奥运纪录,以小组第一的成绩顺利晋级1/4决赛。2月22日,平昌冬奥会短道速滑男子500米1/4决赛中,武大靖以39秒800创造了新的世界纪录,晋级半决赛。在平昌冬奥短道速滑男子500米决赛中,武大靖以39秒584的成绩打破

世界纪录强势夺冠,为中国赢得平昌冬奥首枚金牌。

平昌冬奥会上中国女子接力速滑明明取得了亚军的成绩,却被裁判判为犯规。举国气愤难忍。然而更让我们可气的是平昌冬奥会裁判总共给出了20次犯规判罚,而中国被判犯规次数高达10次,占去总犯规数量的一半!10天之内半数国家对韩国进行投诉,国际滑联又发出声明:国际滑联不能对场上的决定做出任何评论,裁判做出的决定就是最终的决定。说你犯规就是你犯规,不容许有半点反驳。一届奥运会能举办到了这种地步,也是不可思议。

在这种巨大的压力下,武大靖一骑绝尘,让其他国家的选手根本没有身体触碰的机会。解说员当场落泪并说:赢得干干净净!而武大靖在领奖时,指了指胸口的国旗,示意:我是中国人!赛后的发布会甚至直言说:"在决赛场上我想做好自己,想要拼尽全力,因为不想给对手和裁判留下机会。"实在是太痛快了!大家都知道武大靖夺冠了,却少有人知道,在本次冬奥会上,武大靖的冠军之旅走得多么曲折:1500米摔出赛道,1000米被判犯规,500米抢跑……

(1) 适用知识点:太极拳套路、体能拓展、田径比赛规则,接力、起跑、阻碍犯规等。

(2) 体育精神课程思政点:平昌冬奥,屡遭不公平判罚,用实力较量。爱国主义精神、契约精神。

(3) 目标考核:辩论比赛,抒发见解。

案例 4

冠军背后的强大支撑——短道速滑主教练李琰

还记得,前几日在中国选手遭遇判罚后,李琰教练焦急又无奈地拖住裁判不让他走,她多么想要为中国队讨一个说法啊!而裁判表现出来的却是满脸的不耐烦,甚至后期还不接受中国队的申诉。巨大的压力之下,主教练李琰无法安睡,她说:"晚上吃一片安眠药睡觉,夜里两点醒来一次,再吃一片,五点再醒,再吃一片。"

不公评判的待遇让国人倍感羞辱……我们看着"中国队金牌0"黯然神伤,有人发出"韩国,我求你干脆自己开场冬奥会算了"的文章,迅速在各个平台被国人疯狂转发,一时间,国人群情激奋。然而就在昨晚,中国选手武大靖干干净净、漂漂亮亮地以自己的实力站在了领奖台上,让中国的国歌在平昌响起!笑容终于回到了李琰的脸上。

我们憋着的一口气终于舒展开,终于让"武大靖"这个名字代替冬奥会不公判罚在朋友圈疯狂刷屏!微博上有一位网友评论说:破除所有误解的方式就是不放弃,凭借自己的实力赢得更漂亮。中国队做到了,武大靖做到了!我们奥运健儿在面对非议的时候绝不妥协,在面对误解的时候勇于抗争,而再一次遇见挑战的时候,以最漂亮的姿势赢得冠军!

(1) 适用知识点:重点团队合作项目、技术配合。

(2) 体育精神课程思政点:团队合作精神、责任担当。

(3) 目标考核:抒发见解,分享心得。

案例 5

足球界的中国太阳——孙继海

孙继海,1977年9月30日出生于辽宁省大连市,中国足球运动员,司职中后卫/边后卫/后腰等多个位置,1995年,孙继海在甲A联赛的大连万达开始足球生涯。19岁入选中国国家队,并代表国足征战2002年韩日世界杯。在2002—2008年期间孙继海效力于英超曼城队,并在英超联赛中出场130场。2015年10月23日,孙继海入选英格兰足球名人堂。2016年12月11日,孙继海正式宣布退役。

孙继海在21年的职业生涯中,孙继海共获得过4次甲A联赛的冠军,2次超霸杯冠军,2次足协杯冠军,1次超级杯冠军,1次英甲冠军。

孙继海很自律,不抽烟,不饮酒,规律作息,39岁还在踢球。技术全面,体能充沛,比赛场上永不放弃,在曼城队有一次回追40米,以一防四,在门线上将对方的必进球解围,此球也成为孙继海在英超的经典时刻,被球迷们所铭记。因为球衣上的SUN,使他成了英超著名的"中国太阳"。

  (1) 适用知识点:后卫队员的职责与技术特点。
  (2) 体育精神课程思政点:顽强、勇敢、果断、自律。
  (3) 目标考核:一对一防守、一对多防守技术。

案例 6

无腿登珠峰——夏伯渝

中国登山家夏伯渝,中国登山协会成员,中国第一位尝试攀登珠峰的残疾人。1975年,夏伯渝登珠峰时因帮助队友,导致自己因冻伤而双小腿被截肢。尽管如此,他并未放弃自己登顶珠峰的梦想。

1993年,夏伯渝又罹患癌症。虽然历经截肢、癌症、多次大手术等磨难,他却始终用独有的坚强、乐观与执着对抗着人生骤变和世事沧桑。为了再次攀登珠穆朗玛峰,他屡次挑战自我,不断克服常人难以想象的障碍,勇做生命强者。

2011年7月,在意大利举行的攀岩世锦赛上首次设立了残疾人组,60岁的夏伯渝凭着过去攀登的基础和良好的身体素质,同时他也克服了常人难以想象的困难,仅训练了两个月,就夺得了双腿截肢项目男子组难度赛和速度赛的两项世界冠军。

2017年12月,夏伯渝递交了登山手续,准备次年5月向峰顶奋进;2018年1月,尼泊尔发出禁令,盲人和双腿截肢的残疾人被禁止登山,夏伯渝决定打官司,争取暂停禁令;2018年3月7日,尼泊尔最高法院暂停了禁令。

2018年4月12日,69岁的夏伯渝和团队第五次抵达珠峰大本营;2018年5月8日,夏伯渝从珠峰大本营正式出发;2018年5月14日,四度遇阻却没有放弃梦想的夏伯渝第五次挑战登顶珠峰,最终登顶珠峰,成为了中国第一个依靠双腿假肢登上珠峰的人。

  (1) 适用知识点:游泳完整动作配合,克服换气难点,克服深水心理障碍。
  (2) 体育精神课程思政点:勇敢、果断、突破自身弱点。

(3) 目标考核：抒发见解，分享心得。

● 案例 7

用热情一球一球把项目带火——巩立姣

赛后采访，巩立姣展现可爱一面，希望大家多关注铅球，多关注胖胖的善良女铅球运动员。奥运会女子铅球决赛，巩立姣以 20.58 米刷新个人最好成绩，成功夺金。8 月 1 日上午，在女子铅球决赛中，巩立姣以 20 米 58 的成绩夺金！展现了"中国力量"！这是中国田径队东京奥运第一枚金牌，也是中国军团第 22 枚金牌，更是四朝元老巩立姣的奥运首金。

32 岁的巩立姣，过去三届奥运会可以说是充满遗憾，收获 1 银 1 铜，但从未登上过领奖台。2008 年北京奥运会，亚军、季军先后被查出服用禁药，通过递补获得铜牌。2012 年伦敦奥运会，换成了冠军、亚军被查出，再次通过递补收获一枚银牌。带着里约屈居第四的遗憾来到东京，终于圆梦！靠硬实力登上了奥运会最高领奖台！拿到职业生涯第一枚奥运金牌，夺冠之后她怒吼疯狂庆祝，尽情宣泄内心的喜悦之情。恭喜巩立姣，中国运动健儿们都是好样的！

提到田径项目，我们脑海中会浮现高大健硕的形象，很难想象有一群胖胖的女孩们，她们正从事着铅球项目。

(1) 适用知识点：了解认识运动损伤，积极应对运动疲劳。
(2) 体育精神课程思政点：终身体育意识、科学健身理念。
(3) 目标考核：抒发见解，分享心得。

体育教学中运动能力是基础，健康行为是理念，而体育精神则是关键助力。构建融合课程思政的个性化体育教学体系，合理应用体育精神思政案例，满足线上线下教学需求，讲好体育强国故事，做好体育课程思政，与学生在锤炼意志、勇攀高峰的过程中产生共情，真正达到育魂、健体的教育目的。

思考与练习

1. 五星教学原理的概念？
2. 基于五星教学原理体育课程思政的优势？
3. 举例说明最具影响力的体育精神思政案例。

第一章

健身健美概述

章前导言

本章阐述了健身运动、健美运动的相关概念，介绍了两者间的关系、运动项目选择前提以及健身健美锻炼的特征和原则。同时介绍学校体育中的健身健美课程与竞技健美健身运动的区别，以及在大学开展健身健美运动课程对于大学生身心健康的指导作用，并了解健康美的标准。

第一节 健身运动和健美运动的概念

如今，越来越多的人开始认识到运动的益处。很多健康问题与缺乏身体锻炼有着直接的关系。一些研究表明，热爱运动的人生活更加充实。他们的耐力更好，抵抗疾病的能力更强，身材也保持得更好。同时，热爱运动的人会更加自信，较少感到沮丧，即使到了晚年，仍然能够精神百倍地从事热爱的工作。

当今，健身热可不只是一时的风尚，而是因为人们逐渐认识到一个事实——运动可以有效地预防那些由于长期不活动而引起的疾病。健身已经成为特定的广义的健身、健美、健心、健智的活动体系，并且有向竞技项目训练体系拓充的趋势。

健美运动、集体健身项目、体能练习等便是健身运动技术方法和理论体系的中坚。可以说健身运动包含孕育了健美运动，健美运动的普及又促进了健身运动的发展，两者都是为了增强人们的体质，提高健康水平和审美情趣，从而达到延年益寿之目的。

一、健身运动的概念

健身是指为促进人体健康，达到理想的生活状态的一种行为方式。健身运动是通过不同的运动形式，通过各种方式练习，以达到增强身体素质、提高生活质量、延长生命为目的的体育运动。健身运动是一个广义的概念，它不是某一个体育项目，它涵盖了所有有益于身心的运动项目，包括健美、体能训练、形体修塑及娱乐与休闲健身等。

随着社会的发展和人类文明的进步，体育健身已成为增强体质、健美形体、延缓衰老以及提高生活品质的重要手段。健身运动一般是把有氧训练和器械训练结合起来进行的，有氧训练的运动量一般不少于器械训练。通过有氧代谢锻炼和无氧代谢锻炼的有机结合,发展和增强人体内脏器官的功能,特别是心血管系统和呼吸的功能,提高身体的力量、速度、柔韧、耐力、灵敏等素质,以及改善身体的形态。

二、健美运动的概念

何谓健美?顾名思义就是健康而优美、健壮、美观。它是根据健康原则、美学原则,以及年龄和性别特征,对人体毛发、肤色、体型、姿态、动作和风度等进行的综合评价。

"健美运动"的英文为 body-building,翻译成中文是身体建设的意思,是一项以徒手、哑铃、杠铃、壶铃及其他轻重或特制器材,采用各种动作方式和有效的方法来锻炼身体、增长体力、发达肌肉、改善体型体态和陶冶情操为目的的体育运动。

健美运动可以说是在健身和健康基础上的升华与提高,它是以健身运动为基础,为增加身体的美感而进行的建设性的身体锻炼。它不仅强调"健",而且强调"美",是"健、力、美"的统一,是健身运动的升华和提高。

健美运动按其性质和作用可分为大众健美和竞技健美两大类。其中,大众健美包括徒手练习、器械练习、矫正畸形;竞技健美包括肌肉竞赛、健身小姐竞赛、健身先生竞赛,见表 1-1。

表 1-1 健美运动分类

健美运动	大众健美	徒手练习	单个动作练习
			组合动作练习
		器械练习	轻器械练习
			重器械练习
			组合器械练习
		矫正畸形	主动矫正
			被动矫正
	竞技健美	肌肉竞赛	个人项目
			双人项目
			表演项目
			特设项目
		健身小姐竞赛、健身先生竞赛	健美形体展示
			晚装展示(女)、正装展示(男)

三、健身运动与健美运动间的关联

(一)健身运动与健美运动是生息共存

健康的身体要靠不懈的适宜运动造就,而健美的体格更要通过动作练习,使身体各部肌肉发达匀称,同时反过来又促进身体健康。因此,健身运动与健美运动之间的关系很密切。从历史的演变过程来讲,健身运动孕育了健美运动。体育健身的起源不但与生产劳动和生活(如狩猎、捕鱼、种植、采集、农耕等)有关,也与军事、宗教、医学、娱乐和教育(如格斗、跳跃、投掷、奔跑、攀爬、游戏、舞蹈、祭祀、礼仪)等紧密相连。

这些通过不断地演进推动了体育运动的发展,并且孕育了古代健美运动和现代健美运动。同时健美运动的发展又极大地丰富了现代健身运动的内涵,促进了健身运动的发展。可以说健身是健美的首要前提,健美是健身的高级形态。因此,两者之间你中有我,我中有你,相辅相成。无论是健身还是健美,都是以动作练习为手段,以康、健、美为目的的一种创造健壮而美丽的人体运动。

由此可见,健身与健美相互依存、相互促进,健身运动的普及开展可为健美运动提供雄厚的群众基础,而健美运动技术水平的提高,又可促进健身运动的更广泛开展,这样形成一种规律。这一规律是健身与健美相互依附、共同生存、密切结合的基础。

(二)健美运动是健身运动的升华

健身运动和健美运动属于体育运动的范畴,都是一种社会体育活动的形式,也都是以身体运动为基本手段。从名称上可以看出,前者侧重于健身,后者侧重于健美,但健身运动是一个广义的概念,它包含了健美运动。健身运动与健美运动之间相互依存和相互促进的关系只有当两者相结合成整体时才能体现出来。

当健身运动达到一定水平以后,势必向更高的层次追求,即向体格健壮、体型健美的方向发展。因此,健美运动又依靠健身运动做基础,两者通过有机结合形成整体,使健身运动发挥其提高身体素质、促进健康水平的功效,为健美运动奠定良好的基础。将健美运动融入健身运动之中,健美运动才能发挥作用,成为真正的健身运动的高级形态,见表1-2。

表1-2 健美健身相互关系对照表

健　身	健　美
身体形态发展的部分练习过程	身体形态发展的全部练习过程
以增强体质、增进健康为目的	以发达肌肉、改善并展示形体为目的
普及人民大众体育	提高竞技运动水平
以有氧运动为主,对体能要求不高	以综合训练为主,全面提高体能
适当进行运动,不要求提高成绩	需进行严格要求和训练,从实战出发进行大运动量的训练
靶心率严格控制在上线以内	靶心率常超过上线
对艺术修养要求一般	要求具有较高的艺术修养
人人可参加,老少皆宜	选材要讲究,适合青壮年参加
保证人体足够的营养即可	要高度重视营养摄入
有一定经济投入即可	经济投入较大

四、健身健美运动项目选择的前提与锻炼特征

(一)选择健身健美项目的前提

在选择健身健美项目上可以根据年龄、性别、职业、爱好和身体健康状况,以及想要通过健身健美运动所要达到的健身目的(如增强体质、健美塑形、消遣娱乐等)而进行项目的选

择。选择最适宜自身的运动项目进行身体锻炼,是达到身心健美状态的前提。

基本前提如下。

(1) 通过医学检查,身体条件允许。

(2) 为本人所热衷的项目,最好有此项运动经验。

(3) 进行运动锻炼的场地环境适宜、方便,距离住处比较近。

(4) 运动锻炼的设备、器械、用具齐全。

(5) 运动强度、运动量适合本人的体力条件,运动效果显著。

(6) 应以有氧代谢运动为主,并有适量的力量和拉伸训练。

(7) 有同伴或是能提供保护和帮助的指导者。

(二) 健身健美运动锻炼的特征

健身健美锻炼的目的是增强体质、提高健康水平。因此,健身健美锻炼必须具备三个基本条件:一是安全性;二是效果好;三是有兴趣。健身健美锻炼注重健康的结果,如果锻炼结果不利于健康,则无意义;没有效果或效果小的锻炼活动,不论如何喜欢、如何安全,也不符合增进健康的目的。

从运动心理学的角度来讲,科学、有效的锻炼活动,如果不快乐、不喜欢,也难以持久进行。不能持之以恒地坚持锻炼,也就不能获得真正的健身健美效果。

享受运动的乐趣,保证运动锻炼安全,得到健身效果,是从事健身与健美锻炼的人们所期望的,也是健身运动之所以为"健身"运动的特征。

五、健身健美运动的原则

健身健美运动锻炼的原则是实践经验的总结和概括,它能更好地指导锻炼者遵循科学合理的锻炼方法,为锻炼者找到最佳锻炼途径,增强体质,提高锻炼者的运动水平。了解和熟练运用其规律,是健身健美锻炼必不可少的课题。

(一) 目标性原则

锻炼者在进行健身健美运动时,要给自己设立明确的目标,如强壮我们的体魄、提高自我免疫系统、愉悦身心、治疗生理和心理疾病等。明确目标是健身健美运动精神上和生理上的动力源泉,它可以一直伴随锻炼者终身并激励锻炼者,克服困难,挑战自我,完善自我心理和生理功能。建议在制订初期目标时,不宜过高,这样有助于锻炼者实现,提升自我信心。

(二) 循序渐进原则

在健身健美训练中,很多人急功近利,盲目加大运动量,想短期内迅速提高成绩或增强自我体质。但在现实中许多急功近利的锻炼者,生理机能都受到一定程度的损伤。由轻微运动损伤转变为严重运动损伤,最后导致训练停止。这违背了体育锻炼的最终目的。所以,我们在运动训练中要严格遵守循序渐进原则,由浅入深,由简到繁,由低到高,科学合理地参加体育运动训练。

(三) 超量负荷原则

"超量恢复"虽然给超量负荷提供了理论依据，但是超量恢复不是短时期就能实现的。每次超负荷训练，负荷越大，超量恢复期就越长。所以，建议每次超量负荷量，不能超过上一次训练量的10%。同时，人体生理恢复功能是有一定极限的，多次或长期超负荷训练会使人体产生疲劳性运动损伤。

当然，在训练中身体要有一定的疲劳程度，人体生理机能才会有自我适应，自我修复，甚至超量恢复。因此，在训练中应合理安排训练计划，合理安排超量负荷训练量。

(四) 个体差异原则

在体育运动训练中，由于年龄、性别、个人体质、兴趣爱好等多种原因，在制订训练计划时，不能千篇一律或者生搬硬套别人的训练计划，来给自己制订训练计划，这样很可能完不成训练计划或者训练计划运动强度不够，如果训练强度过大，还可能造成运动伤害。可以根据个体的差异性制订适合自我体育训练的计划。"因人而异，量力而行"。

(五) 长期系统性原则

健全我们的体质，完善自我生理机能是一个长期系统锻炼的结果。体育锻炼的时间顺序不分先后，注重的是长期有效的系统锻炼。体育锻炼最忌讳的是"三天打鱼两天晒网"的训练方法。我们在锻炼的过程中必须坚持长期性、有计划、有步骤、不间断，短期训练计划与长期训练计划有机结合，科学系统地安排锻炼，这样才能达到体育锻炼的目的。

(六) 全面性发展原则

人体体能包括力量、灵敏、速度、耐力、柔韧、平衡、协调等，它是构成人体生理健康的主要部分。在健身健美训练中不能片面地追求某一方面的发展，良好的身体形态、良好的身体和心理素质都是健身健美运动的追求目标。

大肌群训练与小肌群训练的结合，有氧运动与无氧运动的结合，速度与耐力的结合，力量与柔韧的结合，等等，都是提高和发展体能的有效途径。全面发展体能不仅有利于身体健康，更能促进运动水平的提高。

健身健美运动原则是实践总结出来的普遍规律，当然在锻炼中还应该遵循健身和健美特有的锻炼准则。因为它们二者既有共同之处，也有不同特点。在锻炼过程中应根据健身和健美自身特点进行练习，达到增强体质，修塑健美体型的目的。

第二节　健身健美课程对大学生身心健康的指导作用

一、心理健康的概念和内容

(一) 心理健康的定义

心理健康译自英语 mental health，是一种持续、高效而满意的心理状态。世界卫生组织给出的定义是"个人发挥自己的能力，能应付正常的生活压力，卓有成效地从事工作，并能够给他或她所在的社区做出贡献的健康状态"。

1946年,第三届国际心理卫生大会对心理健康的定义是在身体、智慧及情感上与他人的心理健康不相矛盾的范围内,将个人的心境发展成最佳状态。事实上,文化差异、主观的评估和相互抵触的专业理论都会影响"心理健康"的定义。

心理健康主要包括七个方面:智力正常、情绪健康、意志健全、行为协调、人际关系适应、反应适度、心理特点符合年龄。

(二)心理健康的基本特征

心理健康的基本特征如下:能够适应发展着的环境,具有完善的个性特征;且其认知、情绪反应、意志行为处于积极状态,并能保持正常的调控能力。在生活实践中,能够正确认识自我,自觉控制自己,正确对待外界影响,使心理保持平衡协调。

(三)心理健康的标志

(1)热爱生活。对生活充满热爱,充满向往,觉得生活充满乐趣。这种对生活的热情,不仅表现为积极工作、勤奋学习,还表现在注重体型的健美锻炼与面容的修饰。

(2)情绪稳定。在面对逆境或遭受打击时能保持平和的心态,随时有充沛的精力和奋发向上的朝气。

(3)适应能力强。能快速调整生活的节奏,适应新的环境需要,不给健康带来不良影响。

二、影响心理健康的因素及大学生常见的心理问题

(一)影响心理健康的因素

1. 生理因素

一个人的生理结构的损害会引起不同程度的心理异常,所以,健康的身体是心理健康的重要保证。年幼时营养不良或体弱多病会影响大脑的发育,因而会直接影响心理健康,表现为智力发育迟缓、对环境变化过于敏感,以及社会适应困难等问题。罹患各种脑血管病都会导致大脑皮层功能损害,患者常出现智力缺损,情绪不稳定,情感脆弱,不能控制情感反应,出现失眠甚至人格改变与怪异行为。

其他疾病也会影响各个器官的生理功能,导致个体对各种压力的承受能力下降,进而影响个体的心理健康。如内分泌疾病会导致体内激素水平发生变化,从而影响心理健康。甲状腺功能亢进(甲亢)引起易激动、紧张、情绪不稳定、注意力不集中、记忆力减退,甚至出现幻觉、妄想等精神病症状,导致各种心理障碍。甲状腺机能低下的患者则常常伴有抑郁情绪、理解迟钝、记忆力缺损,甚至有幻听、妄想等症状。

总之,躯体疾病对人心理健康的影响是多方面的。首先,某些疾病尤其是内分泌疾病,其本身就直接影响人的心理健康,如甲亢。其次,患病导致人心理脆弱,微小刺激也能引发较大的心理反应。最后,当人对所患疾病进行评价后,评价结果也可能成为一种压力,从而影响心理健康。

2. 社会因素

1）家庭环境

家庭环境及个人早期经历,即童年时期与父母的关系、父母对儿童的态度及教养方式是影响个体心理健康的重要因素。

2）生活事件

人们日常生活中遇到的各种各样社会生活的变动,如考试、升学、亲人病故、大的灾害等,需要个体付出很多时间和精力去调整和适应来减轻精神压力,否则,心理和生理的平衡容易被打破。

3）环境变迁

环境变迁是重要的生活事件,需要一系列的适应过程。例如,刚刚升入大学的新生,由于离开父母,需要独自照顾自己的学习和生活,通常会花很长的时间来调整自己的状态,融入新的校园环境,新的学习和生活的环境,甚至是当地的城市环境中。在这个调整过程中,可能会出现这样或那样的心理问题,严重的还会导致心理障碍和疾病。

4）现代生活方式

现代的工作和生活方式,给人的心理健康带来很大的影响。在工业发展、商业繁华的同时,人口密度增加,住房条件难以改善。复杂的人际关系、喧嚣的生活噪声、拥挤的交通等都容易使人产生烦躁情绪。网络的普及,使得人与人之间的交往更加减少,焦虑、恐惧、孤独、冷漠等情绪非常普遍。

3. 遗传因素

遗传基因基本决定了个体的生物学性状,影响人的心理活动特点和心理健康水平,尤其是气质、神经结构的活动特点、能力与性格的某些成分等。

（二）大学生常见心理问题

1. 压力大

学习上的困难与挫折对大学生的影响是最为显著的。在考入大学之前,多数学生都是班级中的佼佼者,但是进入了大学的校门以后,学业的要求更严,对自学能力的要求更高。虽然个人支配的时间增多,但是由于缺乏有效管理的经验,没有了家长和老师时时刻刻的督促,很多同学无所适从,无法适应新的学习方式,成绩往往不太理想,再加上学习和就业竞争激烈,压力大,有可能产生各种各样的心理问题。

2. 情绪不稳定

过高的期望与现实能力之间的差异导致个体产生心理落差。由心理落差产生的心理压力引发自卑、愤怒或攻击行为,甚至出现长期的睡眠困难、焦虑、抑郁现象。还有一些同学由于性格问题,出现较为严重的心理障碍,其形成与成长经历有关,原因较为复杂,主要表现为自卑、怯懦、依赖、神经质、偏激、敌对、孤僻等。

3. 人际关系紧张

如何与周围的同学友好相处,建立和谐的人际关系,对大学生的成长很重要。尤其是大学生处于青春期后期,恋爱是不可避免的,如何正确地对待爱与被爱的问题是大学期间的必修课,但是很多人由于恋爱处理不当而出现很多心理问题。

三、健身健美运动对调节心理健康的作用

（一）促进身体健康，减少压力和不良反应

1. 促进智力发育

正常的智力是正确感知和认识世界的前提，是心理健康的基础。经常参加健身健美锻炼对人的神经系统有很好的调节作用，使其能更加准确、灵活，兴奋与抑制转换更加合理、协调，对外界刺激的反应更加迅速。在大脑重量与大脑皮层厚度增加的同时，容纳信息的脑神经细胞树突也增多，为智力发展提供了良好的物质基础。

经常参加锻炼不仅使锻炼者的注意、记忆、反应、思维等能力得到改善和提高，还可以令其情绪稳定、性格开朗。这些非智力因素对人的智力具有促进作用。健身健美运动产生的兴奋激动的情绪和愉快的心理体验能反过来强化人的智力活动，促进智力发展。

2. 减少压力，消除疲劳

健身健美运动能有效促进血液循环，提高呼吸系统的功能，这就使大脑能够获取更多的养分，从而有利于大脑的记忆、思维和想象，提高脑力劳动的效率，并且使中枢神经得到休息，提高睡眠质量，消除脑力劳动所产生的疲劳，让锻炼者能以饱满的精神应对新的学习和生活压力。

3. 减少应激反应

科学系统的健身健美运动，为降低和控制健身者的应激提供了基础。心肺功能的提高和身体脂肪的减少，使他们在日常生活中的压力减小。随着日常生活节奏的加快，身体活动本身应变能力不足，使健身者的生理和心理更好地适应和控制其他不良反应。

（二）稳定情绪，丰富情感体验

1. 丰富情感

健身健美锻炼可以增强体质、强壮体格、减肥美体，满足人们对美的追求，是一种积极、愉快、和谐的情感体验。锻炼中精神高度紧张的特点有助于抵制、疏导和消除不良的心理压力，使人形成健康的性格特征，这对情绪的稳定有很大的作用。

2. 保持饱满的精神

在健身健美运动中，人们能够体会到愉快、和谐，以及克服困难的喜悦感。完成各种动作和目标的喜悦感带来人格的骄傲，让人扬眉吐气，特别是在这种开放式的环境中，大家共同勉励、相互切磋、彼此关爱，消除压抑的情绪，产生奋发向上的精神，而且这种高昂的精神状态也会带到学习、工作以及整个生活中，使健身健美锻炼者焕发青春，保持健康向上的心理状态。

3. 培养友爱互助的感情

现代社会生活的封闭性造成人与人之间感情交流缺乏，人际关系疏远，人们很难相互信任和关爱，健身健美运动则打破了这种封闭，让不同职业、年龄、性别、文化素质的人相聚在一起，进行平等、友好、互助、和谐的交往，使人们互相产生信任感，有效地进行情感和信息的交流，产生默契和关爱。

（三）健全意志，提高自信，勇于拼搏

1. 健全意志

意志是人们自觉地确定目的，并克服种种困难而实现目的的心理过程。对于从未接触过健身健美运动的人来说，初学时可能会遇到一些困难，如动作不准确、不协调、体质弱、肌力差等，健身健美运动引导练习者克服困难，进行更大的运动负荷，在运动中鼓起勇气，打造坚毅的品行，培养顽强的意志，在运动中磨炼自己果断、坚韧、抗挫折和失败的能力以及奋发向上的精神，在健身健美运动中体会拼搏的精神，健全自己的人格，感悟运动的真谛。

2. 增强自尊心和自信心

通过健身健美运动，人的体型变得丰满、匀称、健美，体态端庄、大方、优美，容易体会到实现自我价值的发自内心的喜悦，首先是成功，然后肯定自我。随着自信的提高，人更容易成功，从而形成良性循环。

健身健美运动带来的强壮的体格和充沛的精力不仅能提升人的自信心，而且随着自己运动能力的提高、身体外貌吸引力的增强、身体的抵抗能力的提升和健康状况的改善，人的自尊心也得到了维护。

3. 打造拼搏进取的精神

健身健美锻炼最能体现付出与收获的公平性。小到一块肌肉生理横断面的增大，大到人体型体态的变化，都是建立在持之以恒的基础上，在消耗了大量体力精力之后取得的。这种付出与回报，最能让人领悟成功的艰辛和真谛，培养人拼搏进取的精神。

（四）提高适应社会的能力

1. 提高协作能力

健身健美运动的过程，是人与人之间交往互动并共同发展的过程。其本质就是一种沟通与合作，是人与人围绕着共同的目标进行对话的过程。这既可以是经验的交流、技术的切磋，也可以是保护、帮助、互相勉励，这些内容包括知识信息、情感、态度等各个方面。

即使是强者，也不能高高在上，而应该是伙伴和朋友，在合作中探索、求知，并在互助中陪伴彼此进步和成长，这种集体的互助和协作的过程，有利于提高参与者的协作意识，增强他们的协作能力。

2. 增强沟通能力

健身健美运动中，参与者经常会相互交流体会、切磋经验。相互之间的沟通，以及运动过程中的自我沟通具有直观性、及时性、准确性、主动性，要求参与者注意力集中、信息交流充分。所以，经常参与健身健美运动的人，言语和肢体的沟通能力能得到充分的锻炼和增强。

3. 形成良好的人际关系

健身健美运动是人们在认识其重要性的基础上，在情感的激励下产生的随意运动，无论肤色、贫富、贵贱、信仰，都可以参与其中，体验运动带来的愉悦，并且通过自身努力完成各种目标。在这一过程中，平等、自由、付出和收获，以及友好相处、无私接纳、相互包容的氛围有助于参与者更加平和地生活、工作和学习，在社会交往中形成良好的人际关系。

第三节　健康美的标准

一、身体形态的定义

身体形态译自英文 body shape，即身体的外部形状和特征。它反映了身体的生长发育水平、体质水平以及营养状况。体型与体态反映着人体的外部表现。体型是指人体骨骼、肌肉和脂肪等组织的组成比例和分布状况，而体态主要是指身体各部位表现出的外形姿态，是身体各部分在空间的相对位置，它反映了人体骨骼、肌肉、内脏器官、神经系统等组织器官的力学关系。

反映外部形态特征的指标有高度（身高、坐高、足弓高等）、长度（腿长、臂长手长、头长、颈长、足长）、围度（胸围、臂围、腿围、腰围、臀围）、宽度（头宽、肩宽、髋宽）和充实度（体重、皮脂厚度等）等。其中，身高、体重和胸围在体质测量中为基本指标，而其他指标则可根据需要和具体条件适当选用。

二、身体形态的标准和分类

（一）合理体态的一般标准

总的来说，合理体态的一般要求是均衡、对称、呈曲线形。头部五官端正，双肩对称，男宽女窄，两臂修长，两臂之长与身高基本相等；腰部呈圆柱形，细而有力；腹部扁平；臀部圆满，微上翘，不下坠，男性鼓实，女性健美而隆起；大腿修长，小腿长而腓肠肌位置高，并稍突出；人体骨骼发育正常，无畸形，身体各部位比例匀称。

男子形体上强调上肢力量及肌肉发达，整个体型呈倒三角形，女子形体强调身体比例匀称，线条流畅，整个体型呈曲线形，具有形体美。表 1-3 所示为男女合理体态标准对照。

表 1-3　男女合理体态标准对照

男　性	女　性
骨骼发育正常，身体各分之间的比例适度，有匀称感	骨骼发育正常，身体各部位之间的比例适度、匀称
肌肉均衡发达，横纹清晰，圆隆的肌肉富有弹性，而不是僵硬、不协调的肌肉	体态丰满而无肥胖臃肿之感，肌肉均衡发展且富有弹性
眼大有神，五官端正，与头部配合协调	眼大有神，五官端正，与头部配合协调
双肩对称，稍宽。无耸肩或垂肩现象	双肩对称，呈圆形，微下削，无耸肩或垂肩感
脊柱正视成直线，侧视具有正常的生理曲线	脊柱正视呈直线，侧视具有正常的生理弯曲
胸廓宽厚，比例协调，肌肉圆隆，正视呈"倒三角"形	胸廓宽厚，比例协调，乳房丰满而不下垂，侧视有明显的曲线美
臀部圆满，鼓实，微上翘	腰细而有力，呈微圆柱形，腹部扁平
下肢修长，无头重脚轻感，大腿线条柔和，小腿长而腓肠肌位置较高，并稍突出	臀部圆满，臀下线上提，无下坠感，大腿线条柔和，小腿长而腓肠肌位置较高并稍突出，足弓高，两腿并拢时正视无屈膝感

续表

男　性	女　性
整体无粗笨、虚胖或纤弱、重心不稳、比例失调、形态异常的感觉	整体无粗笨、虚胖或纤细、重心不稳、比例失调、形态异常的感觉
曲线上粗犷刚劲，显示出力量之美	曲线纤细连贯，平滑流畅，显示出柔润之美

（二）姿态健美的标准

1. 站立

正确健美的站立姿势应该：头、颈、躯干和脚的纵轴在一条垂线上，挺胸、收腹、立颈、收颏、沉肩、紧臀、两腿上拔、两臂自然下垂，表现出人体固有的脊柱形态的曲线，形成优美挺拔的身体形态。

2. 行走

正确健美的行走姿势应该：躯体移动正直、平稳，又不僵硬；两臂自然下垂，摆动协调；两膝盖正对前方，脚尖略微外撇，落地时先脚跟着地，再逐渐过渡到前脚掌，两腿交替前移的弯曲程度不要太大，步伐稳健而均匀。

3. 跑

正确健美的跑步姿势应该：手臂微微弯曲，上体稍有前倾，稍有转动，膝、踝关节应该有弹性，重心轻微上下波动，下肢自然放松，注意调节呼吸。

4. 坐

正确健美的坐姿应该：上体保持挺胸、直腰、收腹、腰髋收合，腿脚稍分，手稍撑于大腿。

（三）身体形态的主要类型

人的身体形态是一个复杂的现象，具有精良的细节和复杂的功能。一个人的身体形态主要是由骨骼结构的成型和肌肉及脂肪的分布决定的。一个人成年后，骨骼结构就不再生长或变化，基本上余生都保持一致了。

1. 常见男性身体形态

1）外胚层体型

外胚层体型（ectomorph）也叫消瘦型体质或瘦型体质者，这类人群四肢消瘦，腰、手腕和脚踝都很细，肌肉质量低，呈"树枝"形状。当他们由于缺乏运动而体重增加时，增长的重量主要分布在腹部和腰部。

外胚层体型在健身行业经常被描述为难训练好的人，因为他们很难练出肌肉并维持肌肉含量。但他们通常有着难以置信的身体耐力、速度和敏捷性，拥有最长的男性自然寿命。

2）中胚层体型

中胚层体型（mesomorph）也叫运动型体格、体育型体质或匀称型体质。这样的男性往往肌肉发达，体格健硕，适合运动。他们肌肉含量高，力气大，胸肌发达，腰部粗壮，臂膀粗，大腿和小腿较粗。这类男性往往容易发胖,特别是臀部、上背部和腹部。

因为他们具有运动天赋,反应敏捷,多数体育活动中都能表现良好,但是因为较容易发胖,所以,必须不断运动才能保持体型。

3）外胚中胚结合体型(ecto-mesomorph)

男性外胚中胚结合体型可以轻松地在非常瘦或肌肉非常发达之间波动。他们往往有宽阔的肩膀,以及细腰、脚踝、手腕和"V"形躯干。和外胚层体型的人一样,当他们的体重增加时,脂肪往往长在腹部或臀部。外胚中胚结合体型可以快速建立肌肉,运动能力较强,但没有中胚层体型爆发力强。

4）内胚层体型(endomorph)

男性内胚层体型也叫胖型体质,通常矮胖。他们往往很有肉感,脖子短,肩小腰圆,小腿粗,脚踝粗,就像个"苹果"。虽然他们往往有良好的心血管耐力,但要减肥最困难,并需要经常变化强度等来保持脂肪流失。

由于他们通常有更多的身体脂肪,更易患像心脏病和糖尿病之类的疾病,所以,具有这一身体形态的人往往寿命最短。

2. 常见女性身体形态

女性体型的分类主要基于胸部(bust)、腰部(waist)和臀部(hip)的围度划分。

1）外胚层体型

女性外胚层体型骨瘦如柴,脖子细,肩膀和臀部窄,脚踝瘦,手腕细,身体呈"尺子"的形状。她们通常重量集中在肚子和臀部上,同时保持细长的手臂和腿。个子高的女性外胚层体型会稍微有力量,往往擅长耐力运动,但如果没有适当的运动计划,则缺乏塑造曲线的能力。

然而,她们通常身体耐力强,自然寿命最长。在外胚层体型和中胚层体型（或外胚层中胚层结合体型）的女性之间,有时有轻微的差异,因为很多女性似乎处在这两种体型的界限上。

2）中胚层体型

女性中胚层体型也叫体育型体质,往往呈一个经典的"沙漏"形,肩膀宽,臀部宽,窄腰明显。她们增加体重和减肥时,髋部和臀部、上背部和胸部这上下两个部位往往按比例增重或减重,所以曲线优美。

轻微的体重增加可能会很明显,因为中胚层体型的人身体脂肪容易掩盖肌肉。这种类型的往往运动能力强,擅长各种运动和活动。

3）中胚外胚结合体型

由于生物倾向,和男性相比,女性携带更多的脂肪,中胚外胚结合体型（meso-endomorph）的女性比外胚中胚结合体型的男性更为普遍。她们往往腰部中厚和脚踝中等粗,肩膀和胸部是小到中等的大小,臀部更宽,身体呈"梨"的形状。虽然身形走样,上身小,下半身大得不成比例,但通过适当的运动计划,她们可以很容易地创造平衡。

4）内胚层体型

女性内胚层体型总体上身体上半部比底部大。她们通常臀部狭窄,胸部和腹部大,呈"苹果"形曲线。内胚层体型倾向于体重增加到腰部以上或沿臀部增加。她们心血管耐力通常很好,但如果没有定制运动和营养计划,就很容易发胖。因为这一类型的女性通常身体脂肪更多,更易患心脏病和糖尿病等疾病,所以这一体型自然寿命最短。

三、成年人身体形态的特点

青春期时,男性和女性各自的性别特征变得明显。除了遗传基因在身体形态的发展中发挥的作用外,运动也可以提高肌肉质量,而激素的波动还会改变脂肪的分布。

(一)身体形态的变化

1. 骨骼的变化

男性在青春期,面部骨骼特征突出,眉骨、下颌及下巴更加突出,鼻梁骨更大。而女性面部变化不大。骨骼结构定型后变化不大,余生大体相同。青春期时,男性平均而言,身高都会增加,肩膀会变得宽阔,睾酮也会促进胸腔的扩大,所以,青春期的男性通常拥有宽阔的肩膀和胸部,以便吸入更多的空气给肌肉提供氧气。

女性则髋关节骨骼变得宽阔,臀部变得丰满,骶骨更短更宽,更朝向后方,这时会影响她们的行走方式,导致髋关节摆动;由于髋部宽阔,女性的上肢容易形成一个提携角,就是前臂向外偏斜形成一个向外的角度,来适应更宽的骨盆。

女性在青春期后,臀部普遍大于肩膀;而男性则相反。但不是每个人都遵循这种刻板的第二性征模式。雄性激素和雌性激素同时存在于人体内,尽管只有一个起主导作用,但另一个激素对身体形态也会有一定程度的影响。同一地区的人口中,女性臀部比男性臀部要宽。

2. 脂肪和肌肉的变化

女性由于雌激素的作用,一般脂肪储存在臀部和大腿,而男性则储存在腹部区域。身体形状受身体脂肪分布的影响,这与当前的性激素水平相关。与骨骼结构不同,肌肉和脂肪的分布会随时改变,取决于饮食习惯、运动和激素水平。

通过锻炼,男性体内的睾酮有助于训练和保持肌肉。男性突出的身体肌肉包括胸肌、臂膀的肱二头肌和肱三头肌,以及大腿部的肱四头肌上。

(二)大学生身体形态的特点

大学时代通常在青春期后期,这一时期的多数学生由于课业负担重,学习压力大,不得不长时间看书、用电脑、长期坐卧,导致臀部形状不理想,腹部脂肪堆积严重,再加上鼠标的频繁使用,使右边颈部用力较多,颈椎协调不平衡,容易诱发一侧肌肉、韧带紧张,而且颈椎保持强直姿势,腰椎长期承受身体的重量,容易养成不良习惯,甚至引发相关疾病;长期的伏案学习,使腰部得不到伸展,导致腰椎弯曲,肩颈部也紧张酸痛。

这一时期的女性身体基本定型,体质量明显增加,骨盆发育日渐成熟,而心血管和运动器官发育却不完善,肩带窄、胸廓小、肺活量小、肌肉收缩力和耐久力差,出现躯干四肢与内脏器官发育不平衡现象。女大学生已处于青春期后期,这个阶段的生理特点主要是体重增加相对较明显,皮下脂肪容易增厚,尤其出现在平时活动较少的部位,如腹、臀部。

第四节　健身健美——功能性训练的概述及训练方法

一、身体功能性的概念

人体有 206 块骨骼和 600 多块肌肉，在神经系统的指挥下，这些肌肉和骨骼赋予人类完成各种动作的能力，这种能力可以被认为是广义上的功能性。例如，完成将人体重心在竖直面上移动的动作——蹲起，是人类最基本的功能性之一。

二、功能性训练和传统训练的关系

功能性训练作为近年来新兴的训练方法及体系，依据人体解剖结构、运动动作特征及相关学术理论认知，科学设计了成套的动作模式，即从额状面、矢状面和水平面上充分动员由心血管系统所支撑的人体链式交互系统（神经肌肉骨骼系统，也称 NMS 系统）参与运动，打破了传统训练单一性、数量化、高强度和大负荷的固有模式及训练理念。传统健身训练更注重对目标肌肉群的训练，相对功能训练对肌肉群的训练比较孤立。两者各有特点，属于相辅相成的关系，如表 1-4 所示。

表 1-4　功能性训练和传统训练的关系

功能性训练	传统训练
追求功能结构优化、动作模式的整体表现	追求单块肌肉的力量和体积
强调以闭链式运动为主	主要以开链式运动为主
强化身体动力链（注重动作协调性）	对身体动力链关注不够（动易僵化）
强调多关节、多肌群运动	单关节、单肌群参与为主
强调动作质量	强调大运动量
多以克服自身体重进行抗阻训练	多以额外负重进行抗阻训练
重视神经肌肉系统的整合	忽视神经肌肉系统的整合
服从于比赛需要，促进专项素质的形成	脱离专项实战的训练

注：引自 Athlete Performance 专家来华讲座。

三、功能性动作筛查

功能性动作筛查（FMS）的目的是获得运动所必需的一些基本身体能力，包括动作的活动范围、平衡、身体控制能力与稳定性等。FMS 测试对于发掘人的潜力和预防伤病非常重要。FMS 测试得分越低，运动时受伤害的风险越高。

FMS 测试共包括 7 个检查动作，分别是深蹲、上踏步、直线弓箭步、肩部灵活性、直腿主动上抬、躯干稳定俯卧撑、扭转/转体稳定性。

FMS 评分分为四个等级，从 0 分到 3 分，3 分为最高分。

0 分：测试中任何部位出现疼痛。

1 分：受试者无法完成整个动作或无法保持起始姿态。

2 分：受试者能够完成整个动作，但完成的质量不高。

3分：受试者能高质量地完成动作。

1. 测试1：深蹲

深蹲是很多竞技项目都需要完成的一个动作。它是一种准备姿势，运动员在进行由下肢完成的有力上举动作时需要用到这种动作。正确完成这一动作，对受测者的整个身体结构要求都非常高。这一动作可以评价髋关节、膝关节和踝关节的双侧均衡性和功能灵活性。通过观察举在头顶上的木杆，可以评价肩和胸椎的双向性、对称灵活性。若想成功完成这一动作，运动员需要具备良好的骨盆节奏、踝关节闭合运动链背屈、膝关节和关节的弯曲、胸脊的伸展，以及肩关节弯曲和外展。

2. 测试2：上踏步

设计上踏步测试的目的是了解运动员在做上台阶运动时踏步的动作质量。这一动作需要受测者髋部与躯干在完成踏跳动作时具有正确的协调性和稳定性，同时也要有单腿站位的稳定性。上踏步测试可以评估髋关节、膝关节和踝关节双侧功能的灵活性和稳定性。完成上踏步测试时，需要踝关节、膝关节和髋关节表现出一定的支撑腿（stance-leg）的稳定性，同时髋关节闭合运动链最大扩展性。上踏步测试也要求踏步腿（step-leg）的踝关节开放运动链的背屈，以及膝关节和髋关节的弯曲。此外，由于这一测试需要具有一定的动态稳定性，受测者也需要表现出足够的平衡能力。

3. 测试3：直线弓箭步

本测试所采用的动作姿势主要是模拟旋转、减速和侧向的动作，并对此进行评价。直线弓箭步测试中，下肢呈交剪姿势，这时身体躯干和下肢要进行扭转，同时也要保持正确的连接。本测试可以评估躯干、肩部、髋关节和踝关节的灵活性与稳定性、四头肌的柔韧性，以及膝关节的稳定性。受测者要想较好地完成这一动作，需要后腿踝关节、膝关节和髋关节闭合运动链的稳定性，同时也需要前跨腿髋关节的灵活性、踝关节的背屈和柔韧性。由于受测者要进行扭转动作，因此他必须具有足够的稳定性。

4. 测试4：肩部灵活性

通过肩部灵活性测试，可以评估双侧肩的运动范围，以及内收肌的内旋和外展肌的外旋。完成规定动作时，需要正常的肩胛灵活性和胸椎伸展；在外展和外旋、弯曲和伸展、内收和内旋组合动作时也需要肩部的灵活性，以及肩胛与胸椎的灵活性。

5. 测试5：直腿主动上抬

通过直腿主动上抬可以测试在躯干保持稳定的情况下下肢充分分开的能力。通过测试可以评价在盆骨保持稳定、对侧腿主动上抬时腘绳肌、腓肠肌、比目鱼肌的柔韧性。若要较好地完成这一动作，需要受测者具有功能性腘绳肌的柔韧性，运动员在训练与比赛时需要这种柔韧性。这种柔韧性也不同于一般测试的被动柔韧性。受测者也需要表现出良好的对侧腿髋关节灵活性以及腹部肌群的稳定性。

6. 测试6：躯干稳定俯卧撑

通过躯干稳定俯卧撑，可以评价上肢进行闭合运动时运动员从前后两个维度上稳定脊椎的能力。它可以评估在上肢进行对称动作时，躯干在矢状面上的稳定性。若想较好地完成这一动作，需要受测者在上肢进行对称性动作时，躯干在矢状面上的对称稳定性。人体在完成很多动作时都需要躯干保持稳定以均衡地将力量从上肢传到下肢,或从下肢传到上肢。例如,橄榄球比赛中的阻挡动作或篮球比赛中跳起抢篮板球的动作,就是这种力量传递的最一般的例证。如果在做此类动作时,躯干不能保持足够的稳定性,力量就是在传递的过程中减弱,从而导致功能性表现下降并使受伤的可能性大大提高。

7. 测试7：扭转/转体稳定性

受测者在进行这种测试时,要完成的动作比较复杂。它需要受测者有良好的神经肌肉协调能力以及将力量从身体的某一部分传导至另一部分的能力。通过这一测试可以评价在上下肢同时进行运动时,躯干在多个维度上的稳定性。完成这一动作时（受测者上下肢同时进行对称动作时）,受测者需要躯干在矢状面和横向面上的对称稳定性。很多功能性动作都需要躯干保持稳定,以均衡地将力量从下肢传到上肢,或从上肢传到下肢。例如,跑步和橄榄球的低姿爆发性动作。如果躯干在进行此类活动时不能保持足够的稳定性,力量就是在传递的过程中减弱,从而导致功能性表现下降并增加损伤的风险。

四、功能性训练的合理安排

（一）重视整体训练

传统的体能训练强调通过独立的、单一方向维度的练习获得绝对力量和肌肉体积最优化。在实际运动过程中,人体中枢神经系统通过优化选择肌肉整合模式,需要在三个方位的综合运动。在提高运动者的肌肉募集能力之后,可以采用同样的或更大重量的、多层级的肌肉增大训练,然后通过挖掘整体的、多方位的运动模式来提高肌肉整体能力,协调等长收缩、向心收缩、离心收缩来保持整个身体系统在各个方位的运动能力,提高募集神经元能力和身体动员能力。

（二）强调身体姿态控制

人体可分为头、躯干、上臂、前臂、手、大腿、小腿和足等多个关节,各个关节连接起来构成生物运动链。力作用在生物运动链上时,各关节需要做出实时的适应性变化。如何将不同关节的运动和肌肉收缩整合起来,形成符合专项力学特征的肌肉"运动链",为四肢末端发力创造理想条件。以正确的姿态进行训练有利于训练效果最优化、减少肌肉不平衡、减少关节功能障碍和连接组织的负荷。

（三）强调肌肉整体平衡

肌肉功能最优化来自于肌肉理想的预设长度,即理想的长度,称为紧张关系。当肌肉被激活后处于短于或长于理想的有效长度时,紧张关系变化会导致运动链发生改变。协同性肌肉的补偿增强导致运动模式的改变和神经肌肉控制能力降低。因此增加肌肉整体平衡是功能性训练中非常重要的一部分。

（四）强化神经控制训练

功能性训练重视整合神经—肌肉的功能,强化神经对肌肉在多个维度的高效控制能力,有助于提高运动者的速度、灵活性、协调性和平衡能力,促进获得的素质转化为专项需求的运动素质。

五、功能性训练的内容体系

功能性训练是一个方法体系,通过有机整合这些不同的训练内容,提高训练的经济性和有效性。核心区训练是功能性训练的关键内容,平衡性训练、超等长训练、柔韧性训练及反应训练作为整合促进综合身体素质形成的关键手段也应囊括其中,以整合多维身体素质、满足专项化真正的需求。功能性训练的内容体系包括核心区训练、平衡性训练、增强式训练、速度及柔韧性训练及反应训练。

思考练习

1. 简述健身运动和健美运动的概念。
2. 健身健美运动有哪些原则?
3. 何谓健康美?
4. 如何科学进行功能性训练?

第二章

健身健美课程原则

章前导言

本章较系统地介绍健身健美课的课前、课中、课后三个环节中所要注意的问题以及遵循的原则;针对课程每个阶段的原则进行科学合理的论述;简明地介绍健身健美课具体的实施方法以及实施过程中的具体要求。

第一节 健身健美课前的准备和要求

健身健美课前准备是保证课堂质量的关键环节,科学、系统的课前准备,不仅能有效地保护锻炼者的健身安全,而且在锻炼过程中收获明显的健美效果。一方面,健身健美课相对运动强度较大,施加有目的的热身活动,帮助锻炼者做好生理和心理上的准备;另一方面,服装道具、器材方面的准备可以为优质高效的锻炼过程做好全面保障。

一、生理准备

生理准备主要是指锻炼者在课前有目的且主动完成的与生理方面相关的计划与调整。合理有效的生理准备能有效克服神经机能的惰性,加快运动神经的传导作用和反应速度,使人体尽快由安静状态进入运动状态,为保障健身健美锻炼效果以及课程的顺利进行,锻炼者要注意以下原则。

(一)有效唤醒的原则

有效唤醒也可以理解为肌肉的唤醒,即热身活动,主要是使身体各主要肌肉群、关节、韧带都得到充分的伸展,迅速进入运动状态。热身活动是上好健身健美课的重要组成部分,它能够在短时间内使锻炼者肌肉升温,减少肌肉粘连,切断受伤诱因。

对身体的唤醒将有助于锻炼过程中能够更好地把握肌肉感、时空感、本体感、动作感。热身活动应从上肢、躯干、下肢有顺序地进行,必要时还可以进行身体柔韧性练习。在冬季锻炼,可先进行暖身的慢跑、原地纵跳或跳绳,再进行有针对性的准备活动,以提高肌肉的活性。

（二）时机适宜的原则

时机适宜是指锻炼者在进行健身健美课程前，创建合适的时机，使身体机能、生理状态达到最佳点。

1. 课前饮食的最佳时机

运动时由于大脑皮质运动中枢和交感神经处于高度兴奋状态，食物中枢则处于较抑制状态，消化腺分泌减少，如果运动前饮食的话易造成消化不良或者胃部痉挛。

2. 与其他体育活动的最佳时间间隔

课前其他体育活动遗留的肌肉酸疼、习惯动作状态都会给健身健美课程的锻炼效果带来不同的影响。因此，中间的时间间隔相当关键。

二、心理准备

心理准备主要是指锻炼者在课前主动进行的对课堂安排的认知分析、对身体状况的自我认知。合理有效的生理准备能有效克服神经机能的惰性，加快运动神经的传导作用和反应速度，使人体尽快地由安静状态进入运动状态，为健身健美课的顺利进行打下良好基础。

（一）客观自我状态认知

对于健身健美课前心理准备一定要有客观的自我状态认知，对情绪、身体状况、机能状态进行自我评价，针对课程安排衡量自我状态，主动融入健身健美课堂环境中，将自己整个身心融入健身健美课堂。但健身健美经常伴随着艰苦不懈地运动而来。因此收获健康美丽，也要承受艰辛与痛苦；享受健美与有型，也要经历大汗淋漓。要真正享受健身健美过程，做好心理准备与调整是不容忽视的。

（二）运动负荷心理预期

健身健美课程要求有一定的运动负荷，徒手或者器械的练习都有不同程度的负荷等级，另外，不同的健身健美内容的运动强度不同，这就要求锻炼者在课前对本节课的运动负荷进行心理预期，以防在练习过程中出现烦躁、坚持不了、放弃等现象。

（三）适时的心理调整

锻炼者在课前将心理准备活动调整到最佳状态，神经活动就能够更加协调，经过调整精神状态更加饱满，能以更加良好的心理状态投入健身健美课堂中。同时，放松心情，避免在锻炼前过度紧张或过度亢奋，以平常心投入锻炼。树立目标，建立对该节健身健美课程的心理渴望。

三、其他准备

针对健身健美课程特点，除生理、心理方面的准备外还需要其他方面的准备，如服装、器材、饮用水、护具等。

（一）着装的适宜性

健身健美课的服装在款式、色彩等方面没有严格的要求，锻炼者可以根据个人喜好选择着装。根据健身健美课程的特点，着装应注意以下要求。

(1) 服装紧身且富有弹性，以便于锻炼时纠正动作姿势。
(2) 面料吸汗且透气性好，保证运动过程健康舒适。
(3) 鞋底软且厚度适中，可以有效缓冲对膝踝关节的冲击力。
(4) 摘去饰品且最好佩戴护具，防止在锻炼过程中丢失或造成不必要的伤害。

（二）器材的调试

健美锻炼的器材都有一定的重量，不仅锻炼前后要做好准备活动和整理活动，而且要注意检查器材安装得是否牢固，以防不测。锻炼时要注意重量是否适度，切勿做力不能及的练习。使用器械的健身健美课程时，要有人保护。最好是结伴锻炼，以便互相鼓励，互相帮助，互相保护。

（三）锻炼计划的针对性制订

健身锻炼时，要严格地按照健身计划进行。在制订计划时，应考虑到自己的实际情况（工作、学习、身体健康、生理卫生等）和季节的变化、环境因素等。只有这样，才能避免盲目性和无序性。健身计划可制订初学者健身计划、初级健身计划、中级健身计划、高级健身计划。

无论哪一类计划，其基本内容是一致的。即锻炼者自我评价；锻炼的目的任务。锻炼的内容；运动负荷的安排；各种体质测量指标；确保锻炼的可行措施。

第二节　健身健美课中应注意的问题

健身健美课既是健身健美活动的主体环节，也是实施健身健美活动的载体。健身健美课中的关键内容有锻炼实施过程、锻炼间歇过程，其中在健身健美实施过程中锻炼方法选择与运用，以及锻炼过程中的自我监督与科学管理是应注意的问题。

一、健身健美课中锻炼过程应注意的原则与肌肉练习方法

（一）健身健美课中锻炼过程应注意的原则

1. 循序渐进，持之以恒

循序渐进是指合理安排锻炼的内容、方法和运动量。也就是科学、系统地进行健身锻炼。锻炼内容的选择，一定要根据锻炼者体质状态及承受运动负荷能力的大小，由易到难，由简单到复杂。锻炼重量、组数与次数，组与组之间的间隙时间，应做到由轻到重，由少到多，由长到短；运动量的大小，应根据个人情况作具体安排。

持之以恒是指健身锻炼绝非一日之事，而是长期、系统地塑造人体健康的工程。体质增

强和形体的改善，是刻苦锻炼的结果。按运动生理学原理，人的运动能力，不仅仅是运动器官的能力表现，还取决于整个机能对激烈运动的适应能力表现，同时又依赖于中枢神经系统的支配和调节。简单来说，就是人体从事某一体育锻炼时，有一个从不适应到适应多次反复的过程，才能达到锻炼的目的。

2. 掌握正确的呼吸方法

呼吸是人体不断获得氧气和排出二氧化碳的生理活动，是有机体新陈代谢过程中与外界环境之间进行气体交换的生理功能现象。健身健美锻炼包括有氧代谢和无氧代谢两种代谢方式，有氧代谢锻炼有健美操、跳绳和除举重以外的各类体育项目健身锻炼。锻炼中依据动作幅度、动作节奏，及时调整呼吸，能有效地增大肺活量。

无氧代谢锻炼通常是持有一定重量的器械。一般情况下，用力前呼吸，用力后呼吸，或者是做动作前先呼吸，接着用屏气以固定胸腔或某部分肢体，完成动作，这样便于集中爆发出更大的力量。动作完毕后及时调整呼吸，偿还氧债，是提高肺活量的重要手段。

3. 注意动作规格和身体姿态

健身健美锻炼和其他体育项目一样，对运动过程中的技术动作规格和身体姿势，都有一定的要求。动作规格是指完成动作时应做到的动作标准；身体姿势是指完成动作时身体各部位的姿势表现。在进行锻炼时，两者间有密切联系。

动作质量高，必定身体姿势要好，相反，身体姿势差，必定影响动作质量。针对此点，特别是在利用器械进行锻炼时，首先要了解动作的技术要求，以及相应的身体姿势，并按其要求在动作重复练习中逐步形成动力定型，这样才能收到有效的锻炼效果。

4. 注意肌肉练习的顺序

在提高肌肉力量和耐力练习中，要采用正确的练习顺序。开始阶段，一般安排是从上到下，腰腹肌和小肌肉群安排在练习的最后，即胸大肌、背阔肌、三角肌、肱二头肌、肱三头肌、股四头肌、小腿三头肌、腰腹肌、前臂肌，最后是颈肌。

巩固和提高阶段，要从大肌肉群开始，然后是中等肌肉群，最后是小肌肉群，即股四头肌、胸大肌、背阔肌、小腿三头肌、三角肌、肱三头肌、肱二头肌、腰腹肌、前臂肌和颈肌。遵循由大肌肉群到小肌肉群的练习顺序，是因为与大肌肉群相比，小肌肉群更容易疲劳，当小肌肉群已经出现疲劳时，再与大肌肉群同时工作，就会影响大肌肉群的动作。

如一开始就做卷棒或杠铃扣手腕，前臂伸肌的紧张不易很快消除，因此握力下降，这时如果做大肌肉群的动作，就容易使器械脱手，造成伤害事故。

5. 养成健康科学的锻炼习惯

健身健美的根本目的就是增进人的健康、增强人的体质、改善人体内部环境、塑造健美体型。因此，在锻炼过程中一定要明确目的，保证不做困难、危险动作。例如，锻炼过程中，不可嚼口香糖，如不慎吸入会堵塞气管，对生命健康造成威胁等。

（二）健身健美中的肌肉练习方法

1. 针对性选择锻炼负荷

健身健美训练中常用 RM 表示某负荷量能连续做的最高重复次数。也就是说，锻炼者对某个负荷只能连续做 5 次，则该负荷就是 5RM。健身健美负荷量与素质发展的关系对照表见表 2-1。

表 2-1　健身健美负荷量与素质发展的关系对照表

负荷量	肌　肉	力　量	速　度	耐　力
1～5RM	稍有增粗	有提高	速度明显	不明显
5～10RM	增粗明显	明显提高	提高	不明显
10～15RM	增粗不明显	有提高	有提高	有提高
15～30RM	内毛细血管增多	不明显	不明显	显著提高

由表 2-1 可见，5～10RM 的负荷重量适用于增大肌肉体积的健美训练。1～5RM 的负荷训练能使肌肉增粗，发展力量和速度；5～10RM 的负荷训练能使肌肉粗大，力量速度提高，但耐力增长不明显；10～15RM 的负荷训练肌纤维增粗不明显，但力量、速度、耐力均有长进；30RM 的负荷训练肌肉内毛细血管增多，耐久力提高，但力量、速度提高不明显。

2. 集中组数练习

相比较于 2～3 组的肌肉练习，或者有氧徒手操练习，对肌肉的刺激程度较小，不利于肌肉的增长。必须专门抽出 60～90 分钟的时间集中锻炼某个部位，每个动作都要做到足够的组数，才能充分刺激肌肉，同时肌肉需要的恢复时间越长。

要达到一定的刺激强度。其适度的标准是酸、胀、发麻、坚实、饱满、扩张，以及肌肉外形上的明显健美有型等。

3. 保持长位移

保持长位移就是针对练习的部位或关节尽可能大幅度、高强度、走最远路线完成某动作。不管是什么健身健美项目，首先应把器械放得尽量低，以充分拉伸肌肉，再举得尽量高，徒手操要尽量保持动作舒展，拉伸延长，力达最远端。保持长位移对肌肉轮廓及体型的改善有显著效果。

4. 关注练习部位

肌肉的工作是受神经支配的，注意力高度集中就能动员更多的肌纤维参加工作，达到更好的健身健美效果。练某一动作时，应有意识地关注练习部位的动作变化，即练什么就想什么肌肉，想该肌肉如何工作。例如，练习俯卧撑，就要关注自己的双臂，感受肱二头肌在慢慢地收缩，胸大肌的变化以及呼吸的节奏。

5. 组间放松

组间放松要注意，放松的部位要有针对性，每做完一组动作都要伸展放松。这样能增加肌肉的血流量，还有助于排除沉积在肌肉中的废物，加快肌肉的恢复，迅速补充营养，此外，有利于缓解肌肉长期紧张带来的疲劳及损伤。

6. 先从大肌群练起

多练胸、背、腰、臀、腿部的大肌群，不仅能使身体强壮，还能促进其他部位肌肉的生长。练习某一部位的肌肉时，一定要配合着协作肌肉的辅助练习。因此，安排一些使用大重量的大型复合动作练习，如大重量的深蹲练习，它们能促进所有其他部位肌肉的生长。

二、锻炼过程中的自我监督与科学管理

(一) 关注个性差异,合理安排运动量

合理安排健身锻炼的运动量,是获取理想锻炼效果的关键。运动量小,起不到锻炼的作用;运动量过大,会造成过度疲劳,甚至出现伤害事故。合理的运动量,需考虑锻炼动作的特性,包括单个动作的组数与次数、间隙时间和重量三个方面,同时要考虑个人的具体情况。

总之,通过锻炼后适当的休息,使疲劳消除,可促进身体机能水平的不断提高。

相反,锻炼后疲劳消除时间长,身体机能下降,食欲不振,甚至恶心、头晕,就应及时调整运动量,使之趋于合理。运动量大小的安排,要根据阶段、周锻炼次数而定。如隔天锻炼的运动量节奏可分中、大、中,即锻炼一天、休息一天。锻炼时运动量安排的一般规律是锻炼初期运动量相应小些,随着身体机能的提高及动作的熟练,运动量可逐渐加大。

(二) 合理饮水,科学监督健身健美过程

健身健美课中,科学适时的补充水分很重要,过分抑制喝水或喝大量的水或喝冷水,都是不科学的。因为在锻炼中不仅消耗了大量的能量,同时也丧失了大量的水分,特别是热天,水分会丧失更多。

水分和盐分的流失不仅会使体温升高,还能导致痉挛,尤其是工作肌痉挛,所以,在锻炼中和锻炼后,要及时补充由于排汗而丧失的体液。如何补充水分是一个十分重要的问题。在锻炼中如需要饮水,要少量地喝上几口浓度为 $0.25\%\sim0.5\%$ 的淡盐水,但不可暴饮。

过多饮水不仅使血量增加,加重了心脏的负担,过多的水分又要由肾脏排出,增加肾的负担,而且水在胃中存留,不仅影响消化且当继续运动时,水在胃中晃动,易产生不适。锻炼后可以少量饮用淡盐水。

第三节 健身健美课后的身体恢复

课后的身体恢复是指锻炼者采用一定的身体恢复手段,积极主动对机体进行放松恢复的活动。及时、科学的身体恢复手段,不仅能有效地缓解锻炼者的紧张与疲劳,而且有助于课后进行其他工作与学习,保持轻松愉悦的心情,从而达到最佳的健康状态。

一、健身健美课后进行身体恢复的意义

(一) 缓解紧张,放松肌肉

健身健美锻炼后,肌肉处于紧张状态,有效的身体恢复有助于锻炼者紧张的肌肉紧张调整为中等程度的放松,这样就能为肌肉下一步积极工作创造有利条件。

(二) 促进新陈代谢

健身健美课后,机体欠下不同程度的"氧债",体内积累了一些新陈代谢过程中所产生的

二氧化碳,健身健美课后进行深呼吸可有效排出身体内废气,同时吸入氧气,达到促进新陈代谢的效果。

(三) 消除疲劳,预防运动后疾病产生

适时的身体恢复可以有效地缓解身体及心理疲劳,同时可以缓解肌肉因长期紧张产生的不适甚至劳损。停止运动后,血液集中在进行锻炼的肌肉组织,回心血量减少,血压降低,易造成大脑供血不足引发的注意力不集中及嗜睡等。

二、健身健美课后进行身体恢复的常用方法

(一) 推拿按摩法

锻炼者本人或他人用各种按摩手法来按摩身体不同部位,从而达到放松的目的。它可以很快地减少乳酸堆积,促进血液循环,减轻心脏负担,防止肌肉僵硬,加强关节的灵活性。

在练习中,关节部位以推为主,开始时先做几次轻推,然后用揉捏重推交替进行,最后以轻推结束。肌肉部位则以揉捏为主,同样以轻推开始,再以揉、捏、捶、按压、叩打、抖动等方法交替进行,最后以轻推和抖动结束。方向应顺血液回流方向进行,使健身健美锻炼者在课后能够收获轻松舒适的感觉。

(二) 拉伸放松练习法

放松练习是指在参加体育活动后有目的地进行身体活动的方法和方式,是利用有效的练习手段使机体从运动中逐渐引入安静状态,使身体更好地恢复。用身体各系统的有机调节,使运动后的身体科学合理并且迅速地进入安静状态,从而使锻炼者身体的运动机能较快地得到恢复。

(三) 科学饮食法

训练后的营养补充相当重要。注意运动后有大量的营养消耗,及时补充营养、健身健美课后及时的营养供给是关键。例如,碱性的食物或水果可以有效中和在锻炼过程中堆积的乳酸。在锻炼后的30~90分钟,蛋白质的需求达高峰期,此时补充蛋白质效果最佳。但不要训练完马上吃东西,至少要隔20分钟以上。

小常识

碱性食物主要有新鲜蔬菜、瓜果、豆制品、乳类和含有丰富蛋白质与维生素的动物肝脏等。这些食物经过人体消化吸收后,可以迅速使血液酸度降低,通过中和平衡来达到弱碱性,从而消除疲劳。

(四) 休息与睡眠法

人体处于睡眠状态时机体的各器官、系统的活动能力均下降到最低水平,物质代谢减弱,能量的消耗仅维持在基础代谢水平,这时的合成代谢有所加强,运动时消耗的能量物质得以逐渐恢复。

对于参加过健身健美的锻炼者来说,睡眠时间、深度和质量是机体最大限度恢复的关键。所以,休息和睡眠是锻炼者消除疲劳、恢复机体运动能力最好、最有效的一种途径。

思考与练习

1. 健身健美课前准备包括哪几个方面?
2. 健身健美课中锻炼者应注意哪些问题?
3. 在健身健美课后为什么要进行积极的身体恢复?主要有哪些常用方法?

第三章

健身健美运动与营养保健

章前导言

本章介绍人体所需的营养素的组成、种类、功能，以及摄入量和食物的来源；讲述食物的营养与价值、平衡膳食的概念及膳食指导；讲解健身健美的最优膳食方法和健康膳食搭配方案。

第一节 健身健美运动的营养学基础

"营养"作为一个名词，从字面解释："营"在汉字里是谋求的意思，"养"是养生或养身，两字组合起来在一起就是"谋求养生"的意思。"营养"一词确切而比较完整的定义应当是：机体不断从外界摄取食物，经过消化、吸收和代谢，利用食物中对身体有益的物质作为构建机体组织器官、满足生理功能和体力活动需要的过程。

研究人体及其他生物的营养问题的学问被称为营养学。食物中含有能维持人体正常生长发育、生存的物质和健康的物质称为营养素。它包括蛋白质、碳水化合物、脂类、矿物质、维生素、水及膳食纤维七大营养素。人们的健康就取决于每种营养素的合理摄入及合理搭配。

一、蛋白质

（一）蛋白质的组成和种类

蛋白质是人体重要的生命物质。它由碳、氢、氧、氮 4 种主要元素组成。氨基酸是构成蛋白质的基本单位。大部分蛋白质均由 300 个以上的氨基酸组成。已知的食物蛋白质中的氨基酸有 30 种，供人体需要的有 20 种。氨基酸以千变万化的方式连接，使蛋白质形成多样的结构和功能。

氨基酸的种类划分主要以是否能在人体内合成为前提，氨基酸可分为 3 类。

一类是体内不能合成或合成速度较慢，不能满足机体需求，但又是维持机体生长发育、合成机体蛋白质所必需的，必须由膳食提供，称必需氨基酸。对于成年人，必需氨基酸有 8 种，婴幼儿有 9 种（成人的 8 种必需氨基酸加上组氨酸）。

相反,另一类在体内可以合成,非必须有食物供给的称非必需氨基酸(12种)。

第三类是条件性必需氨基酸。它的特点如下。

第一,合成以其他氨基酸为前体,并且只限于某些特定的器官。

第二,合成的最大速度可能是有限的,并可能受发育与病理生理因素的限制。

众所周知,蛋白质主要来源于食物中的肉类、奶类、豆类等。食物蛋白质的营养价值取决于所含氨基酸的种类和数量,所以可根据食物蛋白质的氨基酸组成,按其营养价值分为三类。

1. 完全蛋白

完全蛋白所含必需氨基酸种类齐全、数量充足、比例适当,不但能维持成年人的健康,还能促进儿童的生长发育,如肉类、蛋类、乳类、大豆中的大豆蛋白,小麦中的麦谷蛋白,玉米中的谷蛋白等,都属于完全蛋白。

2. 半完全蛋白

半完全蛋白所含必需氨基酸种类齐全,但有的氨基酸数量不足,比例不适当,可以维持生命,但不能促进生长发育,如小麦中的麦胶蛋白等。

3. 不完全蛋白

不完全蛋白所含必需氨基酸种类不全,既不能维持生命,也不能促进生长发育,这种蛋白质多来自于植物,如玉米中的玉米胶蛋白、动物结缔组织和肉皮中的胶原蛋白、豌豆中的豆球蛋白等。

(二)蛋白质的功能

蛋白质是构成人体组织、器官的主要成分。蛋白质具有促进新陈代谢、修复组织、供应部分能量和调节生理功能、体液,以及保护肌体的抗体和氨基酸及血脂蛋白的载体等功能。

在人体组织中,如肌肉和心、肝、肾等器官均含有大量蛋白质;骨骼、牙齿,以及指、趾也含有大量蛋白质;细胞中,除水分外,蛋白质约占细胞内物质的80%。因此,构成机体组织、器官的成分是蛋白质最重要的生理功能。

身体的生长发育可视为蛋白质的不断积累过程。进行健身健美锻炼时,蛋白质的主要功能是可以使肌肉发达、力量增长,此外,还可保证体内各内分泌的平衡。神经系统的功能与摄入的蛋白质的质量密切相关,它可明显影响大脑皮层的兴奋和抑制过程。

在婴幼儿大脑发育期,蛋白质供给不足,会使脑细胞数目减少,影响智力发育。人的记忆过程也与脑内蛋白质合成有关。蛋白质还与体内许多重要物质的运输有关。

(三)蛋白质的摄入量和食物来源

蛋白质在人体内的摄取量是有限度的,当足够的氨基酸满足肌体需求后,剩余的氨基酸会通过脱氨基的作用,将含有丰富氮元素的氨基酸释放出来,通过尿液和汗水排出体外。

氮是一种有毒物质,会加重肝脏和肾脏的负担,因此,蛋白质参考摄入量必须满足机体的氮平衡。每日摄入蛋白质的含氮量与机体排出的氮量相等,称为氮平衡。

摄入多于排出,是正氮平衡;反之,是负氮平衡。正氮平衡会出现在运动后,因为脱氧核糖核酸有增加蛋白合成的功能,而所合成蛋白质的种类则视所参与的运动项目而定。如有氧运动会增加线粒体及氧化激素,无氧运动会增加收缩肌的蛋白。

中国营养学会 2000 年修订蛋白质参考摄入量标准如下:成年人 1.16g/kg/d,少年儿童 1.68g/kg/d,优质蛋白应占蛋白质摄入总量的 1/3。蛋白质供给的热量应占一日膳食总热量的 11%～14%,儿童为 13%～14%,成人为 11%～12%。当然还要根据特殊情况进行调整,例如,增肌者为 1.6～2g/kg/d,一般强度锻炼者需要 1～1.5g/kg/d,大强度锻炼者需要 1.5～2g/kg/d,减脂者需要 1.2g/kg/d。

蛋白质含量较高且利用率较高的食物主要是瘦肉、禽类、鱼、蛋、奶类、豆类及其制品等;其次是谷类;蔬菜水果含量最低。鱼类蛋白质含量平均为 18% 左右,禽类蛋白质含量为 16%～20%,蛋类蛋白质含量平均为 12% 左右,禽类蛋白质含量一般为 10%～20%,如表 3-1 所示。

表 3-1　常见食物中的蛋白质含量　　　　　　　　　　单位:%

食物名称	蛋白质	食物名称	蛋白质
牛奶	3.0	花生	26.6
酸奶	3.1	香菇	20.1
鸡蛋	13.3	木耳	12.4
猪瘦肉	20.2	海带	4.0
牛瘦肉	19.8	紫菜	28.2
羊瘦肉	17.1	毛豆	13.0
鸡肉	19.1	豌豆	8.5
鸡腿	17.2	猪后臀尖	14.6
鸭肉	17.3	猪后肘	16.1
黄鱼	20.2	猪前肘	15.1
带鱼	21.2	猪五花肉	14.4
鲤鱼	18.2	猪奶脯	7.7
鲢鱼	17.4	猪肘棒	16.5
对虾	16.5	牛后腿	19.8
海蟹	12.2	牛后腱	18.0
臭豆腐	14.1	牛肝	19.8
腐竹	44.6	牛蹄筋	38.4
猪肝	22.7	素什锦	14.0
猪腰	15.2	酱豆腐	9.7
牛肚	12.1	羊后腿	15.5
小麦粉	10.9	羊前腿	19.7
大米	8.0	鸡肝	17.4
玉米面	9.2	鸡心	15.3
黄豆	35.6	蚕豆	25.8
豆腐	11.1	豌豆(干)	20.0
红小豆	20.1	油豆腐	18.4
绿豆	20.6	素鸡	17.1

续表

食物名称	蛋白质	食物名称	蛋白质
油豆腐丝	24.2	核桃	15.2
白豆腐丝	22.6	栗子	4.1
熏豆腐干	15.8	松子	14.1
白豆腐干	13.4	莲子	19.5
西瓜子	32.3	黑芝麻	17.4
葵花籽	22.6	猪肠	6.9
榛子	30.5	兔肉	19.7

资料来源：王健,马军,王翔.健康教育[M].北京:高等教育出版社,2005.

（四）蛋白质的供应不足及过剩的危害

1. 供应不足的危害

（1）皮肤粗糙、无光泽,易疲劳。
（2）肌体抵抗力降低,生命脆弱,易生病。
（3）肌肉增长缓慢。
（4）减脂速度缓慢。

2. 摄取过量的危害

（1）高蛋白质的食物往往是高脂肪食物。
（2）高蛋白质的食物往往也是高胆固醇食物。
（3）高蛋白质的食物使肌体丢失更多的钙质。
（4）高蛋白质的食物会造成脱水和活动能力下降。
（5）高蛋白质食物有可能会诱发中老年人患心脑血管疾病的危险。

二、碳水化合物

（一）碳水化合物的组成和种类

碳水化合物又称糖类,是由碳、氢、氧三种元素组成的一大类化合物。它在自然界分布很广,储量丰富,是最经济的营养素,也是人类最重要的能量来源。碳水化合物按其分子结构的不同,可分为三类：单糖,包括葡萄糖、果糖、半乳糖及核糖；双糖,包括蔗糖、麦芽糖、乳糖；多糖,包括淀粉、糖原和膳食纤维。

多糖（膳食纤维除外）和双糖在体内必须经过唾液淀粉酶、胰淀粉酶或体内各种消化酶的作用转变为单糖后,可变为糖原或其他单糖（如核糖、脱氧核糖、半乳糖等）。碳水化合物的食物来源主要是小麦及淀粉类食品,包括谷类、面点类、水果及蔬菜等。

（二）碳水化合物的功能和储存

碳水化合物对人体的总体效应主要是稳定血糖水平,以增进调节食欲和体力的功能,促进脂肪代谢与糖原储存。充足的碳水化合物储存可避免蛋白质的过量分解和增加脂肪的代谢,相反储存量不足,低糖原会导致代谢及体力下降、脂肪代谢减少、缺水和低血糖症等。

1. 碳水化合物的主要功能

1）供给能量

膳食中的碳水化合物是人类获取能量的最基本和最重要的来源。每克碳水化合物在体内氧化可以产生 4kcal 的能量。维持人体健康所需要的能量中有 55%～65% 由碳水化合物提供，其中单糖类约占 10%，复合糖类约占 50%。

碳水化合物的供能特点主要有产生能量快、耗氧量低于蛋白质和脂肪、在缺氧时可通过无氧酵解供能、代谢产物为 CO_2 和 H_2O 以及提高肌酸利用率等。

2）构成细胞的组成成分

碳水化合物是构成机体的重要物质，并参与细胞的组成和多种活动。每个细胞都有碳水化合物，其含量为 2%～10%。

3）节约蛋白质作用

机体需要的能量，主要由碳水化合物提供。当碳水化合物供应不足时，机体为了满足自身对葡萄糖的需要，会通过糖原异生作用动用蛋白质来产生葡萄糖，供给能量；而当摄入足够的碳水化合物时，则能预防体内或膳食蛋白质的消耗，不需要动用蛋白质来供能，即碳水化合物具有一定程度可替代蛋白质作用。

4）抗生酮作用

当膳食中的碳水化合物供应不足时，草酰乙酸供应相应减少；而体内脂肪或食物脂肪被动员并加速分解为脂肪酸来供应能量。这一代谢过程中，由于草酰乙酸不足，脂肪酸不能彻底氧化而产生许多酮体，酮体不能及时被氧化而在体内积蓄，以致产生酮血症和酮尿症。膳食中充足的碳水化合物可以防止上述现象的发生，因此称为碳水化合物的抗生酮作用。

5）解毒作用

经糖醛酸途径生成的葡萄糖醛酸，是体内一种重要的结合解毒剂，在肝脏中能与许多有害物质如细菌毒素、酒精、砷等结合，以消除或减轻这些物质的毒性或生物活性，从而起到解毒作用。

6）增强肠道功能

非淀粉多糖类，如纤维素和果胶、抗性淀粉、功能性低聚糖等抗消化的碳水化合物，虽不能在小肠消化吸收，但可刺激肠道蠕动，增加了结肠内的发酵，发酵产生的短链脂肪酸和肠道菌群增殖，有助于正常消化和增加排便量。

2. 糖原的储存形式

碳水化合物以糖原形式在人体内进行储存，它主要分为三种形式。

1）肝糖

肝糖以糖原形式储存于肝脏，肝脏储存机体内 75～100g 的糖原，需要时用于调节血糖浓度。

2）肌糖

肌糖以糖原形式储存于肌肉，肌糖原储存机体内 360～400g 的糖原。碳水化合物在体内释放能量较快，供能也快，是肌肉活动时的主要燃料，用于新陈代谢，超过肌体需要的过多的碳水化合物会转化为脂肪，并储存于脂肪组织中。

3）血糖

血糖主要释放葡萄糖以供身体组织使用，血糖储存量很少，只有5g左右。血糖水平受胰岛素控制，肌肉也受此控制。

（三）碳水化合物的摄入量和食物来源

碳水化合物的参考摄入量依饮食习惯、食物结构、生活水平和体力活动等因素而定。为保证肌体的正常工作，一般建议普通人每天需摄入的量为500～600g碳水化合物。这些碳水化合物来源不同，包括复合碳水化合物淀粉、不消化的抗性淀粉、非淀粉多糖和低聚糖类等碳水化合物；限制纯热量食物如蔗糖等精制糖的摄入量，提倡摄入营养素、热能密度高的食物，以保证人体热能和营养素的需要。

碳水化合物的种类很多，其中淀粉类主要来自五谷类。豆类和根茎类也是淀粉的良好来源。人体对淀粉的适应性好，可较大量和长期食用而无不适应，淀粉消化吸收较慢，使血糖维持在较好的水平；简单的糖只能在某些情况下适当食用，且不宜摄入过多，如表3-2所示。

表3-2　常见食物的血糖指数

食　物	血糖指数	食　物	血糖指数
白米	81±3	扁豆	42±6
糙米	79±6	豌豆	56±12
速食饭	128±4	黄豆	23±3
甜玉米	78±2	花生	21±12
小米	101	粗面条	53±7
粗大麦	36±3	通心粉	64
荞麦	68±3	苹果	52±3
燕麦胚	78±3	杏脯	44±2
膨化米	123±11	香蕉	83±6
膨化小麦	105±3	猕猴桃	75±8
裸麦粒	71±3	橙	62±6
大麦米	49±5	橙汁	74±4
小麦面粉	99±3	梨	54±4
眉豆	42±6	杧果	80±7
全脂牛奶	39±9	芋头	73
脱脂牛奶	46	蜜糖	104±21
加糖酸牛奶	48±1	果糖	32±2
酸牛奶	27±5	葡萄糖	138±4
烤土豆	121±16	砂糖	84±2
煮土豆	80±2	乳糖	65±4

资料来源：王健，马军，王翔.健康教育[M].北京：高等教育出版社，2005.

小常识

为保证肌体的正常工作,一般成年人每天碳水化合物的摄入量应保持在 500～600g。其中,谷类、薯类及杂粮每天应摄取 250～400g 为宜,最少不应少于 200g,以防止蛋白质的过量分解。谷类为主是膳食平衡的基本保证,谷类食物中碳水化合物一般占重量的 75%～80%,蛋白质含量为 8%～10%,脂肪含量为 1% 左右,还含有矿物质、B 族维生素和膳食纤维。

三、脂类

(一)脂类的组成和种类

脂类包括脂肪和类脂两大类,由碳、氢、氧三种元素组成,有的脂类还含有磷、氮。脂肪是甘油及脂肪酸脱水缩合组成的甘油酯,类脂包括磷脂、糖脂和固醇类等。磷脂中有卵磷脂、脑磷脂、神经磷脂。类脂具有很高的生理价值,在运动员营养中有特殊作用。脂类的具体特点如下。

1. 脂肪酸

脂肪酸的种类很多,按分子结构可分为饱和脂肪酸和不饱和脂肪酸两类。不饱和脂肪酸又可分为单不饱和脂肪酸和多不饱和脂肪酸。目前已知的多不饱和脂肪酸中,亚油酸对人体最重要,可降低血液中胆固醇及甘油三酯的水平,有效降低患冠心病的概率。它在体内不能合成,必须从食物中摄取,故称必需脂肪酸。

2. 胆固醇

固醇类为一些类固醇的前体。胆固醇是人体中主要的固醇类化合物,是类固醇激素、维生素 D 及胆汁酸的前体。肝脏将游离脂肪酸合成为胆固醇,以供身体应用。肝脏也使用胆固醇制造胆盐,有助于消化脂肪。

3. 脂蛋白

脂蛋白与胆固醇有极大的关系,主要有蛋白质、胆固醇、磷脂及甘油三酯。脂蛋白可分为以下三类。

1) 高密度脂蛋白(HDL)

HDL 成分构成为高分量蛋白质、中量胆固醇及磷脂极少量甘油三酯。其作用是从动脉壁去除低密度脂蛋白,将其运输到肝脏。这种脂蛋白被称为"好胆固醇"。

2) 低密度脂蛋白(LDL)

LDL 成分构成为高分量胆固醇及磷脂、少量甘油三酯及蛋白质。此脂蛋白会附于动脉上,引致动脉粥样硬化。这种脂蛋白被称为"坏胆固醇"。

3) 极低密度脂蛋白(VLDL)

VLDL 成分构成为高分量甘油三酯加少量蛋白质。这种脂蛋白为低密度脂蛋白的先驱。

4. 磷脂

磷脂是细胞膜的构造成分。

5. 亚油酸

亚油酸是唯一的必需脂肪酸,为多不饱和脂肪酸,也是脂溶性维生素的载体。

(二) 脂类的功能和储存

1. 脂类的主要功能

一般脂肪为肌体提供总能量的 20%～30%。1g 脂肪在体内氧化可产能 37.56kJ,相当于 9kcal 的能量,比等量蛋白质和碳水化合物产生的热量大一倍多。再加之分布于腹腔、皮下、肌纤维间的脂肪有保护脏器、组织和关节的作用。

皮下脂肪还是很好的绝缘物质,有保温防寒作用。因此,脂类最明显的功能就是保护内脏和维持身体体温。脂肪是组织细胞的组成成分,细胞膜是由磷脂、糖脂和胆固醇组成的类脂层;神经组织含有磷脂和糖脂;胆固醇是类固醇激素、维生素 D 及胆汁酸的前体。

食物脂肪是脂溶性维生素 A、D、E、K 的载体,协助脂溶性维生素和胡萝卜素等的吸收。此外,脂肪还可以节约蛋白质;提供必需脂肪酸;具有内分泌作用,构成参与某些内分泌激素;增加膳食的美味和增加饱腹感的功能。

2. 脂肪的储存

脂肪在体内的储存形式包括以甘油三酯的形式储存在皮下及器官组织周围的脂肪细胞内,以游离脂肪酸储存于血浆内,以甘油三酯的形式储存于肌肉内等。

(三) 脂肪的摄入量和食物来源

脂肪是能量的另一种重要来源。每克脂肪所含的热量要多出碳水化合物的两倍。膳食中脂肪的需求量受年龄、生理状态、饮食习惯、运动、经济条件和气候等影响,变化范围很大。

对成人膳食脂肪的推荐摄入量不超过总热量的 20%～25%,饱和脂肪酸、单不饱和脂肪酸和多不饱和脂肪酸之间的比例约为 1:1:1,胆固醇的推荐摄入量为 300mg/d。如果是高血脂和调解功能差者,则应更加严格限制胆固醇摄入量,要低于 200mg/d。

健美锻炼者饱和脂肪酸可占 5%,不超过 10%,单不饱和脂肪酸占 8%,多不饱和脂肪酸占 7%。

脂肪的食物来源有两种:一种是动物性食物,如猪油、牛油、羊油、奶油、鱼油、骨髓及鸡蛋黄中的脂肪等;另一种是植物性食物,如芝麻、棉籽、菜籽、茶子等含有大量脂肪,加工后制成的植物油。此外,花生、核桃、杏仁、松子及黄豆都是含脂肪丰富的食物,如表 3-3 所示。

表 3-3 某些食品的脂肪含量　　　　　　　　　　单位:%

动物性食品	脂肪含量	植物性食品	脂肪含量
猪油	99.5	食用油	99.5
肥肉	72.8	人造奶油	80.0
猪瘦肉	35.0	黄豆	16.0
牛肉	13.4	绿豆	0.8
羊肉	14.1	花生	48.0
草鱼	5.2	核桃仁	62.7
鲢鱼	3.6	芝麻	39.6

续表

动物性食品	脂肪含量	植物性食品	脂肪含量
带鱼	4.9	杏仁	54.0
大黄鱼	2.5	燕麦片	6.0
鸡肉	9.4	面包	0.5
鸡蛋	10.0	苹果	0.3
牛奶	21.2	油菜	0.5

资料来源：王健,马军,王翔.健康教育[M].北京：高等教育出版社,2005.

小常识

在碳水化合物、蛋白质和脂肪这三类产能营养中,脂肪比碳水化合物更容易造成能量过剩。1g碳水化合物或蛋白质在体内产生约17kJ(4kcal)能量,而相同质量的脂肪能产生38kJ(9kcal)能量,是同等质量的碳水化合物提供能量的2.2倍。

相对于碳水化合物和蛋白质,富含脂肪的食物口感好,刺激人的食欲,使人容易摄入过量。因此,进食富含碳水化合物的食物,如米、面制品,不容易造成能量过剩使人发胖,造成肥胖的真正原因是能量过剩,而脂肪摄入过多则是肥胖的主要原因之一。

四、矿物质

(一) 矿物质的组成及分类

人体内含有的各种元素,除了碳、氢、氧、氮主要以有机化合物形式存在外,其余的元素统称为矿物质。有20多种已经被证实是人类营养所必需的。其中,含量较多的,在机体中大于0.01%以上的,称为常量元素,有钙、磷、钾、钠、硫、氯、镁7种。而含量小于0.01%以下的,称为微量元素,有铁、锌、碘、硒、氟、铜、钼、锰、铬等14种。

1. 常量元素

1) 钙

(1) 生理功能。钙是人体内含量最丰富的矿物质,约有99%的钙存在于骨骼和牙齿中,帮助骨骼和牙齿的形成。此外,钙还具有维持神经肌肉正常的兴奋性;帮助血液凝结;维持细胞膜和毛细血管的正常功能;血液酸碱平衡;预防小儿佝偻病症;作为第二信使,调节机体各种生理活动等。

(2) 参考摄入量。青少年为1000mg/d,成人为800mg/d,年龄大于50为1000mg/d,孕妇和哺乳期为1000~1200mg/d。钙的过量主要表现为增加肾结石的危险性,引起奶碱综合征和干扰铁、锌、镁、磷等元素的吸收作用。成年人钙的可耐受最高摄入量(UL)定为2000mg/d。

(3) 食物来源。奶和奶制品、豆类及豆制品是钙的主要食物来源,含钙量丰富并且吸收率高。可以连骨或壳吃的小鱼、小虾及一些坚果类,含钙也较多。豆类、绿叶蔬菜、花生、山楂、柑橘、蛋类、瓜子等也是钙的较好来源。但有的含草酸较多(如菠菜)会对钙吸收有所影响。硬水中含有很多钙。

2）磷

(1) 生理功能。磷既是构成骨骼和牙齿的主要物质,也是核酸、酸酯、磷蛋白及某些辅酶的组成成分,参与和调节体内生理功能。磷酸盐组成缓冲体系,维持体内酸碱平衡;以磷酸高能键形式参与物质代谢和能量代谢。

(2) 参考摄入量。磷因食物来源丰富,不易缺乏,11~14 岁均为 1000mg/d,18 岁以后为 700mg/d,妊娠期和哺乳期为 700mg/d。

(3) 食物来源。无论是动物性食物还是植物性食物,在其细胞中,都含有丰富的磷,动物乳汁中也含有磷,磷是和蛋白质并存的。磷在瘦肉、蛋、奶以及动物的肝脏、肾中含量都很高,海带、紫菜、芝麻酱、花生、干豆类、坚果、粗粮含磷也较丰富。

3）钾

(1) 生理功能。钾是细胞内液中的主要阳离子。也是血液的重要成分。钾不仅维持着细胞内液的渗透压和酸碱平衡,维持神经肌肉的兴奋性,而且还参与蛋白质、糖及能量代谢的过程。

(2) 参考摄入量。11 岁为 1500mg/d,14 岁为 2200mg/d,孕妇、乳母为 2500mg/d。

(3) 食物来源。大部分食物都含有钾,蔬菜和水果是钾的最好的来源。

4）钠

(1) 生理功能。钠是细胞外液的主要阳离子。钠不仅维持细胞外液的渗透压和酸碱平衡,而且对细胞的水分、渗透压、应激性、分泌和排泄等具有调节功能。

(2) 参考摄入量。11 岁为 1200mg/d,14 岁为 1800mg/d,18 岁以上为 2200mg/d(包括孕妇和乳母)。

(3) 食物来源。钠普遍存在于各种食物中,但人体内的钠来源主要为食盐、酱油、腌制肉、酱咸菜类、咸味的食物等。

5）镁

(1) 生理功能。镁磷盐酸和碳酸盐是构成骨骼和牙齿的重要成分,也是某些酶的辅助因子或激活剂,维持神经肌肉正常兴奋性,维持心肌正常结构与功能。

(2) 参考摄入量。11 岁为 350mg/d,14 岁为 350mg/d,成年人、老年人为 350mg/d,孕妇和乳母为 400mg/d。

(3) 食物来源。绿叶蔬菜、粗粮、坚果中镁的含量丰富,肉类、淀粉类食物及牛奶中的镁含量中等。硬水中也含有少量的镁。

2. 微量元素

1）铁

(1) 生理功能。铁主要作为血红蛋白、肌红蛋白、细胞色素等的组成部分而参与体内氧的运送和组织呼吸过程。催化胡萝卜转化为维生素 A,参与胶原的合成,促进抗体的产生,增强肌体免疫力。

(2) 参考摄入量。中国营养学会 2000 年制定的中国居民膳食铁参考量,成人铁适宜摄入量(AI)男子为 15mg/d;女子为 20mg/d;可耐受最高摄入量(UL),男女均为 50mg/d。

(3) 食物来源。动物肝脏、全血、肉类、豆类和绿色蔬菜等是铁的良好来源,蛋黄中的铁吸收率虽然偏低,但含铁丰富,仍是较好的铁源食物。

2）锌

（1）生理功能。锌是许多金属酶的组成成分或一些酶的激活剂，可增强肌体免疫力；加速创伤愈合；促进维生素A代谢，保护夜间视力；改善味觉，促进食欲；提高智力。

（2）参考摄入量。普通成年男子平均每日锌的摄入量15mg，女子每日锌的摄入量为11.5mg。

（3）食物来源。贝壳类海产品、红色肉类、动物肝脏类都是锌的极好来源，水果类、谷类胚芽和麦麸也富含锌，奶酪、虾、燕麦、花生等也是良好来源。一般的植物性食物和蔬菜水果中含锌较低。

3）铜

（1）生理功能。铜是氧化酶的组成成分，可促进组织中铁的转移和利用；催化血红蛋白的合成；清除自由基，防止衰老和抗癌。

（2）参考摄入量。中国营养学会制定了不同年龄个人群铜的AI值，成年人为2mg/d。可耐受最高摄入量值（UL），成年人为8mg/d。

（3）食物来源。铜广泛存在于各种食物中，牡蛎、贝类食物及坚果类是铜的良好来源；其次是动物肝脏、肾、谷类发芽部分、豆类等。

4）氟

（1）生理功能。氟能预防龋齿和老年骨质疏松症，加快伤口愈合和铁的吸收。

（2）参考摄入量。成年人AI定为1.5mg/d，UL定为3.0mg/d。

（3）食物来源。一般动物性食物中氟含量高于植物性食物，海洋动物中氟含量高于淡水及陆地食物，其中茶叶、海鱼、海带、紫菜中氟含量较高。

5）碘

（1）生理功能。碘参与甲状腺的合成。甲状腺对蛋白的合成、能量代谢、水盐代谢有重要的影响。

（2）参考摄入量。成人推荐摄入量（RNI）每天为150μg，可耐受最高摄入量（UL）每天为1000μg。

（3）食物来源。海产品中的碘含量大于陆地食物，含碘丰富的食物为海产品，如海带、紫菜、鲜鱼、蛤干、干贝、淡菜、海参、海蜇等。其中，海带含碘量最高；其次为海贝及鲜鱼。动物性食物的碘含量大于植物性食物；陆地食品则以蛋、奶含碘较高，其次为肉类，淡水鱼的含碘量低于肉类。植物的含碘量最低，特别是水果和蔬菜。

6）硒

（1）生理功能。硒可维持细胞膜结构和功能的完整性；预防克山病和大骨节病；促进免疫球蛋白合成，增强机体免疫功能和抗癌；降低毒物对人体的危害作用；促进生长和保护视觉器官的健全功能。

（2）参考摄入量。中国营养学会2000年提出的每日膳食硒参考摄入量，18岁以上者RNI为每天50μg，UL为每天400μg。

（3）食物来源。食物中硒含量与食物产地土壤和河水中硒的含量有关，变化很大。一般来说，动物性食物为硒的来源，特别是内脏和海产品；植物性食物中的含量随产地土壤、河流硒含量及可被吸收利用量的变化而变化，差异较大，动物性食物的差异范围一般没植物性食物大。

(二)矿物质的来源及作用

矿物质是构成人体组织(如骨骼、牙齿及肌肉)的重要元素,也是人体中酶及激素的成分,主要来源于植物、动物和水,缺乏时会出现贫血、高血压、癌症、蛀牙及骨质疏松等疾病。因矿物质只能被身体吸收10%,所以每天推荐摄入量为真正需要量的10倍。

矿物质的主要作用如下:维持细胞内外液的容量和渗透压;维持体液的酸碱平衡;维持神经肌肉的兴奋性;影响体温调节和构成体质等。

五、维生素

维生素是维持人体正常生命活动所不可缺少的一种营养素。由于它不能在体内合成,所以在体内含量极微。维生素在体内主要作用为辅酶的功能,在机体的代谢、生长发育等过程中起重要作用。人体共需要13种维生素。

维生素主要分为水溶性和脂溶性。水溶性是B族和C族,叶酸、泛酸和生物素,水溶性维生素摄入过多会直接从尿液中排出,所以这类维生素每天都必须定量摄取,以便及时补充;脂溶性是维生素A、D、E、K,由于它们的溶解性能,所以它们可储存在人体内,并不需要每日摄取,摄入过多会引起维生素中毒症。

(一)脂溶性维生素

1. 维生素A

维生素A又名视黄醇或抗干眼病维生素,是不饱和的一元醇,黄色结晶体,性质活泼,易被氧化和紫外线照射而破坏。

1) 生理功能

维持正常的视觉功能;维持上皮组织结构的完整和健康;具有类固醇激素的作用,影响细胞分化,促进生长和发育;抗氧化和抗癌作用;抗疲劳作用。

2) 参考摄入量

中国营养学会2000年提出的中国居民膳食维生素A参考摄入量,成人男性为800μg RE(RE为视黄醇当量),女性为700μg RE,UL为3000μg RE。

3) 食物来源

维生素A只存在于动物性食物中,尤其是动物的肝脏、蛋类和奶类。胡萝卜素的良好来源是有色蔬菜和水果,如菠菜、豌豆苗、红心甜薯、胡萝卜、青椒、杏和杧果等。

维生素A缺乏会导致夜盲症、干眼症等。

2. 维生素D

维生素D是类固醇衍生物,种类多。维生素D结晶呈白色,性质稳定,耐高温,酸败的油脂可以破坏维生素D。

1) 生理功能

维生素D的主要生理功能是调节体内钙、磷代谢,促进钙磷的吸收和利用,以构成健全的骨骼和牙齿。

2) 参考摄入量

中国营养学会2000年制定的中国居民膳食维生素D参考摄入量,成人每天为5μg,UL

为每天 20μg。

3）食物来源

维生素 D 主要存在于动物性食物中，比较丰富的来源是鱼肝油、各种动物肝脏和蛋黄，夏季动物奶中的含量也较多。晒后的青菜，其他维生素可能被破坏，但维生素 D 剧增，故干菜是富含维生素 D 的食物。

维生素 D 缺乏会导致儿童佝偻病、成人软骨病等。

3. 维生素 E

维生素 E 又称生育酚，为浅黄色油状物。它极易自身氧化，并易遭碱、铁盐的破坏。它对酸、热较稳定，但长期高温加热，特别是油脂酸败时，常使其活性明显降低。

1）生理功能

抗氧化作用；促进毛细血管增生，改善微循环，有利于防止动脉粥样硬化及冠心病；促进新陈代谢，使氧的利用率增加，增强机体耐力；维持正常生殖功能；参与体内一些必需物质的合成。

2）参考摄入量

中国营养学会在 2000 年中国居民膳食维生素 E 参考摄入量中制定了各年龄组维生素 E 的适宜摄入量（AI），成年男女为 14mg/d。

3）食物来源

维生素 E 主要存在于植物性食品中，麦胚油、棉籽油、玉米油、花生油、芝麻油是良好的来源。

维生素 E 缺乏会导致不育症。

4. 维生素 K

1）生理功能

维生素 K 又称凝血维生素，主要生理功能是促进凝血酶原合成。

2）参考摄入量

中国营养学会制定的膳食营养素参考摄入量中，成人维生素 K 的膳食适宜摄入量（AI）为 120μg/d，UL 未定。

3）食物来源

维生素 K 在甘蓝、菠菜、花菜中含量比较丰富，其次在番茄、奶酪、蛋黄和动物肝脏中。

维生素 K 缺乏会导致血流不止。

（二）水溶性维生素

1. 维生素 B1

维生素 B1 又称硫胺素或抗脚气病维生素，为白色结晶体。在酸性溶液中稳定，耐热，但在碱性条件下加热易氧化破坏。

1）生理功能

促进糖类代谢；维护心脏和神经健康；增进食欲与消化功能。

2）参考摄入量

2000 年中国营养学会制定的《中国居民膳食营养素参考摄入量》提出，成年男女分别为

1.4mg/d 和 1.3mg/d,UL 为 50mg/d。

3) 食物来源

维生素 B1 广泛存在于天然食品中,含量丰富的有动物性内脏、肉类、豆类、花生和粗粮。谷类是我国人民的主食,也是维生素 B1 的主要来源。

维生素 B1 缺乏会导致食欲下降、疲劳、脚气病等。

2. 维生素 B2

维生素 B2 又称核黄素,为橘黄色针状结晶体。在酸性溶剂中稳定,但易被光合碱破坏。

1) 生理功能

维生素 B2 是黄酶辅基 FMN 和 FAD 的组成成分,直接参与氧化反应及电子传递系统,是蛋白质、脂肪和糖类在体内代谢所不可缺少的物质。

2) 参考摄入量

目前对所有年龄段的人维生素 B2 推荐量为 0.6mg/4184kJ。2000 年中国营养学会制定的居民膳食维生素 B2 推荐摄入量,18 岁后男性为 1.4mg/d,女性为 1.2mg/d。

3) 食物来源

维生素 B2 广泛存在于动物性和植物性食物中,以肝、肾、心、奶类、蛋黄和鳝鱼中含量较多,其次是豆类和绿叶蔬菜。

维生素 B2 缺乏会导致口角炎症、舌炎、唇炎等。

3. 维生素 PP

维生素 PP(烟酸和烟酸胺的总称)是白色晶体,性质稳定,耐高温,不易被酸、碱、氧及光所破坏,是维生素中最稳定的一种。

1) 生理功能

维生素 PP 参与生物氧化,维持皮肤健康。

2) 参考摄入量

2000 年中国营养学会制定的 RDIs 中烟酸的推荐量,18 岁以后男女分别为 14mg NE 和 13mg NE,UL 为 35mg NE。

3) 食物来源

维生素 PP 广泛存在于动物食品中,其中含量比较丰富的是酵母、花生、谷类、豆类及肉类,尤其是动物肝脏。

维生素 PP 缺乏会导致皮肤粗糙。

4. 维生素 B6

维生素 B6 是吡啶的衍生物,在酸性溶液中较稳定,但在碱性溶液中对紫外线不稳定。

1) 生理功能

参与蛋白质、氨基酸代谢。

2) 参考摄入量

2000 年中国营养学会制定的中国居民膳食参考量中,维生素 B6 AI 值 18 岁以后、50 岁以后分别为 1.2mg/d 和 1.5mg/d。UL 为儿童 50mg/d,成人 100mg/d。

3) 食物来源

维生素 B6 广泛存在于各种食品中,如各种谷物、豆类、肉类、肝、蛋黄等。体内肠管细菌也可以合成一部分。维生素 B6 缺乏会导致溢脂性皮炎、肌无力、体重下降等。

5. 维生素 B12

维生素 B12 又名钴胺素或抗恶性贫血维生素,为粉红色针状结晶体。在中性或弱酸性、高温条件下稳定,强酸或强碱中易被分解,阳光照射下易被破坏。

1) 生理功能

防治脂肪肝;促进红细胞的发育和成熟,维持机体正常的造血机能。

2) 参考摄入量

FABO/WHO 推荐正常成人摄入维生素 B12 为每天 1μg。我国目前提出维生素 B12 的 AI 值,成人为 2.4μg/d。

3) 食物来源

维生素 B12 主要来源于动物性食品,如肝、肾、肉、海鱼、海虾等。

维生素 B12 缺乏会导致贫血和虚弱等症状。

6. 叶酸

叶酸为黄色结晶,在中性或碱性溶液中对热稳定,易被酸和光破坏。

1) 生理功能

叶酸与蛋白质核酸合成有关,与红细胞和白细胞成熟有关。

2) 参考摄入量

中国营养学会 2000 年提出的中国居民膳食叶酸参考摄入量,成人的叶酸摄入量为 400μg/d。

3) 食物来源

叶酸广泛分布于各种食物,最丰富的食物来源是动物肝脏,其次是绿叶蔬菜,酵母等肠菌也能合成叶酸供人体利用。

叶酸缺乏会导致恶性贫血。

7. 维生素 C

维生素 C 又名抗坏血酸,白色结晶体,具有很强的还原性,在酸性溶液中较稳定,但易被氧化,对热碱不稳定。

1) 生理功能

维生素 C 参与氧化还原反应;促进胶原蛋白合成;提高应激能力;增强机体免疫力和抗癌作用;降低血胆固醇水平。此外,有研究表明,维生素 C 可加速肌肉中磷酸肌酸与糖原的合成,提高运动能力。

2) 参考摄入量

中国营养学会 2000 年制定的参考摄入量中,提出了我国居民膳食维生素 C 的 RNI 成人为 100mg/d。14 岁以后 UL 都为 1000mg/d。

3) 食物来源

维生素 C 主要来源于新鲜蔬菜和水果,如青菜、韭菜、菠菜、青椒、花菜、鲜枣、草莓、山楂等。

维生素 C 缺乏会导致牙龈肿胀、疲劳、体力下降、抵抗力下降等。

小常识

一个人完全可以通过摄取平衡饮食而满足每天对维生素的需求，因此，额外补充维生素是毫无必要的。健身者应该注意每日的营养摄取要平衡，保持一个良好的饮食平衡，保证肌体对营养物质的需要，而不用额外补充。平衡饮食不仅是提供足够维生素，同时还要满足人们对蛋白质和无机盐的需求。

六、水

水是人体最重要的组成成分和不可缺少的营养物质，水还具有调节生理功能的作用。水占健康成年人体重的 60%～70%。其中，水在肌肉和脑内占 3/4，在骨骼内占 1/4。在缺水情况下，人只能生存数日，一般断水 5～10 天就会危及生命。

断食至所有体脂和组织蛋白质耗尽 50% 时，人体仍可勉强维持生命；而断水至失去全身水分 10% 就可能死亡。水与蛋白质、碳水化合物以及电解质在体内紧密融合在一起。运动时，经代谢后每 350g 葡萄糖可以释放出 1L 水，以供肌体运动的需要，见表 3-4。

表 3-4　正常人体每日水的出入平衡

来源	摄入量/mL	排出途径	排出量/mL
饮水或饮料	1200	肾脏（尿）	1500
食物	1000	皮肤（蒸发）	500
内生水	300	肺	350
—	—	大肠	150
合　计	2500	—	2500

（一）水的生理功能

成人体重 1/3 是由水组成的。血液、淋巴、脑脊液含水量高达 90% 以上；肌肉、神经、内脏、细胞、结缔组织等含水 60%～80%；脂肪组织和骨骼含水量在 30% 以下。水是良好的溶剂，许多营养物质都必须溶解在水中才能发生化学反应，水在体内还直接参与氧化还原反应，促进体内各种生理活动和生化反应。

另外，水在体内还起着运输物质的功能，水的流动性大，在消化、吸收、循环和排泄过程中协助营养素和代谢废物的运输。水是体内体温调节的必需物质。水作为关节、肌肉和脏器的润滑剂，维护其正常功能。

（二）主要来源

1. 饮料水

每天饮料水的摄入可随运动或劳动强度、气候、各种生理情况的不同而异。例如，运动员因高强度训练大量出汗，饮料水的摄入量就会增加。

2. 食物水

各种食物都含有水分,但含水量却不同,因此,食物水的量因摄入食物种类而有所差异。

3. 代谢水或体内氧化水

糖、脂肪和蛋白质等营养物质在体内氧化时产生的水称代谢水或体内氧化水。每100g糖在体内氧化可产生55mL代谢水,100g脂肪完全氧化可产生107mL代谢水,100g蛋白质可产生41mL代谢水,一般混合性食物在体内每产生100kcal热量,可产生12mL代谢水。

小常识

运动中如何补水

很多人口渴时才饮水,这是一种错误的做法,因为此时身体已经缺水2%~3%。还有一些人认为减肥就要少喝水,这也是一种不正确的理解。水是不含有脂肪的,而且适当的饮水可以加快身体循环系统,减肥不是减水,所以,应该正确理解水在体内的作用。那么我们在运动中该怎样补水呢?最好的补水方法是补水与补糖和电解质相结合(肥胖者不可补糖)。补水方法如下。

(1) 运动前2小时可补水250~500mL。

(2) 运动前即可补水150~250mL。

(3) 运动中强度大时,每隔15~20min补水120~240mL。

七、膳食纤维

膳食纤维又称粗纤维,目前较为一致的定义为"非淀粉多糖",即膳食纤维的主要成分为非淀粉多糖,是一类不能被人体吸收的多糖,一般在小肠不被消化吸收,在大肠发酵。膳食纤维的主要成分来自植物细胞壁的成分,包括纤维素、半纤维素、果胶和非淀粉多糖成分的木质素等。

"可溶性和不可溶性纤维"是化学提取制备膳食纤维时所采用的名词,即用不同pH的溶液将非淀粉多糖分为两大类,一类为在特定的pH溶液中可溶解的部分称为可溶性纤维;另一类为那些不溶的部分称为不可溶纤维。"可溶性纤维"对小肠内的葡萄糖和脂质吸收有影响;而"不可溶纤维"则在大肠中发酵而影响大肠的功能。

(一) 生理功能

(1) 降低血浆胆固醇,预防心血管疾病及胆结石症。

(2) 改善血糖生成反应,预防糖尿病。

(3) 改善大肠功能,预防结肠癌。

(4) 降低营养素的利用率

(二) 参考摄入量

中国居民的膳食纤维的适宜摄入量是根据《平衡膳食宝塔》推算出来的。即低能量膳食1800kcal为25g/d;中等能量膳食2400kcal为30g/d;高能量膳食2800kcal为35g/d。

(三) 食物来源

食物中膳食纤维来自植物性食物,如水果、蔬菜、豆类、坚果和各种谷类,由于蔬菜和水果的水分含量较高,因此,膳食纤维的主要来源是谷物;全谷类和麦麸等富含膳食纤维,而精加工的谷类食品则含量较低。

食物中含量最多的是不可溶膳食纤维,包括纤维素、木质素和一些半纤维素。谷物的麸皮、全谷粒和干豆类、干的蔬菜和坚果也是不可溶纤维的良好来源,燕麦、大麦、水果和一些豆类中富含可溶膳食纤维。

第二节　食物的营养及价值

《黄帝内经》曾提出:"五谷为养,五畜为益,五果为助,五菜为充。又说,谷肉果菜,食养尽之,无使过之,保其正色。"这一论述既要求营养全面,又包含了营养平衡的观点,值得人们借鉴。而熟知各类食物营养成分,也成为当今人们饮食健康的又一大科学理论导向。

人们常吃的食物一般可分为谷类、薯类、蔬果类、肉类和豆类。其中,膳食纤维含量较多的食物是谷类,如大米、小麦、燕麦和玉米等,而后两者粗纤维更为丰富。

1. 谷类食物营养成分

在我国膳食结构中,谷类食物是热量和蛋白质的主要来源,也是 B 族维生素和一些矿物质的主要来源。谷类包括大米、小米、大麦、小麦(面粉)、燕麦、玉米、高粱等及其制品。

这类食物主要供给淀粉,其次供给蛋白质、无机盐及维生素,同时也是膳食纤维的主要来源。人体每日摄入热量的 60%～80% 和蛋白质的 50%～70% 是由谷类食物提供的,谷类的摄取量一般人每天摄入量为 250～400g,其中最好包括 50～100g 粗粮。

(1) 大米每 100g 含蛋白质 7～8g,脂肪 1.5～2.5g,糖类 74～76g,纤维素 2～7g,并含有数种无机盐和维生素。

(2) 小麦性平味甘,能健脾养胃。小麦麸皮能治疗脚气病,主要含有丰富的维生素 B_1,是人体重要的营养来源。

(3) 燕麦品种五花八门,不但营养价值很高,且含有丰富的赖氨酸,是大米、白面的 2 倍多。燕麦是高效降血脂食物,可以说是有病治病,无病强身的保健品。

(4) 玉米也称苞米,纤维素含量比大米、白面高 6～8 倍。长食用玉米可以促进胃肠蠕动,利于消化排泄,同时,可将体内有害物质带出体外。玉米中含有一种长寿因子——谷胱甘肽,有防癌作用。

2. 薯类食物营养成分

薯类主要包括以红薯及马铃薯为代表的根茎类食物,含有大量的淀粉,俗称植物面包。

(1) 红薯也称地瓜,不仅含有 9 种必需氨基酸,而且无机盐、维生素含量均较高,是抗癌能手。

(2) 马铃薯也称土豆。含钙、磷、铁较多,每 100g 含维生素 C 多达 30mg,是谷类所少有的,含钾丰富。

3. 蔬果类食物成分

蔬菜、水果为肌体供给维生素、无机盐和膳食纤维。这类食物的维生素 C 含量比较高，其中含有纤维素、果胶和有机酸，能增加膳食的体积，促进胃肠道蠕动和消化液的分泌，对增强食欲和促进食物消化吸收起到重要作用。蔬菜和水果还具有降低胆固醇的吸收，促进胆固醇的分解代谢与排泄（对减轻高胆固醇血症，预防动脉硬化非常有益）的作用。

在绿叶菜食物中，含膳食纤维较多的包括菌藻类（海带）、芝麻和豆类等。蔬菜中的蒜苗、黄花菜、苦瓜、韭菜、冬笋、菠菜、芹菜、丝瓜、藕和莴笋等含纤维量较高；瓜果类食物中主要包括红枣、柿子、葡萄、鸭梨、苹果和香蕉等。

胡萝卜含有维生素 A 的半成品——维生素 A 原，这种维生素 A 原只有溶解在油脂中才能转变为可被人体吸收的维生素 A。通常，可将胡萝卜切成块与牛肉一起炖。

4. 肉类

肉类食物含有丰富的优良蛋白质和铁、锌等无机盐，营养价值很高，更受大多数人的追捧。但无论肉食美味有多诱人，还需要我从饮食健康的角度出发，来解读食肉的利与弊。而人们通常吃的肉食有猪肉、牛肉、羊肉、鸡肉、鸭肉、鱼肉等。

1）猪肉

猪肉性平，味咸，滋阴、润燥、补肾气、解热毒。猪肉含有蛋白质、脂肪、糖类、无机盐、维生素类等营养成分，猪肉中所含的人体必需氨基酸容易吸收，有利于健康。《本草纲目》指出："以胃养胃，以心养心，以血养血，以骨养骨，以髓养髓，以皮养皮。"

2）牛肉

牛肉性平，味甘，补脾胃、益气、强筋骨。牛肉含有蛋白质、脂肪、少量钙、磷、铁、维生素 B1、维生素 B2，蛋白质中含有多种人体所必需的氨基酸，营养价值很高。

3）羊肉

羊肉性温，味甘，益气补虚、温中暖下、温补脾胃、温补肝肾、补血温经。羊肉含有蛋白质、脂肪、水分、钙、磷、铁、维生素类，含胆固醇较高。注意：羊肉不宜与南瓜、西瓜、豆浆、奶酪、食醋同食。

4）鸡肉

鸡肉性温，味甘，温中、益气、补虚、补肾、益精、健脾。鸡肉含有蛋白质、脂肪、蛋氨酸、赖氨酸、无机盐、维生素 A、维生素 C、维生素 E、维生素 B2 和胆固醇等，是"蛋白质的最佳来源"，其脂肪含量比牛肉低得多。

5）鸭肉

鸭肉性微寒，味咸，滋阴补虚、利尿消肿。鸭肉含有蛋白质、脂肪、糖类、无机盐、维生素类，以 B 族维生素和维生素 E 含量较多。鸭肺能助消化，鸭心宁心，鸭血解血瘀，鸭肝补肝、解毒等。

6）鱼肉

鱼肉中鲈鱼性温，甘平，益脾胃，补肝肾。鲈鱼含有蛋白质、脂肪、糖类、无机盐、多种维生素等。鲈鱼血中含铜，用于脾胃虚弱、消化不良、手术后患者促进伤口愈合。

5. 豆类

豆子的种类繁多，每种豆子的营养成分都各不相同。除了常见的红豆、绿豆、黄豆等外，还包括大豆、红小豆、绿豆、芸豆等。大豆类蛋白质含量较高,脂肪含量中等,碳水化合物含量较低。

蛋白质含量一般为35%左右,蛋白质中含有人体需要的全部氨基酸,属完全蛋白,其中赖氨酸和亮氨酸含量丰富,但蛋氨酸含量偏低。其他豆类蛋白质含量中等,脂肪含量低,碳水化合物含量高。

豆制品主要是以大豆为原料加工制成的各类副食品,包括豆腐及其制品,主要有豆浆、豆腐乳、豆腐干、百叶、豆芽等。豆制品在加工过程中经过处理,消失吸收率明显提高。豆浆的营养成分与蛋白质和鲜奶差不多,脂肪和热量比鲜奶低,铁含量比鲜奶高,但其中钙、核黄素、维生素 A 和维生素 D 比鲜奶少。

(1)黑豆是大豆的一种,外皮由深色的蔬果色素——花青素所构成,又称为乌豆。黑豆富含维生素 E、花青素及异黄酮,不仅能起到促进胃肠消化的作用,还可排除体内多余的胀气及有毒物质。

(2)豌豆俗称荷兰豆。豌豆中富含人体所需的各种营养物质,尤其是含有优质蛋白质,可以提高机体的抗病能力和康复能力;豌豆中富含粗纤维,能促进大肠蠕动,保持大便通畅,起到清洁大肠的作用。

(3)赤豆又名红豆、赤小豆,产于全国各地,除了直接煮食外,是做食品用豆沙的主要原料。赤豆制作的饭、粥、汤美味可口,老幼喜食。赤豆还是食疗佳品,它性平味甘酸,无毒,有滋补强壮、健脾养胃、利水除湿、和气排脓、清热解毒、通乳汁和补血的功能。

6. 奶类及其制品

奶类包括牛奶、羊奶和马奶。奶类经过浓缩、发酵等工艺可制成奶制品如炼乳、奶粉、调制酸奶、酸奶、奶油和奶酪等。奶类及其奶制品除维生素 C 含量比较低以外,几乎含有人体需要的所有营养素,这类食物主要可供给优质蛋白、脂肪、脂溶性维生素、维生素 B2 及钙。建议一般人每日可食用相当于液态奶 300g,酸奶 360g,奶粉 45g,健身锻炼者可多吃一些。

第三节 运动与合理膳食

一、平衡膳食

人体所需要的一切营养素与热能都来自食物。因此,合理膳食是保证机体正常发育、促进健康,以及提高运动能力及水平的一个重要因素。英国营养学家来纳斯·波林斯曾讲过:合理营养可使人的寿命延长 20 年。合理营养对提高运动能力、创造优异成绩和消除运动性疲劳都具有积极的作用。

(一)平衡膳食的概念

平衡膳食(balanced diet)又称健康膳食,是指膳食中所含营养素数量充足、种类齐全、比例适当,并且与肌体的需要保持平衡。如果将人体比喻成一座建筑物,那么构建这个建筑物的材料就是食物中的蛋白质、脂类、碳水化合物、维生素、无机盐、矿物质和水等营养素。健身健美是人体的一个良性刺激,而合理的膳食营养则是人体对于运动刺激做出的积极反映。

(二) 平衡膳食的原则

平衡膳食要求食物中含有的营养素种类齐全,数量与比例适当,使其相互配合而增加其营养价值。在调配过程中应注意以下几点。

(1) 要保证营养素摄取平衡,力求做到能量平衡、均衡及酸碱平衡等。

(2) 食物供给的热量与机体消耗的热量保持平衡,以保证理想体重为宜。

(3) 要坚持以粗、素、淡水果和蔬菜为主的杂食方式,不要过度摄入脂肪类。

(4) 膳食的色、香、味和多样化俱全,以增加就餐者的食欲,有利于消化吸收。

(5) 要忌偏食,避免暴饮暴食或盲目节食,消除影响健康的隐患。

(6) 要改变有害于健身健美锻炼的饮食习惯,每日常补充水,进食提倡少食多餐。少吃或不吃经过腌、熏、烤的食物,少吃热量高的食物,多吃热量少的食物。

(7) 提倡科学的烹饪方法,把营养损失减少到最低程度,科学使用营养补充剂。

(8) 饮食以清淡为主,吃不求精,烩不求细,食不过饱,物不单一,定时不缺。

二、健康膳食营养建议

人们选择食物是多种多样的。各种食物所含的营养成分也不完全相同。表3-5~表3-7所列的数据可为健身健美锻炼者提供一些营养与膳食安排的指导建议。

表 3-5 营养素功能、供给量及来源表

营养素	功 能	每千克体重需要量 正常值	每千克体重需要量 健美运动员需要量	食物来源
碳水化合物	供给热量,构成体质,营养物质交换中心	4.9~6g	7.5~8g	谷类、豆类、面包、点心、巧克力、面食
脂肪	供给热量、维生素吸收,是线粒体、酶的组成成分,能量载体	1.3~1.5g	2.4~2.6g	黄油、猪油、猪肝、鱼油、香肠、葵花籽油
蛋白质	肌肉、骨骼肌、肌腱以及酶的组成成分,调节生理功能,与肌肉收缩	1.2~1.3g	3.0~3.2g	鸡、肉、鱼、蛋、豆类、奶制品、谷类、麦芽
维生素 B1	参与交换碳水化合物	2~3mg	8~10mg	肝、土豆、猪肉、黑面包、粗粮、豆类
维生素 B2	参与氧化物交换	2~3mg	6~8mg	鸡蛋、肉、牛奶、肝、蔬菜
维生素 B6	参与蛋白质交换	2~3mg	6~12mg	麦芽、肝、香蕉、花生、蛋、肉
维生素 C	参与蛋白质氧化、结缔组织交换,预防传染病	50~100mg	150~200mg	新鲜水果、酸枣、土豆、蔬菜
维生素 E	糖代谢、抗氧化剂、维持骨骼肌功能	10~30mg	30~50mg	肝、蛋、粗粮、黄油、豆油
钙	兴奋神经、肌肉系统,参与肌肉收缩、物质交换	1.0~1.2g	2~3g	牛奶、奶制品、虾米皮、豆类、萝卜
磷	形成ATP、骨物质交换	1.4~1.6g	3~6g	在所有食物中

续表

营养素	功　能	每千克体重需要量 正常值	每千克体重需要量 健美运动员需要量	食物来源
钾	兴奋神经肌肉系统、碳水化合物交换、组成酶与激素	2～3g	4～6g	蔬菜、水果
钠	兴奋神经肌肉系统、组成酶与激素	3～10g	20～25g	食盐
铁	氧化物质交换、氧气运输	20～25mg	40～50mg	肝、蛋、菠菜、芝麻、黑木耳、内脏、花生、瓜子、大豆、猪血
锌	激活剂，与生长发育、机体免疫有关，组成酶的必需成分	15mg	20mg	海产品、鲜肉
镁	肌肉收缩必要元素、ADP→ATP 的催化剂	5～8mg	7～15mg	干果、海产品、豆类、水果

资料来源：张先松.健身健美运动[M].武汉：华中科技大学出版社，2009.

表 3-6　常用食物营养成分和热量表

食物名称	100g食物的含量 蛋白质/g	100g食物的含量 糖/g	100g食物的含量 脂肪/g	100g食物的热量/kcal
大米	8.3	74.2	2.5	362
标准面粉	9.9	74.6	1.8	363
豆腐干	19.0	5.9	7.4	171
蔬菜	0.6～3.0	2.0～4.0	0.1～0.6	12～34
苹果	0.4	12.0	0.5	60
鸭梨	0.1	9.0	0.1	38
瘦猪肉	16.7	1.0	28.8	340
瘦牛肉	20.3	1.7	6.2	148
鸡	21.5	0.7	2.5	114
鸡蛋	14.7	1.6	11.6	175
牛奶	3.3	5.0	4.0	71
带鱼	18.1	—	7.4	143
蛋糕	7.9	65.0	4.7	343
巧克力	5.5	65.9	27.4	548
食油	—	—	100	930
备注	表中没有的食物可参照同类食物计算			

资料来源：张先松.健身健美运动[M].武汉：华中科技大学出版社，2009.

表 3-7　常吃食物的热量表

食物名称	单 位	热量/kcal	食物名称	单 位	热量/kcal
稀饭	碗	140	干饭	碗	270
荷包蛋	个	120	豆腐(生)	块	70
肉松	平汤勺	70	油炒青菜	小蝶	45
水煮青菜	小蝶	不及热量	豆浆(甜)	碗	110
烧饼油条	根	300	水煎包	2个	250
蛋饼	份	250	红烧肉	2汤匙	160
炸鸡腿(大)	支	320	红烧豆腐	2汤匙	80
煎鱼	手掌大	180	炒蛋	个	90
猪排	块	250	排骨饭	碗	500
阳春面	碗	250	蛋炒饭	盘	500
牛肉汉堡(大)	个	540	水饺	10个	350
速食面	碗	350	白面条	碗	140
炒肉丝	2汤匙	80	糖醋排骨	8小块	30
红烧鱼	手掌大	180	牛排	8两	580
酱瓜肉	2汤匙	160	猪脚	1块(拳头大)	250
香肠	根	170	鸡肘	个	90
蒸蛋	个	70	煮小排骨	8小块	14
鲜奶	盒	170	果汁奶	盒	200
巧克力牛奶	盒	200	脱脂牛奶	杯(240mL)	80
菠萝面包	个	480	奶酥面包	个	450
奶酪面包	个	430	清蛋糕	片	150
布丁	杯	140	土司	片	70
火腿蛋三明治	份	420	薯条	小包	220
炸丸子	个	500	肉包	个	220
馒头	个	270	可口奶滋	5片	190
苏打饼干	3片	70	肉粽	个	350
花生米	15粒	45	瓜子	汤匙	45
爆米花	杯	70	啤酒(易拉罐)	罐	90
番石榴	2个(大)	200	柑橘	1个	40
木瓜	1个	160	阳桃	1个	40
草莓	1个	5	哈密瓜	1个	120
苹果	1个(中)	80	葡萄	1粒	5
荔枝	1粒	8	香瓜	1个	60
龙眼	1粒	3	枇杷	1粒	6
葡萄柚	1个	80	香蕉	1根	80

资料来源：张先松.健身健美运动[M].武汉：华中科技大学出版社,2009.

三、健康膳食搭配

（一）种类多样，荤素搭配

每种食物所含的营养成分都各不相同，平衡膳食就是将各种荤素的食物合理搭配，从谷类到菜类，从肉类到水果，使身体酸碱平衡，这样才能满足人体每日的营养需要，达到促进健康的目的。

（二）谷类为主，鱼肉为辅

谷类是最适合人类身体吸收的一类食物，它主要提供碳水化合物、蛋白质、膳食纤维及B族维生素。这些都是人体不可缺少的营养素。鱼、肉等动物性食物是优质蛋白质、脂溶性维生素和矿物质的良好来源。但要注意，目前大城市居民食用动物性食物过多，谷类和蔬菜摄取不足，这对身体健康不利。

（三）多吃蔬菜、水果

新鲜的蔬菜、水果中含有大量的维生素、矿物质和膳食纤维。蔬菜中尤以菜叶类食物的营养素含量高。水果中的葡萄糖、果糖、果胶等物质比蔬菜还丰富。因此，多吃蔬菜、水果能增强抗病能力，减少心血管病的发生，对预防某些疾病有十分重要的作用。

（四）常吃奶类、豆类及制品

奶类和豆类中含有大量的优质蛋白，奶类及奶制品中含钙很高，并且利于人体吸收，利用率高，是天然钙质的极好来源。豆类及豆制品中不仅含有钙质，还含有不饱和脂肪酸、维生素B1、维生素B2、烟酸等。

据调查，我国居民膳食提供的钙质普遍偏低，平均只达到推荐供给量的一半左右，婴幼儿生长发育期若缺钙还极易导致佝偻病的发生。因此，多食奶类、豆类及其制品对于提高膳食钙的吸收有很好的帮助。

（五）饮食与运动要平衡

人体能量的补充与消耗是通过食物和运动来完成的。因此，控制身体形态最主要的两个因素就是饮食量和运动量。

如果运动不足而饮食量不控制，多余的能量就会在体内以脂肪的形式积存即增加体重，久之发胖；相反运动量过大而又不及时补充营养，就会形成能量不足引起消瘦，造成劳动能力下降。因此，在生活中应将能量供给和消耗保持平衡，这样有利于身体的健康，如图3-1和图3-2所示。

2007年我国制定了《中国平衡膳食指

图3-1　健康饮食金字塔1

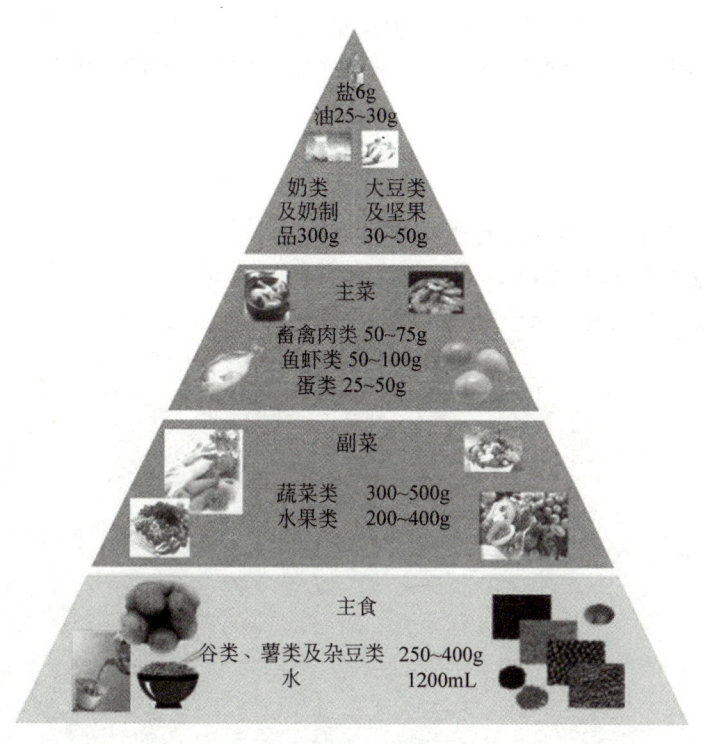

图 3-2　健康饮食金字塔 2

南》，结合该指南的核心内容，以及我国居民的实际情况，制定出中国居民平衡膳食宝塔，以便于人们日常生活中实际应用，如图 3-3 所示。

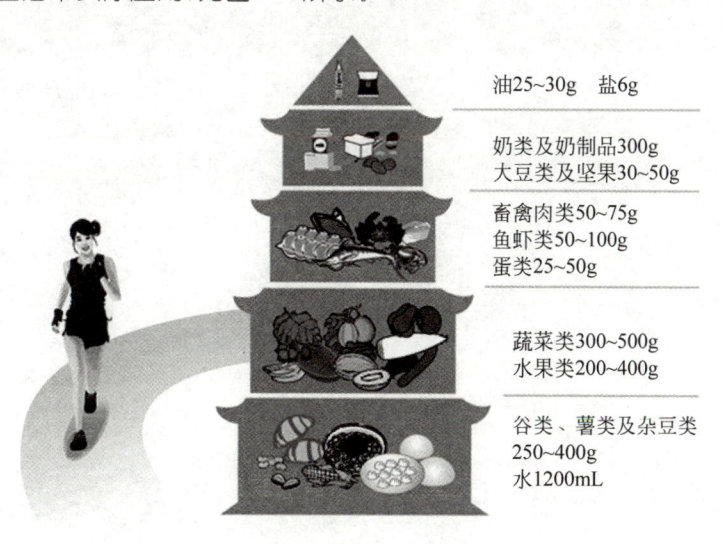

图 3-3　中国居民平衡膳食宝塔

该平衡宝塔共分为五层：倒数第一层为五谷杂粮，多为主食内容；倒数第二层为蔬菜水果类；倒数第三层为动物性食物；倒数第四层是根据中国人的身体特点设计的，多为一些钙质、蛋白质及维生素类的食品；塔尖便是油和盐。

所以，宝塔的五层显示了整个平衡膳食的结构，如果按照此设计安排一日三餐，长期坚持，保障身体健康是没有问题的，这样就能够满足中国居民营养膳食的要求。

思考练习

1. 营养素有哪些？
2. 碳水化合物对身体有哪些功能？
3. 水溶性维生素都有哪些？
4. 合理膳食的原则是什么？

第四章

健身健美运动的基础知识

章前导言

本章从肌肉系统及工作原理、健身健美运动常用动作术语与名词概念、常见的运动损伤与处理方法等方面进行阐述，使练习者了解并掌握健身健美运动的基础知识。

第一节 人体肌肉系统及工作原理

人体肌肉系统由三种不同的肌肉组成：骨骼肌（skeletal muscle）、平滑肌（smooth muscle）、心肌（cardiac muscle）。其中，与运动有直接关系的是骨骼肌，因其绝大多数附着于骨骼上而得名。骨骼肌是运动系统的动力器官，广泛分布于人体各部位，在神经系统的支配下，完成各种随意运动。

一、骨骼肌的基本结构

骨骼肌大体上是由肌腹、肌腱、血管和神经构成的。每一块肌肉的中间较为膨大的部分称为肌腹，通过收缩与舒张产生和调节运动的动力。两端是没有收缩功能的肌腱，肌腱直接附着在骨骼上。骨骼肌收缩时通过肌腱牵引骨骼而产生运动。

二、肌肉的工作原理——肌肉的协作关系

任何一个简单的动作，都不是一块肌肉所能完成的，而复杂的体育动作，更是需要数块或数群肌肉的协调配合。根据肌肉在运动中所起的作用，可分为原动肌、对抗肌、固定肌和中和肌。

（一）原动肌

在完成某一动作中通过收缩起主要动力作用的肌肉或肌群称为原动肌。例如，悬垂举腿时，大腿在髋关节处屈，则髂腰肌、股直肌和缝匠肌等肌肉是原动肌。其中，髂腰肌在悬垂举腿动作中起主要作用，是大腿前屈的主动肌，而缝匠肌、耻骨肌等起次要作用，则是副动肌或次动肌。

(二) 对抗肌

与原动肌作用相反的肌肉称为对抗肌。从关节运动轴的位置来讲，对抗肌位于原动肌的对侧。例如，悬垂举腿屈腿动作中，髂腰肌等肌肉是原动肌，那么位于其对侧的伸肌——臀大肌和股后肌群(或腘绳肌)等肌肉则是对抗肌。

🌸 小贴士

一个动作的顺利完成，不仅取决于原动肌的力量大小及神经对肌肉的精确调控能力，而且也与对抗肌的力量和协调伸展能力有关。当关节一个运动轴两侧的原动肌和对抗肌肌肉力量和柔韧性发展不均衡时，则易导致运动中动作变形和肌肉拉伤。因此，在发展原动肌力量的同时也要兼顾锻炼对抗肌。

(三) 固定肌

将原动肌定点所附着的骨固定起来的肌肉称为固定肌。如做前臂弯举动作时，肩关节周围的肌肉必须固定肱骨，才能更好地完成这一动作，这时肩关节周围的肌肉就是固定肌。

(四) 中和肌

有的原动肌具有数种功能，如斜方肌除了可使肩胛骨后缩外，还能使它上回旋。在进行扩胸运动时，只要求肩胛骨后缩，不要求上回旋。这时就需要另一些肌肉(如菱形肌和胸小肌)参与工作以抵消斜方肌上回旋的作用。这些用以抵消原动肌发挥多余功能的肌肉称为中和肌。

三、肌肉的工作性质

根据肌肉收缩时的变化情况，肌肉工作性质可分为动力性工作和静力性工作两大类。

(一) 动力性工作

肌肉收缩使关节的位置发生改变，肌肉的长度也改变，这种工作称为动力性工作(也称为等张收缩)。动力性工作可分为向心工作(克制工作)和离心工作(退让工作)两种。

1. 向心工作

向心收缩表现为肌肉收缩克服阻力，肌力矩大于阻力矩，使运动环节朝肌肉拉力方向运动，肌肉的动点向定点靠拢；肌肉变短、变粗，触摸时较硬。如持哑铃前臂弯曲的举起过程，肱二头肌和肱肌所做的工作即为向心工作。

2. 离心工作

肌肉在阻力作用下逐渐被拉长，阻力矩大于肌力矩，使运动环节朝肌肉拉力相反方向运动的工作称为离心工作。如持哑铃前臂弯举的放下过程中，肱二头肌和肱肌所做的工作即为离心工作。

💬 小常识

离心性练习较向心性练习更能有效地发挥肌肉的力量。因为离心性练习不仅可以给肌肉施加更大的负荷,有意识地控制运动速度,而且能有效地刺激神经、肌肉,增加肌肉的体积或提高肌肉的爆发力。离心性练习是健身健美运动员选择健身的有效方式。

(二)静力性工作

肌纤维紧张持续一段时间,收缩和放松不交替,使运动环节固定、维持一定身体姿势,肌肉的长度没有明显的变化,此类工作称为静力性工作(也称等长收缩)。它分为支持工作、加固工作和固定工作三种。

1. 支持工作

肌肉收缩或拉长到一定程度后,长度不再变更,肌拉力矩与阻力矩相等,使运动环节保持一定姿势的工作,这种工作称为支持工作。如双杠直角支撑时,髋关节屈肌和腹肌就是做支持工作。

2. 加固工作

肌肉以一定的紧张防止关节在外力作用下而断离的工作为加固工作。如悬垂动作中,肘关节周围的肌肉是加固工作。又如拔河两队相持时,肘关节周围的肌肉也是做加固工作。

3. 固定工作

作用相反的肌肉共同收缩使相邻环节在关节处互相靠紧的工作称为固定工作。如双杠直角支撑时,肘关节周围肌肉的工作就是固定工作。又如站立时,膝关节周围肌肉工作也是固定工作。

第二节　健身健美运动常用动作术语与名词概念

一、健身健美运动的常用术语

健身健美运动内容丰富,形式多样,动作繁多。为了便于学习和掌握正确的技术动作,列举以下常用动作术语。

(一)站立

站立是指两脚撑地,身体挺直的"立正"姿势。除了立正姿势外,其他站立姿势要加以说明,如两脚开立、足尖立、俯立和跪立等。

(二)站距

站距是指两脚站立时的间隔距离。
窄站距:指两脚站立的间距与髋关节的宽度相等。
中站距:指两脚站立的间距与肩关节的宽度相等。
宽站距:指两脚站立的间距大于肩关节的宽度。

(三)站位

站位是指两脚站立的位置。

平行站位：两脚尖向前，平行站立。
分开站位：两脚尖向外分开。
内扣站位：两脚尖向内扣。
前后站位：两脚一前一后站立。

（四）握姿

握姿是指用手抓握住握把、杠铃、哑铃、拉力器等器械的姿势。
普通握：指拇指与其他四指分开，握住拉力器时，拇指压在中指和食指上面。
反握：指两手大拇指向外（两臂旋外）握杠铃、单杠，掌心朝前。
空握：也称全握，是指拇指与其他四指一起并拢握住器械。一般用于向上举（推）和向上引体等动作。
锁握：指拇指与其他四指分开，握住器械时，食指和中指压在拇指上面。主要用于提拉大重量动作时不易脱手（如抓举、提肘上拉等动作）。
正握：指两手大拇指相对握器械，掌心朝后。
对握：指两手拳眼向前，掌心相对握器械。
正反握：指一手正握，另一手反握器械。

（五）握距

握距是指两手握住器械之间的距离。
中握距：指两手握住杠铃时，两手之间的距离与肩关节的宽度相等。
宽握距：指两手握住杠铃时，两手之间的距离大于肩关节的宽度。常用于卧推、推举、弯举、躬身上拉、颈后下拉、引体向上等动作。
窄握距：指两手握住器械时，两手之间的距离小于肩关节的宽度。常用于提肘上拉、卧推、弯举、引体向上等动作。
并握距：指两手并拢握住器械时，两手之间没有距离。常用于提肘上拉、臂屈伸、弯举、躬身上拉、引体向上等动作。

（六）握位

握位是指两手握住杠铃或哑铃时，手掌和人体位的方向。
正握：手背向后，掌心向前握杠。
反握：手背向前，掌心向后握杠。
对握：拳眼向前，掌心贴住体侧握杠。

（七）蹲

蹲是指两膝并拢或分开同时屈膝下蹲的姿势。
全蹲（深蹲）：指大腿与小腿之间的夹角小于90°。
半蹲：指大腿与小腿之间的夹角约等于90°。
箭步蹲：指两脚前后分开成弓箭步方式下蹲。如按动作方向有前弓步、后弓步、侧弓步。

侧蹲：一脚向侧弯曲下蹲。
坐蹲：两腿弯曲蹲坐下至身后椅子上。

（八）坐

坐是指臀部或大腿坐在地上和器械上的姿势。
正坐：指躯干与下肢约成 90°。
俯坐：指躯干与下肢小于 90°。
斜坐：指躯干与下肢大于 90°。

（九）撑

撑是指两手或只用身体某一部分支撑在地面或器械上的姿势。
支撑：指两手、臂和身体其他部位撑器械，但肩轴高于或平于器械轴的姿势。如双杠直角支撑等。
俯撑：指两手和两脚撑地，身体和两臂伸直，胸腹部朝向地面或器械的姿势。
仰撑：指两手和脚撑地或器械，身体和两臂伸直，腰部和臀部朝向地面或器械的姿势。
侧撑：指一手和脚撑地或器械，身体伸直，体侧朝向地面或器械的姿势。
蹲撑：下蹲，两膝并拢或分开，两手撑地或器械的姿势。
跪撑：两手和膝撑地，上体与地面平行，两臂、大腿与支撑面成垂直姿势。

（十）躬身

躬身是指躯干前屈与地面平行，挺胸塌腰，两腿伸直，身体重心在脚后跟的垂线上，头稍抬，眼看前下方。如躬身上拉、躬身侧平举等。

（十一）卧姿

卧姿是指上体躺在地面上或器械上的姿势。
仰卧：指胸腹部向上，身体伸直躺在地上或器械上的姿势。其中包括三种仰卧姿势：平卧姿，即头脚平行；上斜卧姿，即头高脚低；下斜卧姿，即头低脚高。
俯卧：指腰背部和臀部朝上，身体伸直躺在地上或器械上的姿势。其中包括平卧姿，即头脚平行；上斜卧姿，即头高脚低；下斜卧姿，即头低脚高三种俯卧姿势。
侧卧：指身体伸直侧向躺在地上或器械上的姿势。

（十二）屈

屈是指关节的弯曲或关节角度的缩小。如屈臂、屈腿、屈体、前屈、后屈和侧屈等。

（十三）伸

伸是指关节角度的扩展与伸直。如伸臂、伸腿、伸腰或前伸、后伸和侧伸等。

（十四）举

举是指臂和腿由低部位向高部位抬起或托起（活动范围不超过 180°），并停止在某一部位的动作。如向上推举、侧平举、侧上举和仰卧腿举等。

（十五）推

推是指锻炼者向外用力使器械的某一部分顺着用力的方向移动。如向外推、向前推等。

（十六）绕

绕是指移动范围在 180°～360°的弧线形动作。如立正两臂向内绕至侧举。

（十七）牵引

牵引是指锻炼者用力使器械朝自己所在的方向或跟着自己移动。也就是通常说的"拉"的意思。

（十八）悬垂

悬垂是指双手握器械时，身体其他部分接触地面或器械，但肩轴低于器械轴的一种姿势。如单杠悬垂举腿。

（十九）振

振是指臂、腿和躯干做用力加速的弹性摆动动作。如臂上举后振，上体前屈向下振等。

（二十）踢

踢是指单腿做用力加速摆的动作。如前踢腿、侧踢腿、后踢腿、内绕踢、外绕踢；屈膝弹动的前踢、侧踢和后踢等。

（二十一）步伐

步伐是指行走时的脚步姿势。如柔软步、提踵步（足尖步）、并步、垫步、弹簧步、滚动步、十字步和交叉步等。

（二十二）跳步

跳步是指两脚离地全身向上、向前或向侧的脚步姿势。如并步跳、提膝跳、钟摆跳、挺身跳、转体跳、弹踢跳、跨跳、交换腿跳和弓步跳等。

（二十三）弓步

弓步是指一腿向任何方向迈出一大步，同时膝关节弯曲成 90°左右，另一腿伸直，全脚掌着地，上体与地面垂直。按照动作的方向有侧弓步、前弓步、后弓步。

二、健身健美运动的常用名词概念

健身健美运动的名词是其专业知识的浓缩与概括，了解或掌握一定的健身与健美运动专用名词将会大大提高对健身健美知识的摄取、理解与运用效率。

(一) 体质

体质是人体的质量，它是人的有机体在遗传性和获得性的基础上表现出来的人体型状结构、生理功能和心理因素的综合的相对稳定特征。其中，身体的形状、机能、身体素质和运动机能是体质状态的基本因素。

(二) 体格

体格即人体的形态结构，包括人体生长发育水平（身高、体质、胸围、腰围、臀围等）、身体的整体指数与比例及身体的姿态，是形态上相对稳定的特征。

(三) 体型

体型是指人体的外形特征与体格类型，是对人体某个阶段形态结构及组成成分的定量描述。在健身与健美运动中，习惯上将人的体型分为"内含型"（瘦长型）、"中含型"（运动员型）及"外含型"（胖型）三种类型。

(四) 身体形态

身体形态是指人体内部和外部的形态特征。反映人体外部形态特征的指标有高度（身高、坐高、足弓高等）、长度（腿长、臂长手长、头长、颈长、足长）、围度（胸围、臂围、腿围、腰围、臀围）、宽度（头宽、肩宽、髋宽）和充实度（体重、皮脂厚度）等。反映人体内部形态特征的指标有心脏纵膈径、肌肉的形状与膜断面等。

(五) 运动量

运动量也称"运动负荷"，是指人体在身体练习中所完成的身体总负荷量。它包括重量、组数、次数、强度、密度、时间、速度和完成动作的质量等要素。这些要素相互联系和制约，改变任何一种要素，都会直接影响运动量的大小。

(六) 重量

重量是指健身健美运动锻炼时练习某一动作每组训练的重量和每次训练的总重量。它包括所用器械的重量和人体自身的重量，也称为练习负荷，多以个人力量的大小为标准，一般可分为以下几种规格。

(1) 极限重量：个人最大力量的 100% 以上（也就是说按照规定的动作姿势，竭尽全力只能完成一次所用的质量）。

(2) 大重量：个人最大力量的 80%～100%。

(3) 中等重量：个人最大力量的 60%～80%。

(4) 小重量：个人最大力量的 50% 以下。

(5) RM：Repetition Maximum 的缩写，指在疲劳前能按规定的重复次数推（拉）举起的最大重量，如 8RM 即为能重复推（举）起 8 次的最大重量。

(七) 绝对力量

绝对力量也称"单纯性力量"，是指在相对较慢的速度状态下，人体或某部分所能克服最大阻力的能力。

（八）密度

密度是指单位时间内重复练习的量,它体现出训练中时间和数量的关系。如果每次练习之间和每个动作练习之间的间歇短,就称为密度大;反之称为密度小。

（九）强度

强度是指单位时间内的生理负荷量。它包括训练中的重量、密度、速度、组数、次数和肌肉收缩前的初始长度等。其中,重量和密度决定强度。

（十）数量

数量是指在健身与健美运动中,每一次练习项目的多少,每个项目组数的多少,每组练习次数的多少。如果在一次训练中,项目多,每项练习组数多,则运动量就大,反之运动量就小。

（十一）间歇时间

间歇时间是指健身健美训练中组与组之间休息的时间。

（十二）无氧运动

无氧运动是指肌体以无氧代谢方式提供能量的运动。一般负荷强度大、次数少、速度快的动作,主要靠无氧代谢供给能量。典型的无氧代谢运动有 100m 和 200m 短跑运动,以及各种高强度短时间的项目,如跳高、跳远、投掷、举重等项目。

（十三）有氧运动

有氧运动是指肌体以有氧代谢方式提供能量的运动。一般负荷强度小、次数多、速度慢的动作,主要是靠有氧代谢供给能量。典型的有氧代谢运动有步行、跑步、骑自行车、游泳、健美操、跳绳等运动时间较长的耐力性运动项目。

（十四）超量恢复

超量恢复是指健身健美训练后人体出现能量物质代谢的适应过程的一种机能状态。其时,肌体不仅能恢复到原有水平,而且能超过原有水平,在一定范围内,肌肉活动量越大,消耗过程越剧烈,超量恢复过程也就越明显。

（十五）超负荷

负荷是指在运动训练过程中对有机体产生刺激的各种身体练习,当这种刺激超出维持人体日常活动所需的基本机能能力水平,即可打破有机体各系统维持着的最基本的动态平衡即称为超负荷,或称应用适宜的应激即为超负荷,或者说进行超过已经习惯了的强度的运动负荷即为超负荷。超负荷是健身健美训练的基本元素。

（十六）靶心率

靶心率是指在运动过程中应达到并保持的心率。靶心率可以是一个具体的数值，也可以是一个心率值的范围，如有氧运动的靶心率可描述为 $HR_{max}60\%\sim90\%$（最大心率的60%～90%）等。心率是评价负荷强度最简便易行的指标，靶心率是运动处方或训练计划中重要的指标之一。

（十七）饱和度

饱和度又称泵感，主要是指局部肌肉经过负重训练，肌肉组织所发生的生理变化，包括肌纤维充血粗壮而达到的"发胀"的极限程度的生物反应。其具体反映为局部肌肉的酸、胀、麻（发麻）、坚实、饱满、扩张及肌肉外形上的明显粗壮等状态。

"饱和度"是评价局部肌肉在一次训练课中是否达到训练目标重要依据之一。

（十八）基础代谢

基础代谢是指人体在清醒、静卧、空腹和20℃环境温度下的能量代谢。基础代谢率是单位时间内维持最基本的生命活动所消耗的最低限度的能量。这种能量消耗是相当恒定的，常用来作为参照基数，其常用单位是 kcal/h/kg。

（十九）训练周期

训练周期是指实现预期目标的周而复始、循环往复的训练过程。按照时间跨度及训练任务，一般将训练周期分为6类。

1. 多年训练周期

多年训练周期的时限为2年以上直至20年或更多年度。优秀运动员多依参加奥运会、洲际运动会、世锦赛、冠军赛等比赛的需要安排2～4年的多年训练周期。

2. 年度训练周期

通常从下半年的重大比赛结束，进行必要的恢复期训练之后即开始下一年度的训练周期。

3. 训练大周期

一个完整的训练大周期包括准备期、比赛期、恢复期三个时期。在年度训练中，根据专项竞赛的安排，通常划分1～4个大周期。

4. 训练中周期

训练中周期在训练实践中又称为训练阶段，如冬训阶段、春训阶段、赛前训练阶段等。时限为4～8周。

5. 训练小周期

训练小周期通常指一周。根据实际需要以4～10天均可组成一个训练小周期。根据训练任务及内容的不同，还可分为基本、赛前训练、比赛、恢复等不同类型的小周期。

6. 训练课

训练课是连续的有内在关联的训练过程，时限为1～2.5h。

（二十）训练计划

训练计划是对未来训练过程预先做出的理论设计。根据时间跨度，训练计划分为多年训练计划、年度训练计划、大周期训练计划、周训练计划和课训练计划等类型。

（二十一）训练课

训练课是组织实施训练活动的基本单元和形式。每堂训练可主要由准备部分、基本部分、结束部分三部分组成。

（二十二）训练日记

训练日记是详尽记录运动训练过程中各实际施加因素及其应激的文本档案。训练日记是反映训练者运动训练过程最生动、最直接的材料。训练日记一般包括训练内容、负荷量、完成情况及体会、训练前后的体重、身体感受、当日作息情况和晨晚脉搏、睡眠情况、食欲、自我感觉及小组和教练评语等。

（二十三）训练性恢复

训练性恢复是指课内及训练和比赛以后，为消除疲劳，促进肌体恢复所采用的积极性的专门手段与方法。它包括训练学的、医学、生物学及心理学等方面的方法与手段。

（二十四）心理训练

心理训练是针对运动员实际及心理显示，有意识、有目的地施加积极影响，促进其形成良好的心理状态、提高心理能力、发展心理品质的过程。心理训练包括放松技能训练、表象技能训练、注意技能训练及应激控制训练等方法。除健身健美运动中的心理训练外，还包括有训练过程中的心理促进及动作意念的培养等。

（二十五）私人健身教练员

私人健身教练员是指在健身房健身消费和体能锻炼中从事健身健美指导、知识技能传授等活动的对雇主个人直接负责的健身指导人员。

（二十六）训练频度

训练频度是单位时间内组织单元训练的次数。健身健美训练中通常将一周作为基本的时间度量单位，如一周三次的训练频度、一周五次的训练频度等。

（二十七）肥胖

肥胖是指脂肪在体内异常和过多堆积的表现状态，是多因素的慢性代谢性疾病。目前，世界卫生组织以 BMI 来对肥胖及肥胖的程度或超重进行定义。BMI ＝ 体重（kg）/身高^2（m^2）。表 4-1 所示为亚洲人群的肥胖评定指标。

表 4-1　亚洲人群的肥胖评定指标

BMI 指数	肥胖类型	BMI 指数	肥胖类型
BMI＜18.5	偏瘦	23≤BMI＜24.9	肥胖前期
18.5≤BMI＜22.9	正常体重	25≤BMI＜29.9	Ⅰ度肥胖
BMI 达到或超过 23	超重	BMI 达到或超过 30	Ⅱ度肥胖

（二十八）减肥

减肥是指减去体内多余脂肪或使脂肪含量明显减少。减肥不能完全等同于减重。科学的减肥是指在减轻体重的同时，保持去脂体重的不变。目前，常用于减肥的有饮食控制、运动、药物、中医及外科等几种方法。

（二十九）去脂体重

去脂体重或称瘦体重，主要包括肌肉、皮肤、骨骼、器官、体液及其他非脂肪等组织的肌体部分重量。去脂体重与体能、力量、有氧能力及最大吸氧量呈正相关。去脂体重更是健身健美运动员训练或竞技水平的直接体现。

（三十）控制体重

控制体重是指人为地采用某些手段对体重加以控制，包括减轻体重、保持体重及增加体重等。控制体重的目的是保持良好的竞技能力或适应项目特点和比赛需要。按体重级别进行的健美、摔跤、举重、柔道、跆拳道、散打、划船、赛马等项目都存在控制体重的问题。比较而言，健身健美运动员的体重控制更加复杂一些，并且应纳入平时的训练计划之中。

第三节　健身健美运动常见的运动损伤与处理方法

健身健美运动在极大地满足了大众对强身、健体、塑形、减肥、休闲、娱乐、保健等不同层面的知识和技能需求的同时，也和其他与运动项目一样，具有一定的运动风险。认识不足，措施不当，准备活动不充分，身体状态欠佳，体育基础差，动作要领掌握不正确，不良的心理状态，如缺乏经验、思想麻痹，或恐惧、害羞、犹豫不决、紧张等，以及不良的气候变化，组织纪律混乱等，都是引起大学生健身健美运动损伤的原因。

在运动过程中，普及运动创伤的预防知识，做好身体和心理的准备工作，学习正确的动作技术，遵守纪律，提高自我保护意识，加强医务监督，显得至关重要。

一、健身健美运动的常见损伤及处理办法

（一）开放性软组织损伤

擦伤，即皮肤的表皮擦伤。如擦伤部位较浅，只需涂红药水即可；如擦伤创面较脏或有渗血时，应用生理盐水清创后再涂上红药水或紫药水。擦伤严重的还应进行止血、冷敷。

（二）闭合性软组织损伤

1. 扭伤或拉伤

在健美健身训练中,经常会发生扭伤、拉伤等常见的闭合性软组织损伤。当发生闭合性软组织损伤时,组织细胞遭到一定的破坏,可能发生组织断裂或撕裂,毛细血管破裂出血等症状,即出现反应性炎症、水肿或血肿。

早期,扭伤或拉伤 24~28 小时内,可使用 PRICE 原则(即 protection—固定,rest—止动休息,ice—冷敷,compression—加压,elevation—抬高)予以处理,以减轻炎症。

中期,主要是改善伤部的血液和淋巴循环,促进组织的新陈代谢,使瘀血与渗出液迅速吸收,加速再生修复,防止粘连形成。

后期,主要是增强和恢复肌肉、关节的功能,如有瘢痕硬结粘连形成,应设法使之软化、分离,以便促进功能的恢复。

当急性损伤发展到慢性损伤阶段,处理原则主要是改善伤部血液循环,促进组织的新陈代谢,合理安排局部的负担量,并且功能性训练和医治要紧密结合。

2. 挫伤

身体受钝器或重物打击时,引起皮下软组织的损伤,但表皮完整,称为挫伤。轻度挫伤一般为毛细血管溢血,毛细淋巴管流出的淋巴液积聚于肌肉和结缔组织之间,造成肿胀,疼痛明显。重度挫伤则可引起血肿甚至休克。治疗时一般可用消炎和镇痛疗法。大血肿可做手术切开;并发骨折或休克时必须立即采取相应的治疗措施。

3. 脱臼

脱臼即关节脱位。一旦发生脱臼,应嘱伤者保持安静,不要活动,更不可揉搓脱臼部位。如脱臼部位在肩部,可把伤者肘部弯成直角,再用三角巾把前臂和肘部托起,挂在颈上。如脱臼部位在髋部,则应立即让伤者躺在担架上送往医院治疗。

4. 骨折

骨的完整性和连续性遭到破坏称为骨折。主要有两种:一种是没有刺破皮肤的,称为闭合性骨折;另一种是把皮肤穿刺的,称为开放型骨折。骨折在运动损伤中属于重伤的一种,造成骨折之后应将骨折部位稍加固定,及时就医。

> **注意**
>
> 不管从事任何项目的运动员,阈值下长时间同节奏的运动都会使肌肉收缩,超过骨骼承受能力的牵拉,会引起运动性疲劳。可以说,在激烈运动的前几周,骨折是非常容易发生的,对此,一定要有充分的认识。

二、健美健身训练损伤后的康复问题

身体健康是进行一切活动的前提,每一次运动损伤对运动员的身体和心理都是一种打击,因此,要合理掌握和运用伤后锻炼与治疗的原则。

（一）合理安排伤后训练

合理安排伤后训练,保持运动员已获得的良好训练状态,防止因伤后突然停训而引起"停训综合征",尽量保持全身性训练和未损伤部位的训练。例如,上肢受伤练下肢,下肢受伤练上肢,以免伤后训练水平、机能状态、健康状况下降。

（二）加强局部治疗

加强局部治疗,改善伤部代谢,消除水肿,防止深痕粘连与收缩。预防应遵从运动训练原则,科学安排运动量,提高身体素质。对受伤部位要根据伤情合理安排训练内容,如急性损伤的早期,受伤部位可以暂时不活动,以便促使急性炎症消退。

对慢性损伤与劳损者施行合理的伤后训练是最适宜的。加强功能训练,如加强受伤部位有关肌肉的力量练习和关节功能练习,是伤后训练的很重要内容,其目的在于发展受伤不稳周围肌肉的负担能力,提高组织结构的适应性,恢复关节、肌肉的正常功能。

（三）加强伤后训练的医务监督

在每次训练前,应做好准备活动,对受伤部位进行保护,佩戴护具(如护膝、护踝、护腕),或用胶布、绷带固定支持,以加强伤部的稳固性,防止再度受伤。

思考题

1. 何为人体肌肉系统？其工作原理是什么？
2. 列举健身健美运动常用的工作术语,结合训练经验,谈谈你的认识。
3. 何为运动损伤？谈谈健身健美运动常见的运动损伤有哪些,以及如何预防与治疗。

第五章

健身运动有氧锻炼方法

章前导言

随着运动项目的增多,健身运动的锻炼方法也趋于多样化状态的呈现。本章主要介绍有氧锻炼的概述及介绍健身运动中的有氧舞蹈、啦啦操、形体训练三种有氧锻炼方法,对其基本内容进行介绍,并编排出相应的组合动作展示,从而让锻炼者根据自身喜好及特点选择适合的锻炼项目,快速融入有氧锻炼的运动中。

第一节 有氧锻炼概述

一、有氧锻炼的概念

有氧锻炼是指锻炼者在运动中通过呼吸,满足人们对氧气的需要,在不负氧债的情况下进行健身锻炼的方法。有氧锻炼的运动负荷强度适中,运动时间较长,以增强心血管系统和呼吸系统功能为主要目标,掌握运动、饮食的平衡是健身锻炼的原则,是近年来国内外十分流行的锻炼方法。

二、有氧锻炼的内容

随着健身运动的发展,不同的体育锻炼方法,如有氧健身操、体育舞蹈等锻炼的项目应运而生。在锻炼的过程中不能简单地将这些锻炼类型视为单独的方法,每一种锻炼都有特定的健身任务、负荷安排、完成方法和注意事项等,只有系统地掌握了不同项目的锻炼系统,才能真正达到健身的效果。

三、有氧锻炼的生理机制及作用

人体的生理生化过程,是生命体耗散结构与外界进行物质、能量、信息交换,保证生命存在的生物过程。在有氧锻炼中,肌肉活动的直接能源是三磷酸腺苷(ATP),肌肉中 ATP 的含量较少,在运动的过程中,要消耗能量,必须使 ATP 合成再合成。合成的过程一般是由磷酸肌酸、肌糖原和脂肪等物质分解释放能量变为 ADP(二磷酸腺苷),再合成 ATP,从而使肌肉中 ATP 的消耗和再合成保持平衡,完成有氧运动的锻炼。

根据一个人的吸氧能力可以判定体力的强弱。人的吸氧能力与体力呈正比,年龄的大小、体力的强弱导致吸氧能力的不同。合适的有氧锻炼可以使身体各部分都能得到充分的氧气供应,在人的形态结构、生理机能、运动能力、遗传和环境影响等方面相同的情况下,有氧锻炼对机体型态、脉搏、血压、肺活量、血糖含量、心输出量、体内脂肪等方面功能的改善都有重大功效。

根据个人的具体实际情况进行安全范围内的锻炼,在长久锻炼的基础上,锻炼者尽量要适度提高运动量,增加运动强度,以此获得持续不断的锻炼效益,同时在进行有氧锻炼时最好全面地对全身各部位进行锻炼。有氧锻炼重在坚持,各位锻炼者一定要树立每天锻炼的健身意识,当有同伴一起有氧锻炼时,更有利于创造良好的运动氛围和效果。

国内外科研成果表明,最适宜的锻炼强度为65%~75%,即运动心率为130~150次/分钟。不同年龄的锻炼者在进行有氧锻炼时一定要注意各年龄阶段生理特征特点,有氧锻炼需要达到30分钟以上才会产生明显的锻炼效果,每次的运动时间应不少于30分钟,时间控制在30~60分钟,每周锻炼次数以3~5次较为合适。

小常识

跑步、游泳、骑自行车、有氧健身操等类型的运动,是最佳的有氧运动。锻炼者可根据自身体能、健康状况合理安排锻炼的速度与强度,以调整呼吸,通过提高心血管系统和呼吸系统功能,调节大脑皮层的兴奋和抑制过程的均衡性,促进机体的新陈代谢,达到健身和防病的效果。有氧锻炼是耐力性运动,负荷大,强度小,只要坚持,就能终身受益。

第二节 有氧舞蹈

一、有氧舞蹈的定义

有氧舞蹈(aerobic dance)是一项集健美操、舞蹈、音乐于一体,有节奏地舞动的有氧运动,集时尚性、竞技性、健身性、表演性、社交性于一体的新兴项目。

有氧舞蹈的练习一方面可以消耗较多热量,另一方面能把许多舞蹈动作健美操化,通过有氧健美操的锻炼形式,四肢的和谐运动舒展肢体并且调整自己的呼吸,进行组合练习,可以有效增强体质,改善心肺功能,美化形体,达到健身的效果。

二、有氧舞蹈的特点及功能

(一)有氧舞蹈的特点

1. 强烈的节奏感和韵律感

音乐是有氧舞蹈的灵魂,节奏感强烈,风格趋于热烈奔放,多取材于迪斯科、爵士、摇滚等现代音乐及民族乐曲,节奏的变化使有氧舞蹈更富现代韵律感。

2. 动作具有多变性和协调性

有氧舞蹈动作的多变性,既表现在动作的节奏和力度上,也表现在动作的复合性方面。每一个动作的完成常伴有腰、膝、髋、踝和头部等的动作。动作的练习可使身体各关节的活动次数成倍增长,有效改善和提高练习者身体的协调性。

(二) 有氧舞蹈的功能

1. 强烈的观赏性和普及性

多种风格组成的有氧舞蹈练习,具有很强的观赏性和普及性。有氧舞蹈有许多风格,吸收了各种舞蹈动作元素,如街舞、爵士、放克、拉丁、芭蕾或民族传统风格等。

伴随旋律清晰、活泼轻快、情绪激奋的音乐,有氧舞蹈能够陶冶情操,调解情绪,强身健体,振奋练习者的精神,忘却疲劳,产生一种轻松愉快的心情,并且可以提高练习者的创造力、想象力、表现力和艺术修养,逐渐也成为一种社会时尚。

2. 塑造形体

有氧舞蹈能使身体各部位的关节、韧带、肌肉得到充分锻炼,使人体匀称和谐地发展,而且能增强体质,培养健美的体型和风度,塑造健美的自我。

3. 促进身体生理机能的变化

长期进行有氧舞蹈的锻炼可以让练习者拥有强大的心脏及心血管系统功能。在提高人体最大摄氧量的同时向身体各个器官输送的氧量增加,增加身体器官的工作量,血液的质量也异于常人,有效改善新陈代谢,降低血脂等。

三、有氧舞蹈的动作要求及练习方法

(一) 动作要求

有氧舞蹈突出的技术特点是身体的控制能力和步伐的弹动技术。身体的控制能力主要体现在腰部及腹部对整个身体的控制,而弹动技术则表现在踝膝髋上。

1. 身体的控制能力

身体的控制能力主要是指上肢、躯干和下肢的控制能力,要求练习者三者的收缩与舒张的能力即三者间的收放自如。所以,在练习中要注意动作与动作之间的相互帮助,相互配合,而不是一个部位的单独发力。

2. 步伐的弹动技术

步伐的完成要求一定的弹动技术来支撑整个动作的练习,最主要的体现在踝关节的弹动上。踝关节弹动可以快速改变练习者在练习中的不同位置及身体位置的变化,高低的上下起伏带给身体每个部位以一定的心理感应。

(二) 练习方法

1. 姿态练习

基本站立主要介绍扶把杆的并腿站立(如图 5-1 和图 5-2 所示)和分腿站立(如图 5-3 和图 5-4 所示)两种。

动作过程:并脚站立时,将靠近把杆的手扶在把杆上,另一侧手臂放于体侧,手臂与身体夹角为 45°(如做背面站立,则两手同时扶住把杆)。双脚并拢,脚跟离开地面。分腿站立

图 5-1　并腿站立侧面 　　图 5-2　并腿站立背面 　　图 5-3　分腿站立侧面 　　图 5-4　分腿站立背面

上肢动作与并脚站立的上肢动作相同,双脚分开与肩同宽,脚尖外开 45°,双脚脚跟离开地面。

技术点:收腹、挺胸、抬头,臀部和大腿内侧收紧,眼睛平视前方。

注意点:避免扛肩、塌腰,控制身体的核心部位。

练习时间:1 分钟为一组,3 组。加强运动过程中的姿态意识。

2. 上肢练习

上肢练习中主要介绍屈指、伸指、花指、屈肘、击掌、肩绕环。在进行上肢练习时,保持分腿站立姿势。

1）屈指

动作过程:手臂前平举,双手五指张开,弯曲手指变为双手握拳。

技术点:由掌（如图 5-5 所示）变拳（如图 5-6 所示）。

2）伸指

动作过程:手臂前平举,双手握拳,伸直手指变成掌。

技术点:由拳（如图 5-6 所示）变掌（如图 5-5 所示）。

3）花指（如图 5-7 所示）

动作过程:手臂前平举,由掌开始,向掌心内勾小拇指,其他四指向外撑开。

4）屈肘（如图 5-8 所示）

动作过程:分腿站立,双手侧平举,弯曲肘关节。

图 5-5　掌 　　　　图 5-6　拳 　　　　图 5-7　花指 　　　　图 5-8　屈肘

技术点：小臂与上臂呈夹角。

注意点：避免肘关节运动过程中轨迹太小，体现舒展。

5）击掌

动作过程：分腿站立，双手从侧平举开始双手先向上完成一次上击掌，如图5-9所示；然后双手再向下经过侧平举完成一次下击掌，如图5-10所示。

技术点：立踝，双臂侧平举，经过侧平举，上下击掌。

注意点：控制身体的手臂动作的发力与舒展。避免屈肘和身体前后摆动。

6）肩绕环

动作过程：分腿站立，双手从侧平举开始向上经过一次上交叉，如图5-11所示，再经过一次下交叉，如图5-12所示，回到侧平举的位置为完成一次肩绕环。也可进行反方向绕环练习，从侧平举位置双手向下经过一次下交叉和一次上交叉回到侧平举。

图 5-9　上击掌　　　图 5-10　下击掌　　　图 5-11　上交叉　　　图 5-12　下交叉

技术点：肩关节经过耳朵绕环，最大限度地拉伸延长，力到指尖。

注意点：避免绕圈的范围太小。

练习次数：15次为一组，3组。加强运动过程中手臂的控制和舒展。

3. 躯干部练习

躯干部练习主要介绍含胸、展胸动作和腰腹部的腰侧屈和腰绕环。在进行躯干部练习时，双脚分开，与肩同宽站立于地面即可。

1）含胸

动作过程：两脚开立，双手叉腰，低头两肩向前内扣，如图5-13所示。

技术点：双手叉腰，两肩胛骨外展。

2）展胸

动作过程：两脚开立，双手叉腰，两肩向后展开，挺胸，如图5-14所示。

技术点：双手叉腰，两肩胛骨内收。

注意点：避免手臂伸展过小。

练习次数：含胸与展胸组合，15次为一组，3组。

3）腰侧屈

动作过程：双脚开立，双手侧平举，如图5-15所示。身体向左侧倒，左手叉腰，右手上举贴耳朵,成腰侧屈,如图 5-16 所示。

图 5-13　含胸 　　　　图 5-14　展胸 　　　　图 5-15　侧平举 　　　　图 5-16　腰侧屈

技术点：双脚开立,一手叉腰,另一只手掌向里,向侧面伸展,腰侧屈。
注意点：避免身体前倾,不要收髋。
4）腰绕环
动作过程：双脚开立,双手叉腰,弯腰到前侧,如图 5-17 所示；转动身体到左侧,如图 5-18 所示；继续转动到后侧,如图 5-19 所示；再转动到右侧,如图 5-20 所示；最后回到前侧,完成一次腰绕环。也可以按照前、右、后、左的顺序进行反方向的绕环练习。

图 5-17　前侧 　　　　图 5-18　左侧 　　　　图 5-19　后侧 　　　　图 5-20　右侧

技术点：双脚开立,双手叉腰,收腹,背部收紧。
注意点：避免背部驼背。
练习次数：15 次为一组,3 组。加强运动过程中腰部的灵活性和核心区域的控制。

4. 下肢练习

下肢练习主要介绍站立控腿、摆腿、转髋和屈膝半蹲练习。
1）站立控腿、摆腿
动作过程：并脚站立,双脚踩实,双手侧下与身体成 45°。将重心移至右脚,将左腿膝盖向前抬起至大腿与地面平行成前控腿,如图 5-21 所示。向侧抬膝至大腿与地面平行成侧控腿,如图 5-22 所示。左腿向前伸直抬起约 30°,成前摆腿,如图 5-23 所示。向侧伸直抬起约成 30°,成侧摆腿,如图 5-24 所示。

图 5-21　前控腿 　　　图 5-22　侧控腿 　　　图 5-23　前摆腿 　　　图 5-24　侧摆腿

技术点：基本身体姿态站立，大腿抬起与腰平行，摆动时，脚尖膝盖要伸直。
注意点：避免身体的前后晃动，脚尖膝盖伸直。可进行不同形式的变形动作练习。
练习次数：15 次为一组，3 组。加强运动过程中手臂的控制和舒展。

2）转髋

动作过程：基本身体姿态站立，双开立腿与肩同宽，同时两手掌交叉高举过头顶，慢慢扭动腰部，臀部摆向左侧，如图 5-25 所示；再从左往后，如图 5-26 所示；从后往右，如图 5-27 所示；从右到前，如图 5-28 所示，循环绕圈扭动腰部。也可按照前、右、后、左的顺序进行反方向的动作练习。

图 5-25　左摆臀 　　　图 5-26　后摆臀 　　　图 5-27　右摆臀 　　　图 5-28　前摆臀

技术点：腿部可以稍弯曲，有利于幅度的加大。
注意点：背部挺直，保持自然呼吸。
练习时间：15 个为一组，3 组。加强练习过程中腿部的控制。

3）屈膝半蹲

动作过程：双脚并拢成站立状态，将双手抬起至前平举，保持身体姿态屈膝半蹲，如图 5-29 和图 5-30 所示。

技术点：上身保持直立，膝盖不能超过脚尖。
注意点：避免塌腰，身体前倾。

图 5-29 侧面半蹲　　　图 5-30 正面半蹲

四、有氧舞蹈锻炼的注意事项

(1) 根据音乐的速度、动作的复杂程度、动作的力度适当控制运动的强度。
(2) 着装轻松，穿着适合运动的服装和鞋子。
(3) 在练习时注意遵循循序渐进的原则，开始时不要运动太长时间，以简单的低冲击步伐为主。天冷时，热身的时间要相应加长，运动次数根据自身的情况而定，不要勉强自己。
(4) 运动后，及时更换服装。

五、有氧舞蹈组合动作展示

(一) 基础组合 4×8 拍

1. 第一个八拍

第一拍：左脚左侧侧点地；双手斜下，开掌掌心向前，如图 5-31 所示。
第二拍：左脚收回并脚站立；双手胸前握拳交叉，如图 5-32 所示。
第三拍：右脚右侧点地；双手斜下，开掌掌心向前，如图 5-33 所示。
第四拍：右脚收回并脚站立；双手胸前握拳交叉，如图 5-34 所示。

图 5-31 左侧点地　　图 5-32 并脚站立(1)　　图 5-33 右侧点地　　图 5-34 并脚站立(2)

第五、六、七拍：左脚向左迈出做侧滑步；左手侧上 45°，右手侧下 45°，如图 5-35 所示。
第八拍：右脚收回并脚站立；双手直臂收于体侧，贴身体，如图 5-36 所示。

图 5-35　侧滑步 　　　　　　　　图 5-36　并脚

2. 第二个八拍

第一拍：左脚向左前 45°方向迈一步；双手上举贴耳朵，如图 5-37 所示。
第二拍：右脚向前并左脚成站立；双手上举贴耳朵，如图 5-38 所示。
第三拍：左脚向左后 45°方向撤步；双手侧平举，如图 5-39 所示。
第四拍：右脚后撤一步并左脚成站立；双手侧平举，如图 5-40 所示。
第五拍：左脚向左前 45°方向迈一步；双手胸前击掌，如图 5-41 所示。
第六拍：右脚向前并左脚成站立；双手胸前击掌，如图 5-42 所示。
第七、八拍：两脚站立不动；双手放于体侧，如图 5-43 所示。

图 5-37　向左迈步　　图 5-38　右并左站立 　　图 5-39　左后撤步 　　图 5-40　撤步站立

图 5-41　左前迈步 　　图 5-42　并脚击掌 　　图 5-43　双手体侧

3. 第三个八拍

第一拍：左脚向左前方向迈步；左手斜上举，如图 5-44 所示。

第二拍：右脚向右前方向迈步；左手保持不动，右手斜上举，如图 5-45 所示。

第三拍：左脚向右后方向撤一步；双手胸前击掌，如图 5-46 所示。

第四拍：右脚向左后方向撤一步并左脚成站立；双手胸前击掌，如图 5-47 所示。

第五拍：左脚向左迈一步；左手上举贴耳朵，右手放于体侧，如图 5-48 所示。

第六拍：右脚并左脚双膝微屈，低头；双手小臂胸前交叠，如图 5-49 所示。

第七拍：开合跳；双手侧平举，如图 5-50 所示。

第八拍：并脚站立；双手放于体侧，如图 5-51 所示。

图 5-44　左前迈步上举 　　图 5-45　右前迈步 　　图 5-46　右后撤步 　　图 5-47　右脚并左脚站立

图 5-48　向左迈步 　　图 5-49　并脚屈膝 　　图 5-50　开后跳 　　图 5-51　双手放体侧

4. 第四个八拍

第一拍：左脚向左迈步转体 90°，头看前；双手斜下举，花掌掌心向下，如图 5-52 所示。

第二拍：右脚并左脚左转身面向后，头看后；手臂保持不动，如图 5-53 所示。

第三拍：左脚向左继续迈步转身，头看前；手臂保持不动，如图 5-54 所示。

第四拍：右脚并左脚左转身面向前，手臂保持不动，如图 5-55 所示。

第五拍：左脚向左迈一步；侧屈肘，如图 5-56 所示。

第六拍：右脚并左脚；双手胸前击掌，如图 5-57 所示。

第七拍：右脚向右迈一步；侧屈肘，如图 5-58 所示。

第八拍：左脚并右脚；双手胸前击掌（图 5-59）。

图 5-52　向左迈步转体 　　图 5-53　转身向后 　　图 5-54　迈步转体 　　图 5-55　并脚转身向前

图 5-56　左脚侧迈步 　　图 5-57　并脚站立 　　图 5-58　右脚侧迈步　　图 5-59　左脚并右脚

（二）提高套路 4×8 拍

1. 第一个八拍

第一拍：左脚向前上一步；右手花指侧平举掌心向下，左手放于体侧，如图 5-60 所示。
第二拍：右脚向前上一步，左脚后踢；右手保持不动，左手上举，如图 5-61 所示。
第三拍：左脚向后落下踩实；右手保持不动，左手侧平举，如图 5-62 所示。
第四拍：右脚向后撤步并脚；双手胸前击掌，如图 5-63 所示。

图 5-60　左脚前上步 　　图 5-61　右脚前上步 　　图 5-62　左脚后落 　　图 5-63　撤步并脚

第五拍：左脚向左前迈一步；右手抬起屈肘，左手斜下举，如图 5-64 所示。右脚跟一步到左脚后；保持手臂动作不变。

第六拍：左脚向左前迈一步；右手抬起屈肘，左手斜下举，如图 5-65 所示。

第七拍：右脚向右前方上一步；双手胸前击掌，如图 5-66 所示。

第八拍：左脚做吸腿跳；双手斜下举，如图 5-67 所示。

图 5-64　左前迈步 　　　图 5-65　左手斜下举 　　　图 5-66　右前上步 　　　图 5-67　吸腿跳

2. 第二个八拍

第一拍：左脚向后撤一步；双手放于体侧，如图 5-68 所示。

第二拍：右脚前摆腿；双手上举贴耳朵，如图 5-69 所示。

第三拍：右脚向后撤一步；双手放于体侧，如图 5-70 所示。

第四拍：左脚向后撤一步；双手放于体侧，如图 5-71 所示。

第五拍：左脚向前迈一步；双手立掌前推，如图 5-72 所示。

第六拍：右脚在原地做一次踏步；双手立掌前推，如图 5-73 所示。

第七拍：左脚向后撤一步；双手放于体侧，如图 5-74 所示。

第八拍：右脚向后撤步并脚；双手放于体侧，如图 5-75 所示。

图 5-68　左脚后撤步 　　　图 5-69　前摆腿 　　　图 5-70　右脚后撤步 　　　图 5-71　左脚后撤步

图 5-72 左脚前迈步 　　图 5-73 踏步 　　图 5-74 左脚后撤步 　　图 5-75 撤步并脚

3. 第三个八拍

第一拍：左脚向左侧迈一步；双手胸前直臂击掌，如图 5-76 所示。
第二拍：右吸腿；左手扶右膝盖，右手花指斜上举，如图 5-77 所示。
第三拍：开合跳；双手握拳胸前屈肘，如图 5-78 所示。
第四拍：并脚；双手放于体侧，如图 5-79 所示。
第五拍：左腿后屈腿；左臂前平举伸直手臂，右手花指放于左手肘关节，如图 5-80 所示。
第六拍：左脚下落并脚；左臂弯曲叠于右臂上，如图 5-81 所示。
第七拍：双脚做开合跳；双手开掌斜上举，如图 5-82 所示。
第八拍：跳并脚膝盖微屈；双手放于体侧，低头，如图 5-83 所示。

图 5-76 左侧迈步 　　图 5-77 右吸腿 　　图 5-78 开合跳 　　图 5-79 并脚

图 5-80 后屈腿 　　图 5-81 左并脚 　　图 5-82 开掌 　　图 5-83 并脚屈膝

4. 第四个八拍

第一拍：左腿后屈；双手直臂上击掌，如图 5-84 所示。
第二拍：右腿后屈；双手花指，掌心向下侧平举，如图 5-85 所示。
第三拍：右脚落下成开合跳；双手直臂向下交叉，低头，如图 5-86 所示。
第四拍：并脚；双手侧平举，如图 5-87 所示。

图 5-84　左腿后屈 　　图 5-85　右腿后屈 　　图 5-86　直臂交叉 　　图 5-87　并脚平举

第五拍：左脚侧迈步，右脚跟一步到右脚后；右手开掌前屈肘，左手侧平举，如图 5-88 所示。
第六拍：左脚向侧迈一步；两手臂保持不动，如图 5-89 所示。
第七拍：右脚向左前方迈一步；左手开掌胸前屈肘，右手背于腰后，低头，如图 5-90 所示。
第八拍：左脚跟上一步并脚；双手放于体侧，如图 5-91 所示。

图 5-88　左侧迈步（1） 　　图 5-89　左侧迈步（2） 　　图 5-90　左前迈步 　　图 5-91　并脚

第三节　大学生啦啦操

一、啦啦操的定义

啦啦操原名 cheer leading，起源于美国，是一项深受广大群众喜爱的、普及性极强，集体操、舞蹈、音乐、健身、娱乐于一体的体育项目。啦啦操运动，最初为美式足球呐喊助威的活动，随着发展，逐渐将健美操等动作融入呐喊、欢呼，并手持道具增加气氛。热情、奔放、时

尚、性感是啦啦操的主题,反映了人们追求积极向上的生活方式和生活理念。

现在,很多学校已经把啦啦操作为一种校园文化来建设,用来释放和减排学生的学习压力,进行成长期的心理和生理辅导,增强体质。啦啦操主要分为花球啦啦操、爵士啦啦操、街舞啦啦操和技巧啦啦操。

二、啦啦操的特点和功能

(一)啦啦操的特点

1. 独特的发力点

啦啦操的技术特征主要体现在所有肢体动作的发力方式,即通过短暂加速、制动定位来实现啦啦操特有的力度感,动作完成干净利落,具有清晰的开始和结束;在运动过程中重心稳定、移动平稳,身体的控制精确、位置准确。

2. 受众群体广泛

啦啦操的受众群体广泛,表现形式多样,内容可以根据不同人群的具体条件自由进行调整和选择,可以让更多的人参与其中。

3. 团队意识强烈

团队精神是啦啦操运动有别于其他运动项目最显著的特征。在啦啦操运动中,既强调团队完成动作的一致性,又重视运动员个体不同能力的展示,使每个队员在参与团队的配合中均能在不同位置扮演不同的重要角色,形成一种风险共担、利益共享的集体意识。

(二)啦啦操的功能

1. 增加大脑对身体的支配能力

啦啦操对人的身体协调配合能力有积极的作用。协调性是反映大脑对身体的指挥支配能力,啦啦操在音乐的伴奏下可快可慢,可激昂可振奋,练习者可根据自身的运动能力,学习适合自己的动作组合。通过对新动作的学习、记忆、熟练,达到表达情感的目的,反复通过大脑指挥整个躯体活动,提高身体的协调能力。

2. 有效缓解精神压力

在锻炼中伴随音乐的节奏,通过头、手臂、腰身、腿部相互变换的肢体语言,表达自身的情感状态,达到转移注意力并通过肌体神经系统兴奋性的转移和调节,缓解精神压力,起到平衡精神状态和改善睡眠的作用。

3. 培养良好的团队精神

啦啦操是一项团体项目,由不同的爱好者聚在一起进行练习,需要一定的磨合与配合。通过练习啦啦操组合的新集体,给练习团队中的每个人带来一定的归属感,激发练习者内心的热情和表现精神,结识更多的朋友,从而培养良好的团队精神。用和谐友好的态度与他人沟通,对社会的和谐发展也起到积极的推动作用。

三、啦啦操练习的注意事项

(1)着装宽松,不可佩戴影响运动的配饰。

(2) 禁止使用玻璃、金属等硬质材料的道具。
(3) 在做技巧啦啦操时,金字塔和翻腾动作时注意保护。

四、啦啦操组合动作练习

(一) 基础组合 4×8 拍

1. 第一个八拍

第一拍:两腿跳成开立;双手加油,如图 5-92 所示。
第二拍:双脚保持开立;手臂做上 V 动作,如图 5-93 所示。
第三拍:双脚保持开立;手臂向下做低 X 动作,如图 5-94 所示。
第四拍:双脚保持开立;两手向两侧打开经过侧平位置到头后做 X 动作,如图 5-95 所示。
第五拍:左摆髋关节,右脚点地;做左手高右手低的侧 K 动作,如图 5-96 所示。
第六拍:右摆髋关节,左脚点地;做右手高左手低的侧 K 动作,如图 5-97 所示。
第七、八拍:两腿开立;右手叉腰,左手做侧上冲拳,如图 5-98 所示。

图 5-92 双手加油 　　图 5-93 上 V 　　图 5-94 低 X 　　图 5-95 头后 X

图 5-96 左高右低侧 K 　　图 5-97 右高左低侧 K 　　图 5-98 侧上冲拳

2. 第二个八拍

第一拍:左脚向前迈一步;双手加油,如图 5-99 所示。
第二拍:右脚向左脚右侧迈一步,同时右转 90°;左手叉腰,右手侧下冲拳,如图 5-100 所示。
第三、四拍:左脚向右脚前迈一步,转身向前;手臂动作保持不变,如图 5-101 所示。

第五拍：双脚跳成开立；手臂向上做上 V 动作，如图 5-102 所示。
第六拍：双脚保持不动；弯腰手臂做下 H 动作，双手触地，低头看下，如图 5-103 所示。
第七、八拍：双腿屈膝；双臂屈肘扶膝，如图 5-104 所示。

图 5-99　左前迈步　　图 5-100　右转 90°　　图 5-101　转身向前

图 5-102　开立　　图 5-103　手臂下 H　　图 5-104　双腿屈膝

3. 第三个八拍

第一、二拍：右脚点地向左摆髋；双臂屈，摆向左侧双手握拳相对，如图 5-105 所示。
第三、四拍：左脚点地摆右髋，双臂屈，摆向右侧，双手握拳相对，如图 5-106 所示。
第五、六拍：左腿后屈，左肘侧屈，右肘胸前下屈，如图 5-107 所示。
第七、八拍：左脚落到右脚前呈双腿交叉，右肘胸前下屈，左肘侧屈，如图 5-108 所示。

图 5-105　向左摆髋　　图 5-106　向右摆髋　　图 5-107　左腿后屈　　图 5-108　双腿交叉

4. 第四个八拍

第一拍：左腿屈膝,右腿右点地；双臂打开做 T 动作,如图 5-109 所示。

第二拍：收右脚屈膝下蹲；收两手到加油,头部微含,如图 5-110 所示。

第三拍：踢左腿；手臂打开到下 V,如图 5-111 所示。

第四拍：下落屈膝下蹲；收手臂到加油,头部微含,如图 5-112 所示。

第五拍：双腿站立；左手叉腰右手上举做高冲拳,如图 5-113 所示。

第六拍：双腿站立；右手放于脑后,左手体前下 45°做 R 动作,如图 5-114 所示。

第七、八拍：左侧弓步；手臂经体前到左侧做左手高右手低的侧 K 动作,如图 5-115 所示。

图 5-109　右脚点地 　　图 5-110　屈膝下蹲(1) 　　图 5-111　踢左腿 　　图 5-112　屈膝下蹲(2)

图 5-113　右手高冲拳 　　图 5-114　左手体前 R 　　图 5-115　左侧迈步

(二) 提高组合 4×8 拍

1. 第一个八拍

第一拍：左脚向前迈一步；双手体前下交叉做低 X 动作,低头,如图 5-116 所示。

第二拍：右脚向前迈一步到左脚前；手臂动作保持不变,低头。

第三拍：左脚继续向前迈步到右脚前；左手叉腰,右手上举做右高冲拳,如图 5-117 所示。

第四拍：右脚向前迈步并脚；右手叉腰,左手做高冲拳,如图 5-118 所示。

第五拍：左脚向左侧迈一步成开立；左手叉腰,右手做侧下冲拳,如图 5-119 所示。

第六拍：右脚抬起做后屈腿；左手叉腰,右手屈肘右拳打到左肩处,如图 5-120 所示。

第七拍：右脚落地成开立；左手叉腰,右臂打直,如图 5-121 所示。

第八拍：左脚在右脚左侧做点地；手臂动作保持不变，如图 5-122 所示。

图 5-116　双手体前 X　　图 5-117　右高冲拳　　图 5-118　左高冲拳　　图 5-119　右下冲拳

图 5-120　后屈腿　　图 5-121　开立　　图 5-122　左点地

2. 第二个八拍

第一拍：右腿向前屈膝，移动重心到左腿；手臂前平举，如图 5-123 所示。
第二拍：左腿向前屈膝，移动重心到右腿，左屈膝，重心在右；屈肘做短 T 动作，如图 5-124 所示。
第三拍：重心回到两腿中间，双腿微屈下蹲；胳膊时向下，两手相碰握拳，如图 5-125 所示。
第四拍：伸直双腿，脚跟离开地面；双手向上伸直做上 A 动作，如图 5-126 所示。

图 5-123　右前屈腿　　图 5-124　左前屈腿　　图 5-125　下蹲　　图 5-126　伸直双腿

第五拍：左脚向前交叉上步；左手上举右手胸前做小 H 动作，如图 5-127 所示。
第六拍：右脚向前交叉上步；手臂动作保持不变，如图 5-128 所示。
第七拍：左脚向前交叉上步；手臂动作保持不变，如图 5-129 所示。
第八拍：右脚向左脚左后方撤一步成交叉，手臂打下做下 V 动作，如图 5-130 所示。

图 5-127　左前交叉步（1）　　图 5-128　右前交叉步　　图 5-129　左前交叉步（2）　　图 5-130　手臂下

3. 第三个八拍

第一、二拍：双脚跳成开立；左手叉腰，右手侧上冲拳，如图 5-131 所示。
第三拍：右腿屈膝内扣；左手叉腰，右手斜下冲拳，如图 5-132 所示。
第四拍：两腿伸直成开立；左手叉腰，右手侧下冲拳，如图 5-133 所示。
第五拍：并脚立踝；双手打开做上 V 动作，如图 5-134 所示。

图 5-131　右上冲拳　　图 5-132　右腿屈膝　　图 5-133　右下冲拳　　图 5-134　并脚上 V

第六拍：屈膝下蹲；两手经侧平直臂下至体前做下 X 动作，如图 5-135 所示。
第七拍：后屈腿跳；双手打开直臂向上做上 V 动作，如图 5-136 所示。
第八拍：落地屈膝缓冲；双手放于体侧，如图 5-137 所示。

4. 第四个八拍

第一拍：左脚点地右摆髋；左手叉腰，右手侧下冲拳，如图 5-138 所示。
第二拍：右脚点地左摆髋；左手打开，右手保持不动做下 V 动作，如图 5-139 所示。
第三拍：双腿屈膝；双臂屈肘放于右腿膝盖上，低头，如图 5-140 所示。
第四拍：双腿伸直成站立；双手打开做上 V 动作，如图 5-141 所示。

图 5-135　屈膝下蹲 　　　图 5-136　后屈腿跳 　　　图 5-137　落地屈膝

图 5-138　右摆髋(1) 　　图 5-139　左摆髋(1) 　　图 5-140　朋臂屈肘 　　图 5-141　开立上 V

第五拍：左脚点地右摆髋；双手放于腰上做下 M 动作，如图 5-142 所示。
第六拍：右脚点地左摆髋；手臂保持不动，如图 5-143 所示。
第七、八拍：右脚向右侧迈步做滑步；右手放与脑后左手前平举，如图 5-144 所示。

图 5-142　右摆髋(2) 　　图 5-143　左摆髋(2) 　　图 5-144　滑步

小常识

跑步、游泳、骑自行车、有氧健身操等类型的运动，是最佳的有氧运动。近些年，随着社会的进步，人们对生活质量的要求也越来越高，时尚的健身操舞在社会中广泛开展开来。锻炼者要根据自身状况，选择不同的有氧锻炼方法。

第四节 形体训练

一、形体的定义

形体是人体结构的外在表现,它包括面目表情、动作姿态和体型。形体美是整个人体形象最突显、极重要的要素,包括端正的五官、发育正常的骨骼、对称的关节、发达的肌肉、平坦的腹部、矫健的腿部等。

人的形体美是人的思想、个性、气质通过姿势动作、言谈举止等表现出来的人体综合态势,主要依赖于后天的训练和修养,即后天综合素质的塑造。形体美需要形体训练的培养,形体训练的宗旨是通过健美训练,塑造人的形体美和动作姿势美,从而促进人的风度美。

二、形体训练的特点及功能

(一) 形体训练的特点

1. 全面性

形体训练的训练内容丰富,动作变化多样,各类动作的使用符合人体的解剖学原理,有目的的训练以达到形体匀称、协调、健美的效果。

2. 针对性

针对性地选择身体的局部或整体肌肉有重点地进行练习,以达到强化体型和体态的效果,使身体得以全面发展。

3. 艺术性

形体训练追求人体身心的统一,每一个动作要做到充分舒展、协调,体现出一定的优美性和艺术性。

(二) 形体训练的功能

1. 塑造形体

形体美由身体、体重和人体各部分的长度、维度及比例决定。通过练习可以培养练习者健美的体态和优雅的气质,使练习者在身体线条轮廓、动作姿态上匀称、和谐、健美,塑造出美的形体。

2. 增进健康

合理地选择内容,科学地进行锻炼,能全面增强人体运动系统、内脏系统和神经系统的功能,促进人体的正常发育,使身体素质得到全面发展。

3. 陶冶情操,提高修养

在运动中,练习者内省的情感、身心的感受会充分地表现出来,激发练习者追求更高的的境界和理想,达到内外兼修的效果,对提高自身艺术修养、追求高尚的情操和审美趣味等方面发挥重要的作用。

三、形体训练的注意事项

(1) 充分舒展身体，注意调整呼吸。
(2) 训练时身着合适的服装和鞋子。
(3) 根据自身身体状况，选择合适的运动。

四、形体训练的基本动作练习

（一）芭蕾的手臂位置

一位：两手臂下垂置于身体前，肘微屈，大臂不要贴身，微微向前，呈椭圆形。手指收拢，大拇指与中指微向里捏，其他手指微屈。两手中指相对，相距一横拳，掌心向上，如图 5-145 所示。

二位：以第一位的手臂姿势，抬至胸前与横膈膜同高，手心向里，手背向外，如图 5-146 所示。

三位：以第二位的手臂姿势，继续上抬至额头上方，两眼平视的余光可看到两手手心，双肩松弛，如图 5-147 所示。

四位：一手臂保持三位，另一手臂下降至二位，眼睛视线随着变化的手位移动，如图 5-148 所示。

图 5-145　一位手 　　图 5-146　二位手 　　图 5-147　三位手 　　图 5-148　四位手

五位：一手臂保持三位，另一手臂从二位往旁打开，手心向前，如图 5-149 所示。

六位：一手臂保持手心向前的身旁平抬位，另一臂从额头上方的第三位下降至二位，如图 5-150 所示。

七位：一手臂保持手心向前的身旁平抬位，另一手臂从二位往旁打开，手心向前，两臂略低于肩部，如图 5-151 所示。

图 5-149　五位手 　　图 5-150　六位手 　　图 5-151　七位手

注意

所有动作应肩部放松下沉,肘关节、腕关节、手指自然微屈圆滑,手臂呈弧形移动,头眼自然配合七个手位。

(二)芭蕾的脚部位置

一位脚:两脚跟靠拢,两脚尖向外开成 90°角,形成一条水平线,如图 5-152 所示。
二位脚:两脚保持一位外开,两脚跟向旁展开一足距离,如图 5-153 所示。
三位脚:两脚跟前后重叠,前脚遮住后脚的一半,脚尖外展,如图 5-154 所示。

图 5-152　一位脚　　　　图 5-153　二位脚　　　　图 5-154　三位脚

四位脚:一脚的脚跟与另一脚的脚尖在一条直线上,两脚之间相隔一个竖脚的距离,重心在两脚之间,如图 5-155 所示。
五位脚:两脚外开,一脚的脚尖紧贴放置在另一脚的脚跟前方,双脚间没有空隙,如图 5-156 所示。

图 5-155　四位脚　　　　图 5-156　五位脚

(三)常见的基本站位

丁字步:双脚呈垂直方向接触,其中一脚跟靠在另一脚窝处,两脚尖对两斜角,呈丁字步站立,如图 5-157 所示。
点步:一腿作为支撑,另一脚尖外展向前、侧、后伸出,做前点地,如图 5-158 所示;侧点地,如图 5-159 所示;后点地,如图 5-160 所示。
弓箭步:向前跨步并屈膝 90°站立,另一腿后伸,为前弓箭步,如图 5-161 所示。在前弓箭步的基础上,重心向后移动使后腿弯曲前腿伸直,为后弓箭步,如图 5-162 所示。

图 5-157　丁字步　　图 5-158　前点地　　图 5-159　侧点地　　图 5-160　后点地

图 5-161　前弓箭步　　　　　　图 5-162　后弓箭步

(四) 基本动作练习

1. 勾绷脚练习

预备姿势：双腿并拢前伸，绷脚抻膝，收腰垂肩，保持整个后背的垂直上提，双臂自然伸展于胯旁，指尖轻点地，如图 5-163 所示。

要领：在保持坐姿基本形态的基础上，由脚趾、脚背到脚踝，依次一节节最大限度地勾与绷，要用力，忌松膝盖。勾脚练习时，要先勾脚趾，如图 5-164 所示，再勾脚背，如图 5-165 所示，绷脚时要先绷脚背，再绷脚趾。

图 5-163　勾绷脚练习　　图 5-164　勾脚趾　　图 5-165　勾脚背

2. 压腿练习

预备姿势：以坐姿为基本姿态，双腿并直平伸，双脚绷直，膝盖窝伸展贴地，躯干直立，双手臂放置于三位，如图 5-166 所示。

要领：压前腿时，上身从胯根处往前延伸，向腿部下压，抻膝伸背，双脚始终保持最大限度地绷脚，如图 5-167 所示，再直身还原。压旁腿时，两腿向旁打开，后背直立，两臂成七位，如图 5-168 所示。手臂带动上身往一边延伸下压，后侧背转开；两臂成四位，眼看上方，如图 5-169 所示，两腿始终要伸直，脚背对上，再直身还原，完成反侧练习。

图 5-166　压腿预备练习　　　　图 5-167　压前腿　　　　图 5-168　压旁腿(1)

3. 踢腿练习

预备姿势：坐于地面，双手撑地，左腿屈膝，另一腿伸直放置于身体正前方，如图 5-170 所示。

要领：将伸直腿上踢经过胸前，如图 5-171 所示，再向侧划弧至侧向打开，如图 5-172 所示，随后，按原路线返回，然后换腿进行反方向练习。

图 5-169　压旁腿(2)　　　　图 5-170　踢腿练习　　　　图 5-171　上踢

4. 腹肌练习

预备姿势：仰卧于地面。

要领：两腿屈膝抬起，两脚踝交叉，绷脚，两手臂交叉于胸前，如图 5-173 所示，腿、脚保持不变，起上身离地，保持背部延展，核心发力稳定，如图 5-174 所示，然后有控制地落回原位，可重复练习。

图 5-172　侧向打开　　　　图 5-173　腹肌练习(1)　　　　图 5-174　腹肌练习(2)

5. 背肌练习

预备姿势：绷脚并腿俯卧双手前伸准备，如图 5-175 所示。

要领：一手直臂向上抬起，反向腿直膝向上抬起，背肌夹紧，沉肩延展颈部，抬头，如图 5-176 所示，然后有控制地落回原位，再进行反方向练习。

图 5-175　背肌练习（1）　　　图 5-176　背肌练习（2）

6. 站立平衡练习

预备姿势：一位手站立，如图 5-177 所示。

要领：左腿支撑站立，右腿向侧屈膝，右脚置于左腿膝盖处，如图 5-178 所示，使腿向后伸直上举，双臂由一位过渡到七位，如图 5-179 所示。

图 5-177　一位手站立　　图 5-178　左腿支撑站立　　图 5-179　七位双臂

7. 组合练习 4×8 拍

1）第一个八拍

第一、二拍：丁字步站位；两臂呈一位手，如图 5-180 所示。

第三、四拍：脚上动作保持不变；两臂由一位手上举为二位手，如图 5-181 所示。

第五、六拍：脚上动作保持不变；两臂打开左手侧举，右手上举呈五位手，如图 5-182 所示。

第七、八拍：脚上动作保持不变；右臂落至侧举，两手臂呈七位手，如图 5-183 所示。

图 5-180　一位手站位　　图 5-181　二位手站位　　图 5-182　五位手站位　　图 5-183　七位手站位

2）第二个八拍

第一、二、三、四拍：左腿支撑站立，右腿屈膝侧举绷脚尖，如图5-184所示。

第五、六、七、八拍：左腿支撑站立，右腿侧举控制，两臂呈七位手，如图5-185所示。

图 5-184　右腿屈膝站立　　　　图 5-185　右腿侧举

3）第三个八拍

第一、二拍：右腿后落屈膝半蹲站立、左腿伸直前点地，手臂头上交叉一次，如图5-186所示。

第三、四拍：还原丁字步，双臂斜上举，如图5-187所示。

第五、六拍：左腿屈膝半蹲站立、右腿伸直在前点地，如图5-188所示。

第七、八拍：手臂回至一位手，如图5-189所示。

图 5-186　屈膝半蹲（1）　　图 5-187　丁字步　　图 5-188　屈膝半蹲（2）　　图 5-189　直立

4）第四个八拍

第一、二、三、四拍：右腿伸直提踵站立，左腿屈膝向前举起，绷脚尖，左手臂有前向后环绕一周，头随手动，如图5-190所示。

第五、六拍：左脚向前走两步，两臂呈一位手，身体向左转身呈右腿屈膝半蹲站立，如图5-191所示。

第七、八拍：左腿后伸点地，两手臂经胸向右侧摆动，至右侧举，上体随之右转，如图5-192所示。

图 5-190　提踵站立　　　　图 5-191　半蹲站立　　　　图 5-192　后伸点地

思考题

1. 简述有氧锻炼的概念。
2. 有氧舞蹈的动作要求主要有哪些？
3. 啦啦操练习注意的事项有哪些？
4. 形体训练的特点及功能是什么？

第六章

健美运动抗阻训练及伸展放松方法

章前导言

在健身健美锻炼中,发展全身各部位肌肉群的练习方法有很多,本章向练习者介绍抗阻训练技术、抗阻训练的原则及抗阻训练的基本内容。另外,还介绍了健美胸部、背部、腰腹部、肩颈部、上肢肌群、下肢肌群等具有代表性的锻炼方法、动作要点、作用和呼吸做法。

第一节 抗阻训练概述

一、抗阻训练技术

(一)握法与握距

1. 握法

握法是抗阻训练时,两手持握器械把手、杠铃和哑铃的方法。在抗阻训练中经常用到下列几种不同的握法。

正握:前臂旋前(内)的握法,如杠铃卧推时使用的就是正握的方法。

反握:前臂旋后(外)的握法,如杠铃弯举时一般使用的就是反握的方法。

正反握:一手正握,另一手反握的握法,这种握法在抗阻训练的杠铃练习保护中经常使用。

对握:两手掌心相对的握法,如哑铃锤式弯举使用的就是对握的方法。

以上握法中,拇指都要压在食指和中指上,因为这种握法稳固且安全。

2. 握距

握距是指在抗阻训练时,持握器械把手、杠铃或哑铃的两手之间的距离。通常分为窄握、中握、宽握三种。一般来说,窄握距是指两手握住器械时,两手之间的距离小于肩关节的宽度。中握距是指两手握住器械的距离与肩关节宽度相等。宽握距是指两手握住器械的距离大于肩关节宽度。

(二)身体姿态

在抗阻训练中,除了某些通过躯干本身参与运动的锻炼外,躯干都应保持稳定的状态,即收腹保持骨盆中立位;挺胸,两肩胛骨后缩;双肩下降。头部与躯干要保持在一条直线上,下巴微收。

在站姿训练时,注意两脚的距离要与肩同宽或略宽于肩,全脚掌着地,双膝微屈,不要锁定。在坐姿或卧姿训练时,要注意身体与靠背或训练凳紧密贴合,以保证训练时躯干稳定。

(三)动作节奏及呼吸方法

动作节奏是指抗阻训练时,目标肌肉向心收缩和离心收缩的时间。为了不使用惯性的力量和避免受伤,练习时目标肌肉向心收缩和离心收缩的时间一般都是2~4秒,也可以向心收缩快些(2~3秒),离心收缩慢些(3~4秒)。

抗阻训练的呼吸方法是在用力阶段呼气,在还原阶段吸气,即目标肌肉做向心收缩时呼气,做离心收缩时吸气。

(四)抗阻训练的保护

在抗阻训练时,首要的注意事项就是安全。一般情况下,在杠铃、哑铃等自由重量的训练时需要施加保护,因为这些练习容易失控而导致受伤。在锻炼者进行练习时,要量力而行,在进行大重量级或是力量不足时应由同伴或指导者帮助完成。

二、抗阻训练原则

身体活动要达到健身的目的,必须达到一定的运动强度和运动量,要进行科学的身体锻炼,不能盲目地去运动。因此,在进行抗阻训练时必须遵循以下基本原则。

(一)超负荷原则

超负荷原则是运动训练的基本原则,为了提高肌肉的力量和耐力,给肌肉以更新、更大的刺激,将运动量的要求超出平时所适应的负荷,使得肌肉系统功能因训练内容而获得相对的改善。

这种超量负荷是通过在抗阻训练中增加重复次数、减少每组之间的休息时间、增加重量、增加练习组数、增加练习频率等方法实现的。超量负荷的刺激应适当,应在人体能够承受的范围内,这样可以防止受伤或过度训练。

(二)周期性训练原则

周期性训练原则是指周期性地进行抗阻训练过程的训练原则。物质运动的周期性规律是周期性训练原则的科学依据。每一个新的运动周期,都不是上一个运动周期的简单重复,而应是在原有基础上螺旋式地提高到一个新的水平。

(三)渐进性原则

进行抗阻训练时要逐步增加运动量,从而使训练能够安全有效地进行。反之,如果一时突然给予肌肉过强的负荷,就容易造成伤害事故。所以,应该采取渐进的方法增加强度、次数和组数。身体适应能力随着渐进的负荷量而增加,肌肉力量、耐力和肌肉体积也随之增加。

三、抗阻训练基本内容

（一）运动频率

为了获得充分的休息,应该在相同肌群的训练中间至少安排一天的休息日。一般来说,运动频率应根据练习者的水平而定。初级者的训练频率通常是每周两次或三次;中级者的训练频率是保持每周三次或四次;高级者的训练频率应是每周四次或五次。

（二）运动时间

一般来说,运动时间也取决于练习者的训练水平,但作为一般健身者来说,一次抗阻训练时间一般不超过 60 分钟。

（三）运动顺序

在抗阻训练中,运动顺序的安排应遵循前一次运动引起的疲劳对下一项运动的影响达到最小。以下是几种运动顺序的安排方法。

（1）一般先进行核心练习、多关节练习,然后进行辅助练习、单关节练习,或先进行大肌肉群的练习,然后进行小肌肉群的练习。如进行预先疲劳训练法,则先进行单关节练习,然后进行多关节练习。

（2）"推"和"拉"运动交替进行。

（3）上肢练习和下肢练习交替进行。

（4）多关节练习、单关节练习与交替推拉练习相结合。通常先进行下肢的运动,然后进行上肢的运动。

（5）组合组和超级组。

（6）预先疲劳训练法。

（7）循环训练。

（四）练习的组数和组间休息

一般来讲,发展肌肉力量与体积 3～6 组为宜,发展肌肉耐力 2～3 组为宜。抗阻训练目标决定了组间休息时间。肌肉耐力训练,组间休息通常是 30 秒或更少。肌肉体积训练,组间休息通常是 30～90 秒。肌肉力量训练,组间休息较长,尤其是下肢或全身性运动,长达 2～5 分钟。

（五）训练方法的变化

抗阻训练中,为了不断提高肌肉的力量、耐力或增大肌肉体积,减少枯燥感并维持训练强度和水平,就需要在运动中采用多样化的训练方法。下面重点介绍几种常用方法。

1. 基本练习法

首先通过测试确定个人 10RM 的重量,然后完成 3 组训练,每组 8 次,每组练习的重量依据 10RM 的百分比来确定。例如:

第一组 8 次 50% 10RM

第二组 8 次 75％ 10RM
第三组 8 次 100％ 10RM

2. 退让练习法

退让练习法又叫反向练习法，是让已收缩的肌肉被动拉长做相反的动作。当练习者正常练习至疲劳后，陪练者可帮助其完成向心收缩动作，然后由其自己完成离心收缩动作。退让训练的强度一般会采用大重量或极限以上的重量，即极限重量的110％～120％；组数较少，保持2～3次，每次退让时间为6～8秒，间歇2～3秒。

3. 金字塔练习法

先确定个人1RM的重量，然后依据这个重量的百分比来确定一下每组练习的重量。随着每组逐渐加重，每组次数逐渐减少。例如：

第一组 12 次 50％ 1RM
第二组 8 次 65％ 1RM
第三组 6 次或至力竭 75％ 1RM

4. 递减重量练习法

同金字塔练习法相反，随着每组逐渐减重，每组次数逐渐增加。例如：

第一组 6～8 次或至力竭 约 100％ 10RM
第二组 9～12 次或至力竭 约 80％ 10RM
第三组 13～15 次或至力竭 约 50％ 10RM
第四组 16～18 次或至力竭 约 20％ 10RM

5. 强迫次数练习法

当练习者做某一练习，已完成一定的次数，无力继续完成全程规范动作时，陪练者可帮助其通过动作的"顶点"继续完成1～2次动作，使肌肉得到最大限度的锻炼。

6. 循环训练法

把同类或不同类的动作编排在1个大组内，分为4～6个训练站，然后按顺序一个接一个地进行练习。

四、注意适当的呼吸方法

在健身健美锻炼中，掌握正确的呼吸方法是十分重要的。正确的呼吸方法，不仅能增加氧气的吸入，加速机体内乳酸的氧化，使练习者发挥出最大的潜能，而且能使练习者在完成具体动作时注意力更加集中，动作更加协调而有节奏。一般有以下几种呼吸方法。

1. 中等强度锻炼时的呼吸方法

采用器械做中等强度的练习时，采用深吸气、深呼气的呼吸方法。如持杠铃做"弯举"时，依靠肱二头肌的主动收缩，是前臂在肘关节处完成屈的动作时相应做深吸气；肱二头肌放松时，动作还原，伸直前臂，相应做深呼气。

2. 大强度锻炼时的呼吸方法

采用器械做大强度的练习时，可采用补偿式的呼吸方法。例如，做"仰卧推举"动作时，依靠胸大肌、三角肌的收缩将杠铃上举,在上举杠铃时深吸气,动作还原时深呼气。因为肌肉负荷比较重,耗氧高,所以等完成动作时,即刻做 2~4 次短促呼吸以弥补耗氧,然后继续进行练习。

3. 最大强度负荷练习时的呼吸方法

机体在极短时间内承受极大的强度刺激,可以采用憋气的练习方法(憋气练习使体内压力增大,回心血减少,暂时性影响血液循环的正常进行,因此,建议只在大强度负荷时用)。

例如,做胸部练习动作"仰卧推举",在开始完成推举时,先深深吸一口气,让胸廓更为扩大,并保持固定,使完成推举的主要功能肌在其胸廓上的起点附着处相对固定,形成坚固的支撑而有利于上述肌肉在推起杠铃时的近固定收缩完成工作。动作完成后即调整呼吸。

第二节　健美胸部肌肉训练

健美挺拔的胸部是人们追求健康美的主要标志之一,发达宽厚的胸部,不仅可以使身体形态变得健壮优美,而且有助于矫正含胸驼背等不良姿态,同时还能增强心肺功能,使人充满青春活力。

胸部肌肉包括胸大肌、胸小肌、前锯肌等。胸大肌是胸部的主要肌肉,它是一块较大的扇形扁肌,从它的走向可分成上部、中部和下部,它的发达程度是一个人健美与否的主要标志之一。胸大肌的主要机能是使上臂屈、内收、旋内,还是拉引躯干向上臂靠拢。胸大肌、前锯肌对外形有非常大的影响,尤其是胸大肌,是完美胸部的一个重要组成部分。

一、主要肌群介绍

(一) 胸大肌

部位:在胸廓前上部浅层。肌束为锁骨部、胸肋部和腹部三部分。

功能:近固定时,使上臂在肩关节处屈、内收和旋内。远固定时,上肢上举后固定时,可拉引躯干向上臂靠拢,提肋助吸气。

(二) 前锯肌

部位:在胸廓侧面。

功能:近固定(肋骨固定)时,使肩胛骨前伸、上回旋,该肌与斜方肌共同作用,能使上臂上举到垂直部位。远固定(肩胛骨固定)时,下部肌纤维收缩可提肋,助深呼吸。

(三) 胸小肌

部位:在胸大肌深层。

功能:近固定时,拉引肩胛骨前伸、下降和下回旋。远固定时,提肋助吸气。

二、发展胸部肌肉的锻炼方法

(一)器械练习

1. 器械坐姿胸前平推

作用:发展胸大肌、三角肌(前部)、肱三头肌和前锯肌。

做法:坐姿,双膝弯曲,两脚打开与肩宽,并踩实地面。挺胸收腹背部贴紧练习凳的靠背,双臂弯曲,肘关节抬起,使上臂与地面平行,双手成正握手型握住器械的握把,做向前的手臂屈伸的动作,如图 6-1(a)、图 6-1(b)所示。

(a)　　　　　　　　(b)

图 6-1　器械坐姿胸前平推

要点:平推时手臂伸直,肘关节不要锁死,保持微微弯曲。双肩放松,目视前方。弯曲双臂时注意要有所控制,慢慢收回。

呼吸:平推时呼气,收回时吸气。

2. 器械坐姿夹胸

作用:发展胸大肌、前锯肌等。

做法:坐于器械凳上,双膝弯曲,两脚打开与肩宽,并踩实地面,挺胸收腹背部贴紧练习凳的靠背。双臂打开,双手对握于器械把手上,双肘和前臂内侧贴住海绵垫,双臂弯曲,做向两侧打开和向中心点内收的动作,如图 6-2(a)、图 6-2(b)所示。

(a)　　　　　　　　(b)

图 6-2　器械坐姿夹胸

要点：上臂伸展保持肘关节弯曲，双肩下沉，收腹，骨盆保持中立。
呼吸：打开时吸气，内收时呼气。

3. 双杠臂屈伸

作用：发展胸大肌、三角肌、肱三头肌等。

做法：双手成中握距对握握把，身体保持直立，双肩放松下沉，小腿相盘扣，成预备姿势。双臂向后弯曲，肘关节朝向身后，做手臂屈伸的上下运动，如图6-3(a)、图6-3(b)所示。

图6-3 双杠臂屈伸

要点：肩胛骨内收，使肘关节向中心加紧。
呼吸：呼气双臂用力向下推，吸气收回。

（二）杠铃练习

1. 平卧杠铃推举

作用：发展胸大肌、三角肌（前部）、肱三头肌和前锯肌。

做法：双腿分开仰卧在卧推凳上，双手可采用不同握距（中、宽、窄），以正手抓握住杠铃杆，将杠铃（或综合架）自头部移到胸上后，两臂用力控制住杠铃，缓缓地将横杆放在胸大肌中部，然后用力将杠铃向垂直上方推起，直至两臂伸直，如图6-4(a)、图6-4(b)所示。

图6-4 平卧杠铃推举

要点：将杠铃置于胸部时胸要挺起，杠铃缓慢放在胸大肌中部，用力推起时要用胸大肌发力。另外，卧推可采用宽、中和窄三种握距。不同握距对共同发展的肌肉部位影响是不同的。采用宽握距对发展胸大肌效果尤为明显；采用窄握距对发展肱三头肌则有更明显的作用，因为窄握伸臂的距离最长；采用中握距则对胸大肌、三角肌（前部）、肱三头肌和前锯肌均有良好影响。

呼吸：上推时呼气，两臂屈回落时吸气。

2. 上斜杠铃推举

作用：发展胸大肌、三角肌（前部）、肱三头肌和前锯肌，尤其对胸大肌上部有较大的影响。

做法：躺在角度为 45°~60° 的斜凳上，宽握距，正手握住杠铃，成预备姿势。然后用力将重物自胸部向上推起，直至两臂在额前上方伸直，如图 6-5（a）、图 6-5（b）所示。

图 6-5　上斜杠铃推举

要点：注意胸大肌上部的用力，两肘不要过早分开。
呼吸：位于上胸部和颈根部之间时吸气，向上推举杠铃至伸直手臂，动作完成时呼气。

（三）哑铃练习

1. 平卧哑铃推举

作用：发展胸大肌的锁骨部和胸骨部、三角肌前部、肱三头肌和前锯肌等。

做法：仰卧于训练凳上，双脚踏实地面，保持脊柱正直，弯曲双臂成 90°，将哑铃下降至上胸部水平，成预备姿势。向上推举哑铃至手臂伸直，还原。重复数次，如图 6-6（a）、图 6-6（b）所示。

要点：动作缓慢要有控制度，当向上推举时，使哑铃之间保持 15 厘米左右的距离，不要靠拢，在每次增加新的重量前要确保动作准确。

呼吸：向上推举哑铃时呼气，还原时吸气。

2. 斜板哑铃推举

作用：发展胸大肌的锁骨部和胸骨部、三角肌前部、肱三头肌和前锯肌等。

做法：调整好训练凳的倾斜角度，仰卧在斜凳上，双脚踏实地面，保持脊柱正直，弯曲双臂成 90°，将哑铃下降至上胸部水平，成预备姿势。向上推举哑铃至手臂伸直，还原。重复数次,如图 6-7(a)、图 6-7(b)所示。

(a)　　　　　　　　　　　　(b)

图 6-6　平卧哑铃推举

(a)　　　　　　　　　　　　(b)

图 6-7　斜板哑铃推举

要点:尽可能调整斜凳的角度为 15°～35°,避免耸肩,挺胸双肩下沉,双脚分开以便更好地保持平衡,在每次增加新的重量前要确保动作准确。

呼吸:向上推举时呼气,还原时吸气。

3. 仰卧哑铃飞鸟

作用:发展胸大肌、前锯肌和三角肌(前部)。

做法:两手握哑铃并置于胸前(拳心相对),然后仰卧在长凳上,两脚踏实地面,躯干呈"桥型",上背部和臀部触及凳面,胸部和躯干用力向上挺起,两臂伸直与身体垂直。随双臂缓缓向侧下分开(肘微屈)直至肘部低于体侧,肘关节呈 100°～120°,然后胸大肌主动收缩,将哑铃沿原路线升起,上升路线呈"弧形",至双臂胸上伸直,如图 6-8(a)、图 6-8(b)所示。

要点:向下侧分两臂时,肘部要微屈并低于体侧,这样能有效地刺激胸大肌。

呼吸:两臂张开,使肘与肩同高时吸气,呼气双臂从两侧收回上举,至初始位置。

4. 上斜哑铃飞鸟

作用:发展胸大肌上部。

做法:躺在上斜 45°～60°的凳上做仰卧飞鸟动作。动作要求与仰卧飞鸟一致,对于初学者可以在掌握好仰卧飞鸟的动作要领后再进行上斜飞鸟练习,如图 6-9(a)、图 6-9(b)所示。

(a)   (b)

图 6-8 仰卧哑铃飞鸟

(a)   (b)

图 6-9 上斜哑铃飞鸟

要点：动作前胸大肌被充分拉长，然后尽量用胸大肌发力，还原时要做退让性工作。

呼吸：同仰卧哑铃飞鸟。

(四) 徒手自重练习

1. 俯卧撑

作用：发展胸大肌、三角肌、肱三头肌和前锯肌。

做法：两手分开略大于肩，五指向前支撑地面，两臂伸直，双肩向前探出，双腿并拢，脚尖点地。始终保持身体挺直收腹，屈肘使胸部降到最低，立即伸直两臂为一次，反复练习直至疲劳再放下身体，如图 6-10(a)、图 6-10(b) 所示。

要点：用胸大肌的力量控制躯干的前引和下降动作。屈肘时要尽量拉长胸大肌，用力时要注意胸大肌发力。

呼吸：吸气，屈肘使躯干靠近地面；呼气，推举身体回到双臂伸直的位置。

2. 健身球俯卧撑

作用：发展胸大肌、三角肌、肱三头肌和前锯肌。

做法：将双脚脚面伸展放在健身球上，双手触地，手臂与地面垂直，身体悬空，双腿伸展。动作方法与俯卧撑的动作一样，如图 6-11(a)、图 6-11(b) 所示。

(a)　　　　　　　　　　　　(b)

图 6-10　俯卧撑

(a)　　　　　　　　　　　　(b)

图 6-11　健身球俯卧撑

要点：腹肌、胸肌收紧，动作与俯卧撑相同。
呼吸：吸气，屈肘使身体靠近地面；呼气；推举身体回到双臂伸展。

三、胸大肌主动伸展和被动伸展

1. 胸大肌主动伸展

做法：小弓步站立于墙边或练习架一侧，挺胸收腹，被伸展的一侧手臂弯曲成 90°，将小臂贴于柱子或练习架一侧，手心朝前，大臂与肩在一水平面上，固定这一侧手臂，保持肩部水平，准备好后随呼气身体向另一侧微微扭转。牵拉胸部肌肉至中等紧张程度并配合自然呼吸保持 10～30 秒。换对侧手臂，重复上述动作，如图 6-12 所示。

要点：身体挺直，被伸展一侧手臂固定，肩部保持水平，由腰部带动身体轻微扭转。

图 6-12　胸大肌主动伸展

2. 背靠球坐姿被动伸展

做法：坐于垫子上，背靠健身球，立直上身，弯曲双臂将双手交叉放于头后，同伴站于健身球后，一侧腿抵住球，另一侧腿成弓步站于球外侧，双手握住被伸展者的双臂上方，双手同时发力向后拉引，此时被拉伸者的身体要保持稳定直立。牵拉时保持中等力度，并随时问询被拉伸者的身体感受，引导其自然呼吸，保持一段时间，如图 6-13 所示。

要点：被拉伸者身体紧贴球体，双肩放松下沉。

3. 坐球被动伸展

做法：练习者坐于健身球上，挺直身体，目视前方。同伴站于练习者的身后，双脚前后站立（或将重心落于一条腿上，另一腿屈膝顶在拉伸者的背部），身体前屈并保持身体伸展状态。指导员双手握住练习者的双臂上侧，在准备好后，适当发力，将双臂向中间收拢。练习者在被动拉伸时应随时与指导员沟通，说明身体感受，如图 6-14 所示。

图 6-13　背靠球坐姿被动伸展　　　　图 6-14　坐球被动伸展

要点：拉伸者坐于健身球上，注意身体直立，双肩放松。

小常识

伸展练习又称牵张练习，也就是我们常讲的柔韧性练习。它包括冲击性伸展练习、静力性伸展练习和 PNF 练习方法。

伸展放松练习作为抗阻训练的一个重要组成部分，已被更多的练习者所重视。通过拉伸肌肉、关节可以使身体变得更加灵活，使肌肉得到放松并保持弹性，减少运动损伤的发生。在柔韧性训练过程中不要挑战自己的极限，应随身体肌肉的结构、紧张度进行个性化的伸展训练。

第三节　健美背部肌肉训练

宽阔、厚实的背部给人以体阔、挺拔、健壮的感觉，是健身健美锻炼的重要标志之一，是男子汉健力美的象征。背部主要肌肉有浅层的斜方肌、肩胛提肌、菱形肌、背阔肌等；深层的竖脊肌和夹肌。强壮有力的背部是健美的象征。斜方肌能使肩胛骨上提、向下、向上转动和内收，能使头和脊椎甚至在少儿、少年成长时期发展此肌肉可以预防和矫正驼背；背阔肌在腰背上部，是人体最大的阔肌。

发达的背阔肌使人体成美丽的倒三角，而背长肌和背短肌是位于脊椎两侧，从骶骨到枕骨的强大的脊柱伸肌，其机能是使脊柱伸展，使躯干侧屈。这部分肌肉得到发展对于防止弓腰驼背、矫正畸形，对于工作生活和增进形体美，均有重要的意义，因此，我们应当重视背部肌肉的锻炼。

一、背部主要肌群介绍

（一）斜方肌

部位：在项部和背上部皮下，一侧呈三角形，两侧相合呈斜方形。

功能：近固定（脊柱固定）时，上部肌束收缩，使肩胛骨上提、上回旋、后缩（靠近脊柱）；中部肌束收缩，使肩胛骨后缩；下部肌束收缩，使肩胛骨下降、上回旋；两侧同时收缩，使肩胛骨后缩。远固定（肩胛骨固定）时，一侧上部肌束收缩，使头向同侧屈和对侧旋转；两侧同时收缩，使头后仰和脊柱伸直（少儿时发展该肌可预防驼背）。

（二）背阔肌

部位：在腰背和胸部后外侧。

功能：近固定时，使上臂在肩关节处伸、内收和旋内。远固定时，上肢上举后固定时，拉引躯干向上臂靠拢，提肋助吸气。

（三）菱形肌

部位：在斜方肌深面。

功能：近固定时，使肩胛骨上提、后缩和下回旋。远固定时，两侧收缩，使脊柱、颈、胸段伸展。

（四）肩胛提肌

部位：在胸锁乳突肌和斜方肌深面。

功能：近固定时，使肩胛骨上提和下回旋。远固定时，一侧收缩，使头颈向同侧屈和回旋。两侧收缩，使颈伸直。

（五）竖脊肌

部位：纵列于脊柱两侧，使躯干背部深层长肌。由棘肌、最长肌和髂肋肌3部分组成。

功能：下固定（骶部固定）时，两侧收缩，使脊柱后伸并仰头。一侧收缩，使脊柱向同侧屈。上固定时，使骨盆前倾。

二、发展背部肌肉的锻炼方法

（一）器械练习

1. 坐姿器械划船

作用：主要锻炼上、中部的肌群，以及背阔肌、大圆肌、三角肌后部、肱二头肌等。

做法：坐在凳上，两腿屈膝，双脚踏住下方脚踏，两臂自然伸直，肩关节放松，双手成窄握距对握把手。上体微倾胸部贴住支撑垫，以背部收缩力量，使两臂屈肘贴伸向胸腹部拉引。同时挺胸收腹，肩胛骨向脊柱靠拢，双手拉到肋两侧后，沿原线路返回，如图6-15(a)、图6-15(b)所示。

要点：拉至极限时，控制上体与地面的角度，同时挺胸收腹，避免下背部拱起。肩胛骨

(a)　　　　　　　　　　(b)

图 6-15　坐姿器械划船

向脊柱靠拢。使背部肌群充分收缩。

呼吸:在用力拉动手柄至胸廓下部时吸气,动作完成时呼气。

2. 低位单臂拉力器俯身划船

作用:发展背阔肌、大圆肌等。

做法:微屈膝,身体前倾,以骨盆为轴使身体向前弯曲。一只手握住拉力器,另一只手可以放于膝盖上支撑身体,伸直手臂成预备式。屈臂从低位向斜后方上提拉力器,拉至腹前再慢慢放下,伸直手臂,如图 6-16(a)、图 6-16(b)所示。

(a)　　　　　　　　　　(b)

图 6-16　低位单臂拉力器俯身划船

要点:始终保持脊柱挺直,收腹挺胸,手臂弯曲时尽量贴于身体一侧。

呼吸:吸气,屈臂上拉;呼气,伸直手臂还原。

3. 器械正手颈前下拉

作用:发展背阔肌、大圆肌、胸大肌等,高位下拉还发展斜方肌和肱三头肌。

做法:面向器械坐下,膝部抵于海绵固定轴下方,固定双腿,身体直立,伸展手臂,使双手成正握宽距握住 T 形拉杆的两头,成预备姿势。两臂屈肘向下拉至胸前,使肘关节贴近身体的两侧,拉力架横杆贴近颈部。然后慢慢放松还原,如图 6-17(a)、图 6-17(b)所示。

(a)   (b)

图 6-17　器械正手颈前下拉

要点：练习时注意双肩放松下沉，腰部挺直，避免耸肩弓背，身体稍后倾，调动腹肌参与保持稳定。不论是直立还是跪姿，都应挺胸直立身体，下拉时不要爆发式用力，还原时也要控制速度。

呼吸：向下拉时吸气，慢慢还原时呼气。

4. 正握引体向上

作用：发展背阔肌、大圆肌、胸大肌、三角肌后部，手臂的运动还锻炼了肱二头肌、肱肌及斜方肌等。

做法：双手成宽握距正握杠，手臂伸展，双脚相交，使身体成悬挂的预备式。身体向上牵拉，缓慢进行运动，如图 6-18(a)、图 6-18(b)所示。

(a)   (b)

图 6-18　正握引体向上

要点：避免耸肩和弓背，挺胸，两肩下沉。身体下降时，避免以肩关节为轴摇晃身体，尽可能调动背部稳定肌参与维持身体稳定。

呼吸：吸气引体向上，呼气还原。

5. 直臂下拉

作用：发展背阔肌、大圆肌、胸大肌和三角肌后部等。

做法：双脚前后站立，身体微前倾，收腹挺胸，腰部立直。双手中握距正握拉力器，通过伸展肩关节下拉横杠至大腿前方，与身体中轴线平行，然后在控制下还原，如图 6-19(a)、图 6-19(b)所示。

(a) (b)

图 6-19 直臂下拉

要点：避免强烈运动，避免耸肩和弓背，保证躯干稳定，脊柱居中，腹肌收缩，参与维持身体稳定。将 70% 的体重压在前腿上。

呼吸：吸气下拉，呼气还原。

(二) 杠铃练习

1. 直腿杠铃硬拉

作用：发展背阔肌、竖脊肌等。

做法：两腿伸直站立，上体前屈，挺胸收紧腰背，两臂伸直正手握住杠铃，然后伸髋、展体，将杠铃拉起至身体挺直，如图 6-20(a)、图 6-20(b)所示。

(a) (b)

图 6-20 直腿杠铃硬拉

要点：杠铃贴身，腰背肌收紧，手臂伸直悬吊住杠铃。
呼吸：用力前吸气，将杠铃提离地面，身体充分伸直后调整呼吸。

2. 俯身杠铃划船

作用：发展背阔肌、大圆肌、三角肌后部，以及肱二头肌、菱形肌和斜方肌等。

做法：双脚打开与肩宽，微曲双膝，双手成宽握距正手握杠，收腹挺胸，要保持直立。身体前倾 45°，成预备式。将杠铃向上拉至上腰部，还原，如图 6-21(a)、图 6-21(b)所示。

(a)　　　(b)

图 6-21　俯身杠铃划船

要点：身体始终保持蹲伏姿势，双臂运动。
呼吸：吸气拉杠上提，呼气伸展手臂。

(三) 哑铃练习

1. 提铃耸肩

作用：发展斜方肌上束，同时发展三角肌。

做法：双脚左右开立与肩宽，正握哑铃，双臂伸直，成宽握距，双臂持铃下垂。做时用力向上耸肩(不屈肘)至最高位，然后复原再做，如图 6-22(a)、图 6-22(b)所示。

(a)　　　(b)

图 6-22　提铃耸肩

要点：向上耸肩时要注意斜方肌和肩胛提肌的积极用力，不得屈肘，身体保持直立，挺胸塌腰。

呼吸：耸肩时吸气，复原时呼气。

2. 哑铃直臂侧平举

作用：发展斜方肌上、下部肌束，以及三角肌和肱肌等。

做法：双脚左右开立与肩宽，对握哑铃，双臂垂于身体两侧，成预备姿势。双臂从身体两侧向上打开到与地面平行，然后复原再做，如图6-23(a)、图6-23(b)所示。

(a)　　　　　　　　　　　(b)

图6-23　哑铃直臂侧平举

要点：向两侧扩胸时，肘可微屈，尽可能向后用力，胸腰高高挺起。这个练习有扩胸动作，因此，易被误认为能发展胸大肌，其实该练习对背部斜方肌及冈上肌、冈下肌、大、小圆肌有较大的影响，对胸大肌侧影响甚微。这个练习对发展三角肌有较大的作用，因为三角肌一直在做静力支撑工作。

呼吸：向后扩胸时吸气，向前复原时呼气。

3. 单手哑铃划船

作用：发展背阔肌、大圆肌、三角肌后部、斜方肌和菱形肌。

做法：单手持哑铃，另一手和膝支撑于长凳上，身体前倾，保持身体稳定。持铃侧手臂先垂直地面向下。提拉时屈肘向后、向上，尽量提拉哑铃至最高处，保持肘部朝后，提拉手臂与身体保持一定的距离，如图6-24(a)、图6-24(b)所示。

(a)　　　　　　　　　　　(b)

图6-24　单手哑铃划船

要点：由一侧手臂和膝盖支撑身体，保持身体的稳定。
呼吸：吸气，提铃屈肘，完成动作时呼气。

4. 哑铃仰卧直臂上拉

作用：发展背阔肌、三角肌、前锯肌、斜方肌等。

做法：仰卧在训练凳上，双手握住哑铃，双臂伸展过头顶，成预备姿势。双臂同时用力成直臂上拉，将哑铃拉至胸上方，双臂垂直身体，还原，重复数次，如图 6-25（a）、图 6-25（b）所示。

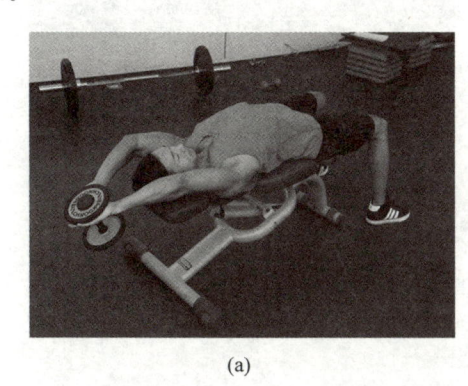

(a) (b)

图 6-25 哑铃仰卧直臂上拉

要点：手臂保持自然伸展，尽量举臂时不要屈臂，身体脊柱居中，双脚踩实地面。
呼吸：上举时吸气，下落时呼气。

（四）徒手练习

1. 俯卧挺身

作用：强化臀大肌和股二头肌，增强竖脊肌等其他背部肌群。

做法：练习者俯卧在罗马椅上，将脚踝固定，身体用力挺直，背部用力收紧，保持挺直姿势 6～8 秒，如图 6-26（a）、图 6-26（b）所示。

(a) (b)

图 6-26 俯卧挺身

要点：挺直躯干，收紧腰部。
呼吸：吸气身体挺直，呼气恢复原位。

2. 俯卧两头起

作用：发展背脊肌、臀肌。

做法：俯卧在垫子上，两臂伸直放在体前，然后迅速抬起上体和下肢，让腹部支撑，以维持平衡，如图6-27（a）、图6-27（b）所示。

(a)   (b)

图6-27 俯卧两头起

要点：身体成反弓越大，对锻炼背肌越有利。

呼吸：挺身前吸气，放松时呼气。

3. 跪撑躯干挺身

作用：发展三角肌后部、斜方肌、大圆肌，以及臀大肌和腘绳肌等。

做法：跪姿，双手放于地面，双手打开与肩宽，使手与膝关节分别位于肩关节和髋关节下方。保持身体平直，腹部收紧。保持身体平衡，慢慢抬高左腿和右手臂至水平位，保持一会后慢慢还原，换对侧肢体，如图6-28所示。

图6-28 跪撑躯干挺身

要点：避免下背部拱起和扭曲。使脊柱挺直，骨盆处于自然位置。挺胸，两肩下沉。如稳定性差，可以单独抬起腿或手臂。

呼吸：上抬手臂和腿时吸气，停留时自然呼吸。呼气还原。

三、背阔肌的伸展

1. 站立伸展

做法：站立，双臂前平举，双手交叉，身体随呼气向后拱背，低头含胸，将注意力放在背部的伸展上。保持10～30秒，自然呼吸，然后恢复正常站立，如图6-29所示。

图 6-29　站立伸展

要点：双脚打开与肩宽，双膝微曲，尾骨内收，骨盆微后倾。

2. 站立侧伸展

做法：双脚打开大于肩宽，单臂上举（或单臂上举弯曲手扶头）随呼气，身体向一侧侧弯，收腹，伸展脊柱，保持 5～10 秒，然后交换另一侧伸展，如图 6-30（a）、图 6-30（b）所示。

(a)　　　　(b)

图 6-30　站立侧伸展

要点：脊柱居中，侧身时腰部不要扭转。

3. 站立扭转

做法：双脚并拢站立，双臂上举，身体先向一侧扭转到极限后，再含胸拱背眼看自己一侧的脚跟。保持 5～10 秒，然后回到原位，交换另一侧伸展，如图 6-31（a）、图 6-31（b）所示。

要点：这是一个可以充分拉伸到肩胛骨、背部的伸展练习，动作要缓慢，保持脊柱居中，肩放松。

4. 站立俯身

做法：站立于把杆前，双手向上伸展，然后将手放在把杆上，双臂打开大于肩，调整双脚与把杆的距离，使身体慢慢向下俯身成 90°折叠，保持这个姿势 10～30 秒，自然呼吸，如

图 6-32 所示。

要点：尽量使身体平展，把杆的高度应尽量高于胯部。

(a)　　　　　　　　(b)

图 6-31　站立扭转

图 6-32　站立俯身

5. 站立弓背

做法：站立，双脚打开与肩宽。双手在胸前交叉，伸展双臂向前，同时慢慢推背向后拱起，尾骨内收，骨盆有种想后倾的感觉，如图 6-32（b）所示。

要点：骨盆要灵活，双膝可以微曲。

小常识

伸展练习同抗阻练习一样，首先要明确目标肌肉，根据目标肌肉的起止点、功能，分析某个伸展练习动作是否能够牵拉到目标肌肉，以保证伸展练习动作的正确性和有效性。

伸展训练必须达到一定的运动强度和运动量才能收到良好的效果，因此，超负荷原则也是伸展训练的基本原则。对伸展训练运动量的要求同样是要超出平时所适应的负荷，从而使柔韧性获得改善。

改善柔韧性要逐步增加运动量，从而使运动计划能够安全有效。在改善柔韧性的训练中,如果突然给予肌肉过强的负荷,容易造成锻炼者受伤。所以,应采取渐进的方法使身体适应能力随着渐进的负荷而增加。

由于柔韧性具有关节的特殊性,因此,要改善某一关节的柔韧性就要伸展与其相关的特定的肌肉。例如,改善肩关节的柔韧性与改善膝关节所要伸展的肌肉是完全不同的。

第四节 健美腰腹部肌肉训练

腰腹部是连接人体上、下两部分的枢纽,是人体做前后屈、体侧屈及旋转等各方面运动的一架万能轴,承担着各种生活技能和运动技能的繁重工作。另外,人体腰腹部又集中着人体消化、排泄、生殖等重要器官。

腹部位于骨盆与胸腔之间,主要包括腹直肌、腹外斜肌、腹内斜肌和腰方肌。腰部肌肉位于脊柱腰部两侧和骨盆内,由腰大肌和髂肌两部分组成。腰腹肌群的主要机能是使躯干直立、前屈侧屈,旋转和骨盆后倾。腰腹肌群对人体行、站、立、坐起着重要的作用,这部分肌群的增强,可预防驼背、脊柱弯曲、椎间盘突出及脂肪囤积等问题,同时提高腹内压,有助于维护腹腔器官的正常位置。

此外,从外形上讲,扁平的、结实的腹部和细壮挺拔的腰部是形体美的一种体现,给人健康、积极向上的感受,也是当代人们追求健与美的目标方向。

一、腰腹部主要肌群的介绍

(一) 腹直肌

部位:在腹前壁正中线两侧的腹直肌鞘中。

功能:上固定时,两侧同时收缩,使骨盆后倾或保持水平位即收腹。下固定时,一侧收缩,协助脊柱侧屈。还可降肋助呼气。

(二) 腹外斜肌

部位:在腹外前部外侧面浅层。肌纤维由外上方向前内下方斜行。

功能:上固定时,两侧同时收缩,使骨盆后倾或呈水平位。下固定时,一侧收缩,使脊柱相同侧侧屈和对侧回旋。两侧同时收缩可下拉胸廓,使脊柱前屈。

(三) 腹内斜肌

部位:在腹外斜肌深面。肌纤维由外下方向向内上方斜行。

功能:上固定时,两侧手说使骨盆后倾,下固定时。一侧收缩,使脊柱向同侧侧屈和向同侧回旋(与对侧腹外斜肌协同作用,完成使脊柱相同侧回旋的动作)。

(四) 髂腰肌

部位:在腰椎两侧和骨盆内面,由腰大肌、髂肌组成。

功能:近固定时,使大腿在髋关节处屈和外旋,远固定时,一侧收缩,使躯干侧屈;两侧同时收缩，使躯干前屈和骨盆前倾。

（五）腹横肌

部位：在腹内斜肌深面。

功能：与其他腹肌协同收缩，可维持腹压，协助完成如咳嗽、呕吐和排便等生理功能。

二、发展腰腹部肌肉的锻炼方法

（一）器械练习

1. 器械支撑屈膝上举

作用：发展髂腰肌、腹直肌及股直肌等。

做法：两臂弯曲，将前臂和两肘置于托架上，腰部贴近支撑靠背，双腿与地面垂直，成预备姿势。双膝屈曲上举，使之与臀部同高（或是加大难度，使膝关节接近胸部），保持躯干稳定，还原。要想增加难度也可以直腿练习，如图6-33(a)～图6-33(c)所示。

图 6-33　器械支撑屈膝上举

要点：身体保持立直，不要耸肩，通过斜方肌下部和前锯肌的力量下拉肩胛骨，上提躯干。腹部收缩若要锻炼腹肌可多停留几秒，这样可以更好地锻炼腹部斜肌。

呼吸：抬腿屈膝呼气，回落还原吸气。

2. 器械坐姿屈体

作用：发展腹直肌。

做法：身体直立，坐于器械凳上，双脚踩实于脚踏板上。将双肩用海绵固定器固定，双手握住固定器的握把，成预备姿势。腹部发力，缓慢将身体向前下方收卷，体会背部被充分拉长，腹肌充分收缩的感觉，然后慢慢还原，如图6-34(a)、图6-34(b)所示。

要点：腰部靠紧椅背，准备式时身体立直，向前卷腹时背拉长。

呼吸：向前卷腹呼气，还原吸气。

(a)　　　　　　　　　(b)

图 6-34　器械坐姿屈体

3. 器械坐姿扭转

作用：发展腹直肌、腹内斜肌、腹外斜肌等。

做法：身体直立，坐于器械凳上，双脚踩实踏板。将双肩用海绵固定器固定，双手握住固定器的握把，成预备姿势。腹部发力，缓慢将身体向左侧扭转到最大限度，然后回正，再慢慢转向右侧最大限度。重复数次，回到原位，如图 6-35（a）、图 6-35（b）所示。

(a)　　　　　　　　　(b)

图 6-35　器械坐姿扭转

要点：身体立直，挺胸收腹，腰背贴紧椅背。

呼吸：扭转时呼气，还原时吸气。

4. 器械凳卷腹

作用：发展腹直肌。

做法：调整好器械凳的角度，仰卧于器械凳上，双腿微曲，将膝盖窝贴靠于海绵圆垫上，脚踝上侧扣住另外一个海绵圆垫，双脚上勾。弯曲双臂，将双手放于头下，如图 6-36 所示，或双臂交叉放于胸前，如图 6-37 所示，成预备姿势。腹肌主动发力，将头、肩、肩胛骨下缘依次缓慢地离开练习凳，然后再缓慢地落回凳上，还原。根据自身情况重复数次。

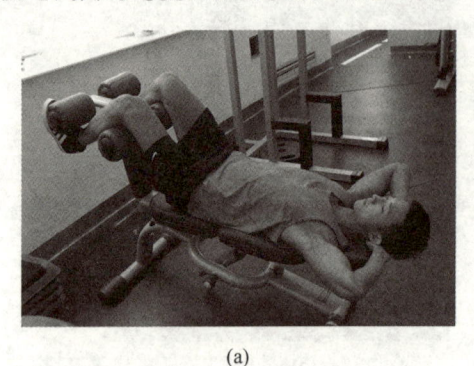

(a)   (b)

图 6-36 双手放于头下

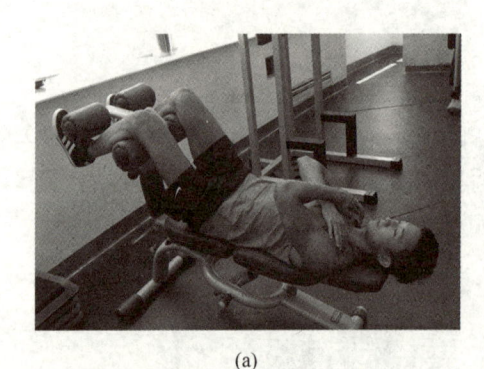

(a)   (b)

图 6-37 双臂交叉放于胸前

要点：腰部不要离开凳面，向上时双手不要给颈部过大的拉力，避免颈椎受损。
呼吸：向上卷腹时呼气，还原吸气。

5. 器械悬垂屈膝举腿

作用：发展腹直肌、髂腰肌和股直肌。

做法：双手成宽握距握住器械横杠，身体自然悬垂，成预备姿势。上提膝关节，使之与臀部同高（或尝试加大难度，收腹让双膝向胸部靠近），躯干保持固定，还原，如图 6-38（a）～图 6-38（c）所示。

要点：动作缓慢，避免强烈运动。不要缩肩弓背，通过斜方肌下部和前锯肌的力量下拉肩胛骨上提躯干。

呼吸：屈膝上提呼气，还原吸气。

6. 拉力器侧身扭转

作用：发展腹直肌、腹内斜肌、腹外斜肌及伸展躯干的力量。

做法：两脚开立，站于拉力架一侧，挺胸收腹，双手在左侧相握于拉力器握把，成预备姿势。身体向右侧扭转，双手持拉力器握把，一起拉向右肩上方，双臂伸展，头跟随扭转，眼睛盯着双手，转到最大幅度时略停留 1～2 秒，还原。重复数次后换另一侧持铃再做，如图 6-39(a)、图 6-39(b)所示。

(a)　　　　　　　　　(b)　　　　　　　　　(c)

图 6-38　器械悬垂屈膝举腿

(a)　　　　　　　　　(b)

图 6-39　拉力器侧身扭转

要点：两膝部不要锁死，保持微曲，扭转时，上体对侧的腹外斜肌要充分拉长，转体速度要缓慢，应运用腹外斜肌及腰大肌之力使躯干扭动 90°～100°。

呼吸：扭转举臂时吸气，回位时呼气。

（二）杠铃体旋转练习

作用：发展腹内斜肌、腹外斜肌的力量。

做法：身体直立，两脚开立略大于肩宽，肩负杠铃成预备姿势。身体缓慢做向左、向右转体动作。每一侧转体都应做到最大限度，如图 6-40(a)、图 6-40(b)所示。

要点：旋转时会产生一种离心力，这时要用对侧的腹内、外斜肌加以控制，然后再向另一侧旋转。

呼吸：转体时呼气，还原时吸气。

(a)   (b)

图 6-40　杠铃体旋转练习

(三) 哑铃练习

1. 哑铃体侧屈

作用：发展腹直肌、腹内、外斜肌、腰方肌等。

做法：身体直立，两脚开立约比肩宽，右手叉腰，左手握住哑铃，成预备姿势。身体向左侧弯曲，缓慢下降，再缓慢还原。重复数次动作，然后回到起始位置，左右侧交换，如图 6-41(a)、图 6-41(b)所示。

(a)   (b)

图 6-41　哑铃体侧屈

要点：避免强烈运动，随呼吸配合缓慢运动；挺胸收腹，身体立直侧弯不要扭转。从髋部到脚应保持稳定，多关注哑铃对侧的腹肌和下背部。

呼吸：脊柱侧屈时吸气，回位时呼气。

2. 直立侧上拉

作用：发展腹直肌、腹内斜肌、腹外斜肌及伸展躯干的力量。

做法：两脚开立，双臂放于身体两侧，右手持小哑铃，成预备姿势。开始练习时先将身体向右侧微微扭转，使左手和右手相扣，然后身体再向左侧扭转，双手持铃一起向左肩上方伸展，头跟随扭转，眼睛盯着双手。重复数次后换另一侧持铃再做，如图6-42（a）、图6-42（b）所示。

(a)　　(b)

图6-42　直立侧上拉

要点：两膝部不要锁死，保持微曲，扭转时，上体对侧的腹外斜肌要充分拉长，转体速度要缓慢，应运用腹外斜肌及腰大肌之力使躯干扭动90°～100°。

呼吸：扭转举臂时吸气，回位时呼气。

（四）徒手练习

1. 屈膝仰卧起坐

作用：发展腹直肌、腹内外斜肌，髂腰肌和腹直肌（以上腹部为主）。

做法：仰卧在凳上或垫上，手抱头或负轻重物，下肢固定，快速收腹起坐，在慢慢倒体至水平后重复做，如图6-43（a）、图6-43（b）所示。

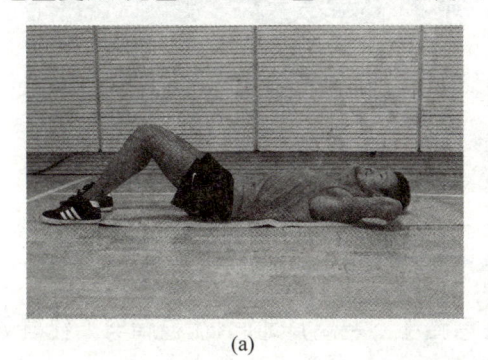

(a)　　(b)

图6-43　屈膝仰卧起坐

要点：斜板起坐效果更好，斜板角度越大，对锻炼腹肌及髂腰肌效果越好。做时要在充分拉长腹直肌的基础上，尽量收腹折体，使胸部贴近大腿。倒体时慢，折体时要稍快。

呼吸：起坐时呼气，还原时吸气。

2. 健身球仰卧起坐

作用：发展腹部肌群。

做法：仰卧，将双脚放在健身球上方，弯曲双膝成 90°，双手放在头后，成预备姿势。通过腹肌用力，带动身体快速收腹起坐，再慢慢还原，如图 6-44（a）、图 6-44（b）所示。

(a)　　　　　　(b)

图 6-44　健身球仰卧起坐

要点：做时要在充分拉长腹直肌的基础上，尽量收腹折体，使胸部贴近大腿。倒体时慢，折体时要稍快。

呼吸：起坐时呼气，还原时吸气。

3. 转体侧身起坐

作用：发展腹内外斜肌为主。

做法：仰卧，弯曲双膝，将左脚踝放于右膝盖上，弯曲右臂，将右手放在头后，左臂向一侧伸展，成预备姿势。用腹部及腹外斜肌的力量带起右肩。右侧背部离开地面，保持左臂向下贴住地面，还原，重复数次，如图 6-45（a）、图 6-45（b）所示。

(a)　　　　　　(b)

图 6-45　转体侧身起坐

要点：这个动作难度稍大，转体起坐时注意腰部不要离开地面，让右肩努力往高处起，右肘努力向左膝处靠拢，才能达到锻炼的目的。

呼吸：用力时呼气，还原时吸气。

4. 直膝两头起

作用：采用无固定的两头起动作，对整个腹部均有锻炼作用。

做法：仰卧，两臂在头上伸展，成预备姿势。收腹起坐，同时直膝（或屈膝）上举，两臂前摆，手接近脚面（或手抱弯曲的膝部），瞬间停留时保持臀部支撑身体。重复数次，如图6-46(a)、图6-46(b)所示。

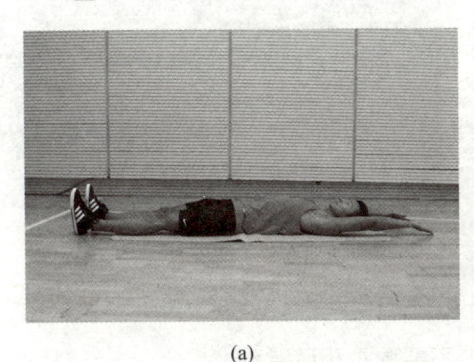

(a) (b)

图 6-46 直膝两头起

要点：避免下颌和颈部过度前伸。保持脊椎中立，双肩下沉。
呼吸：两头起时呼气，还原时吸气。

5. 仰卧上举腿

作用：发展腹直肌群。

做法：仰卧在垫子上，身体正直，双手放在身体两侧，成预备姿势。慢慢上举双腿向上，使腿与地面成90°，然后再缓慢放回地面（或加大难度，脚不落到地面）。重复数次，如图6-47(a)、图6-47(b)所示。

(a) (b)

图 6-47 仰卧上举腿

要点：身体正直，腿并拢，双臂向下按压地面。
呼吸：举腿时吸气，落腿时呼气。

6. 肘支撑

作用：这是一个发展全身的动作。腹横肌在这个动作中得到锻炼。

做法：俯卧垫上，将双肘弯曲成 90°，支撑身体离开垫子，双臂打开与肩同宽，双腿伸直，脚尖着地，身体成一条线，保持数秒后还原。也可将双脚放在健身球上，增加难度，如图 6-48(a)、图 6-48(b)所示。

(a)　　(b)

图 6-48　肘支撑

要点：腹部用力保持身体挺直，脊柱居中，不要塌腰和弓背。
呼吸：停留时保持自然呼吸。

7. 侧板式

作用：发展腹内斜肌、腹外斜肌，以及强化脊柱、腰背肌群。
做法：跪在垫子上，身体直立，髋关节伸展，身体向右侧侧弯，将左手放在身体的正下方成预备姿势。先将右腿向左侧伸展，右脚内侧踩实地面，然后慢慢将左腿向右侧伸展，使左脚与右脚并拢，身体在左臂和双脚的支撑下成一斜线（或加大难度将右腿向上方抬起）。在这个姿势上保持数秒，还原，如图 6-49(a)、图 6-49(b)所示。

(a)　　(b)

图 6-49　侧板式

要点：肩放松，收缩腹肌保持平衡，保证头、颈、脊柱在一条直线上。髋关节摆正，不要向前旋转。
呼吸：保持自然呼吸。

三、腹直肌、腹内斜肌、腹外斜肌的主动伸展和被动伸展

1. 俯卧主动伸展

做法：俯卧在垫子上，将双臂弯曲，使前臂贴于垫子上，前臂与大臂折叠成 90°，身体腹部保持贴于地面，上身向上伸展，双肩放松。若感觉腹部拉伸的程度不够，还可以将双手推地伸直双臂，带起上身离开地面，让腹部得到充分伸展，注意是肩部放松，不要耸肩。保持 10～30 秒，自然呼吸，然后随呼气慢慢回原位，如图 6-50(a)、图 6-50(b) 所示。

(a)　　　　　(b)

图 6-50　俯卧主动伸展

要点：尽量保持双肩放松，随身体向上仰起，同时腹部向下沉，加强腹直肌的拉伸感。

2. 弓式伸展

做法：俯卧于垫上，弯曲双膝，双手握住双脚脚踝或小腿（若够不到也可用练习带帮助），形成一个弓的形状。随吸气，上半身在双臂和双腿的拉引下慢慢离开地面，尝试用腹部支撑。这一刻尽可能使双臂和双脚向上空伸展，以拉伸到腹部，如图 6-51 所示。

要点：腹部贴于地面，双手扣住双脚。

3. 靠球仰卧伸展

做法：坐于健身球前方，身体贴近球体，弯曲双膝，双脚踩地，随脚蹬地面带动球向身后滚动，身体也随着慢慢仰卧在健身球上，直到肩胛骨、背部、腰部全都躺在了球上后，将双臂向头顶伸展，头也慢慢贴在球面上，双腿伸展放松，只靠双脚贴地来控制稳定性，如图 6-52 所示。

图 6-51　弓式伸展　　　　图 6-52　靠球仰卧伸展

要点：全身放松仰卧在球上，双臂向头前方伸展。

4. 坐姿扭转

做法：坐于垫子上，弯曲一侧膝盖（如右腿），将这一侧的脚紧贴于另一侧（左腿）的大腿外侧，身体立直，将左臂盘抱在右腿上，右手放于身后的地面上，右臂伸展支撑身体。随呼气，身体向右侧扭转，保持在最大限度上10～30秒，自然呼吸。然后交换另一侧，如图6-53所示。

图6-53 坐姿扭转

要点：腰立直，以腰部为轴扭转，双肩放松。

5. 坐姿伸腿扭转

做法：坐于垫子上，双腿伸展，双手放于身体后方地面上，伸直双臂支撑，并使身体略微向后倾斜。将右脚脚跟放于左脚脚趾上（双脚落一起），双腿伸直，随呼吸臀部抬起，身体向左扭转，双脚侧面贴于地面，保持自然呼吸5～10秒，然后再转向右侧，保持5～10秒。然后交换另一侧完成左右的扭转，如图6-54(a)、图6-54(b)所示。

(a)　　　　　　　　　　　(b)

图6-54 坐姿伸腿扭转

要点：髋关节在扭转的同时向前顶，尽可能最大扭转，将双脚侧面贴地。

> **小常识**

伸展训练的注意事项

（1）做伸展训练之前最好先进行热身，这样可以大大减少受损伤的概率。

（2）起始位置时的姿势必须正确和稳定。

(3) 呼吸自然顺畅,不要屏息和强力拉伸肌肉。

(4) 拉伸肌肉,使之保持在中等强度,在这个强度下,仅有轻微的刺痛感,拉伸过度会使肌肉刺痛感加强。

(5) 感到肌肉被拉伸后,放松。静态伸展需要持续 10～30 秒,一般不要超过 30 秒。

(6) 伸展训练应从大肌肉关节开始到小肌肉关节。

第五节　健美肩颈部肌肉训练

壮硕的肩部会体现出男性彪悍之健美,与宽阔的背肌相配合更显躯干完美的倒三角形。在更早的古希腊时期,人们就把宽阔的胸部和灵活而强壮的颈部当作健美的主要标志之一。肩颈部的肌群又称为肩带肌,起自锁骨和肩胛骨,止于肱骨。主要由三角肌、冈上肌、冈下肌、小圆肌、大圆肌和肩胛下肌组成。这部分肌肉的作用在于加固肱骨头与关节盂的联结,加强肩关节并使肩关节回旋和外展。颈肌分浅、中、深三群,胸锁乳突肌为浅层颈肌。

一、肩颈主要肌肉介绍

（一）三角肌

部位:在肩部皮下,为多羽肌。肌束分前、中、后三个部分。

功能:近固定时,前部纤维收缩,使上臂在肩关节处屈和旋内;中部纤维收缩,使上臂外展;后部纤维收缩,使上臂在肩关节处伸和旋外。整体收缩,可使上臂外展。

（二）胸锁乳突肌

部位:颈阔肌深面,颈部两侧。

功能:下固定时,一侧收缩,使头向同侧屈,并转向对侧。两侧同时收缩,肌肉合力在寰枕关节额状轴的后面而使头伸;在寰枕关节额状轴的前面使头前屈。上固定时上提胸廓,助吸气。

（三）冈上肌

部位:在肩胛骨冈上窝内。

功能:近固定时,使上臂外展。

（四）冈下肌

部位:在肩胛骨冈下窝内。

功能:近固定时,使上臂外旋、内收、伸。

（五）小圆肌

部位:在冈下肌下方。

功能:近固定时,使上臂外旋、内收和伸。

（六）大圆肌

部位：在肩胛冈下方，小圆肌之下。
功能：近固定时，使上臂内旋、内收和伸。

（七）肩胛下肌

部位：在肩胛骨前面的肩胛下窝内，为多羽肌。
功能：近固定时，使上臂内旋、内收。

二、发展肩颈肌肉的锻炼方法

（一）器械练习

1. 器械坐姿推举

作用：发展肱三头肌、三角肌、胸大肌和斜方肌等。
做法：坐在器械椅上，后背贴靠椅背，弯曲双臂，两肘向两侧打开，双手握住训练架的握手，成预备姿势。收腹挺胸，向上推举器械练习架的控制杆，至双臂伸展向上。然后还原，如图 6-55（a）、图 6-55（b）所示。

(a)   (b)

图 6-55　器械坐姿推举

要点：避免强烈运动，缓慢地进行运动。避免耸肩和弓背，挺胸，两肩下沉。
呼吸：向上推举时呼气，还原时吸气。

2. 器械双臂侧平举

作用：发展三角肌后部、菱形肌和斜方肌等。
做法：面向练习架坐下，身体前侧贴紧椅背，双手握住练习杆的握手，双肘微曲，双肩放松下沉，成预备姿势。通过双臂向两侧展开平举，然后还原，如图 6-56（a）、图 6-56（b）所示。
要点：应缓慢地进行，注意不要过度弯腰，避免耸肩和弓背。保持挺胸和双肩下沉。
呼吸：向上时呼气，还原吸气。

3. 拉力器单臂侧拉

作用：发展三角肌后束。
做法：站于拉力器一侧，身体立直，挺胸收腹，左手叉腰，右臂伸直，右手握住对侧的拉

(a)   (b)

图 6-56　器械双臂侧平举

力器握把，成预备姿势。右臂保持伸直向右侧方平举，手腕不超过肩部，还原，重复数次后交换左侧练习，如图 6-57（a）、图 6-57（b）所示。

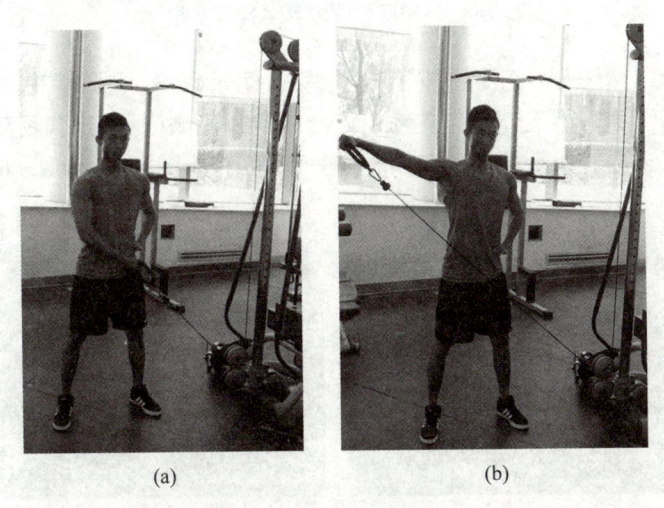

(a)   (b)

图 6-57　拉力器单臂侧拉

要点：拉动时伸直手臂，挺胸收腹，脊柱保持正直，身体不要左右摇晃，动作缓慢。

呼吸：侧拉向上时吸气，还原时呼气。

4. 低位拉力器单臂前平举

作用：发展三角肌前部、胸大肌上部等肌群。

做法：两脚开立，挺胸收腹，背对拉力器站立，左臂下垂，左手握住拉力器手柄，右手叉腰，成预备姿势。单臂经体前平举至手臂与躯干垂直，肘关节微曲，静止 2～3 秒，重复数次后还原，交换另一侧练习，如图 6-58（a）、图 6-58（b）所示。

要点：身体正直，腹部收紧，保持身体稳定，完全用手臂上举之力，不得借助展体之力。动作缓慢要有控制度。

呼吸：上举时吸气，举直后呼气。

5. 低位拉力器单臂俯身飞鸟

作用：发展三角肌后部、菱形肌、斜方肌等。

(a)   (b)

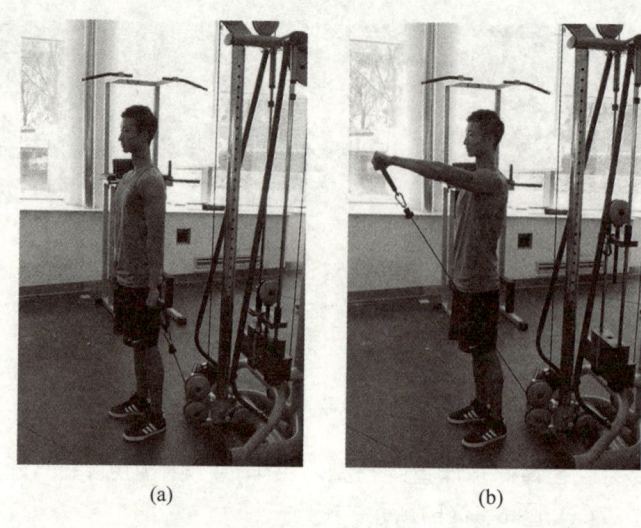

图 6-58 低位拉力器单臂前平举

做法：站于拉力架一侧，右手握住拉力器握把，向前俯身，双膝微曲，左手放于左膝上，支撑身体，成预备姿势。用右臂的力量将拉力器从身体左侧拉至右侧，使右臂充分向一侧展开，保持 1～2 秒，还原。重复数次后交换另外一侧练习，如图 6-59（a）、图 6-59（b）所示。

(a)   (b)

图 6-59 低位拉力器单臂俯身飞鸟

要点：俯身时注意不要弓背，将背部伸展，膝盖微曲，腹肌收紧保持身体稳定。动作缓慢，要有控制度。

呼吸：侧拉时吸气，保持时呼气。

6. 拉力器单臂站姿肩外旋

作用：发展旋外肌群（冈下肌、冈上肌、小圆肌）和三角肌后部。

做法：站于拉力架一侧，右肘弯曲，右手握住拉力器握把，右前臂贴于腹前，左手叉腰，成预备姿势。肩、肘固定，以肘关节为轴，慢慢将右前臂向右侧打开，做到最大角度，保持 1～2 秒后还原。重复数次后交换另外一侧练习，如图 6-60（a）、图 6-60（b）所示。

要点：肩部下沉放松，肘固定，腹背肌群用力保持身体稳定。

呼吸：外旋时吸气，还原时呼气。

图 6-60　拉力器单臂站姿肩外旋

7. 拉力器单臂站姿肩内旋

作用：发展肩胛下肌。

做法：站于拉力架一侧，左肘弯曲，左手握住拉力器握把，右手叉腰，成预备姿势。肩、肘固定，以肘关节为轴，慢慢将左前臂向右侧打开，贴近腹部，保持1～2秒后还原。重复数次后交换另外一侧练习，如图6-61(a)、图6-61(b)所示。

图 6-61　拉力器单臂站姿肩内旋

要点：肩部下沉放松，肘固定，腹背肌群用力保持身体稳定。
呼吸：内旋时呼气，还原时吸气。

(二) 杠铃练习

1. 宽握杠铃推举

作用：这是一个发展上肢综合肌群的练习，能发展三角肌（中束为主）、肱三头肌、胸大肌和前锯肌。宽握距对发展三角肌有更好的效果。

做法：坐在练习凳上，挺胸收腹，颈部向上伸展。将杠铃放置在肩上，双手成宽握距，肘关节保持外展，伸臂将杠铃上举至两臂在头上伸直，然后再降至肩的上部，如图 6-62(a)、图 6-62(b) 所示。

图 6-62　宽握杠铃推举

要点：上举时，三角肌、胸大肌开始用力，而后肱三头肌接着用力，这时三角肌不应放松。身体要有足够的柔韧性，向上推举杠铃时不要低头，在开始时也要有足够的力量把持杠铃。双肩放松下沉，肘关节外展。

呼吸：向上推举时呼气，两臂伸直后调整呼吸。

2. 杠铃上提

作用：发展三角肌前部和中部，以及斜方肌和前锯肌等。

做法：站姿，双手握住杠铃，双臂自然下垂成预备姿势。通过抬高肘部上提杠铃至上胸部水平，再将杠铃下降回原位，如图 6-63(a)、图 6-63(b) 所示。

图 6-63　杠铃上提

要点：身体固定，不要前后摇摆，不要低头，缓慢运动，避免耸肩或弓背。

呼吸：上提时吸气，还原呼气。

（三）哑铃练习

1. 单臂哑铃前平举

作用：发展三角肌前部、胸大肌上部等肌群。

做法：两脚开立，挺胸，收腹，两臂下垂持哑铃（或杠铃片），单臂经体前平举至手臂与躯干垂直，肘关节微曲，静止2～3秒，一般两手交替练习，如图6-64（a）、图6-64（b）所示。

图 6-64　单臂哑铃前平举

要点：身体微前倾，完全用手臂上举之力，不得借助展体之力。在练习时也可双臂同时上举。

呼吸：上举时吸气，举直后呼气。

2. 直臂哑铃侧平举

作用：发展三角肌中部等肌群。

做法：两脚开立，两臂下垂持铃，虎口相对，肘微曲成100°～120°。将哑铃从身体两侧向上做直臂侧平举，当举至肘微高于肩时稍停，再沿原路返回，如图6-65（a）、图6-65（b）所示。

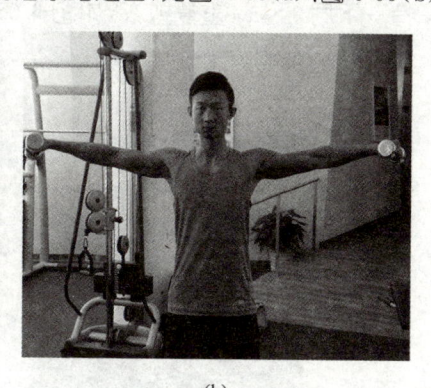

图 6-65　直臂哑铃侧平举

要点：上抬两臂时肘可微屈，不得借助外力来抬臂。

呼吸：抬臂时吸气，放下时呼气。

3. 坐姿哑铃推举

作用：这是一个发展上肢伸肌的练习，坐姿可减弱借助下肢及躯干的外力，对上肢伸肌如肱三头肌及三角肌影响较大。

做法：坐于长凳上，双手正握哑铃。举至双肩两侧掌心向前，用两腿勾住坐凳使身体坐直，双臂上举或轮换手臂上举，直至伸直，如图 6-66(a)、图 6-66(b)所示。

(a) (b)

图 6-66　坐姿哑铃推举

要点：注意哑铃要沿弧线上举和下放，通过直线的推放动作，用力点会转移到三角肌上。

呼吸：垂直向上推举哑铃时吸气，动作完成时呼气。

4. 耸肩上提哑铃

作用：发展斜方肌上部、肩胛提肌等。

做法：站立，双臂下垂于身体两侧，双手持哑铃成预备姿势。通过上提肩胛骨和锁骨上提哑铃，保持一下后，下降，重复数次，如图 6-67(a)、图 6-67(b)所示。

(a) (b)

图 6-67　耸肩上提哑铃

要点：避免强烈运动，缓慢地进行，避免下背部拱起，脊柱直立，挺胸。
呼吸：上提哑铃时吸气，还原呼气。

三、三角肌、胸锁乳突肌伸展放松

1. 坐姿颈屈伸

做法：盘坐垫上，双手十指交叉放于头后托住头，肘关节打开，成预备姿势。吸气，头稍后仰，肘关节打开，停留几个呼吸，呼气，慢慢低头，双肘向中心收，再保持几个呼吸。如图6-68(a)、图6-68(b)所示。

(a)　　　　　　　　　　(b)

图6-68　坐姿颈屈伸

要点：身体要稳定，两手施加的压力要适当。

2. 侧向颈屈伸

做法：盘坐垫上，右手手掌扣住头部右侧，呼气，头向左侧倾斜，保持几个呼吸后换另一侧做相同次数的练习，如图6-69(a)、图6-69(b)所示。

(a)　　　　　　　　　　(b)

图6-69　侧向颈屈伸

要点：身体固定，手用力不要太猛，力量要逐渐增加。

3. 站立双手交叉伸展

做法：站立，挺胸，脊柱伸展。双手在背后十指相交，随吸气，双臂抬离身体向后伸展，保持自然呼吸10～30秒，如图6-70所示。

要点：脊柱居中，双肩后旋，肩胛骨向中间收拢。此动作伸展到三角肌、肱二头肌。

4. 站立手臂十字伸展

做法：站立，将右臂横于胸前，左臂弯曲，用左前臂固定住右上臂，形成一个十字形。保持身体挺立，自然呼吸 10～30 秒，如图 6-71 所示。

图 6-70　站立双手交叉伸展　　　　图 6-71　站立手臂十字伸展

要点：脊柱居中，双肩放松。此动作伸展到三角肌后束。

第六节　健美上肢肌肉训练

人们历来都把胳膊力量的大小看作体力是否强壮的标准之一，又把胳膊的粗壮及线条清晰度为健、力、美的象征。

上肢肌主要由上臂肌和前臂肌组成。上臂肌主要包括肱二头肌、肱肌、肱三头肌和肘肌等。前臂肌群包括肱桡肌、桡侧腕屈肌、尺侧腕屈肌、桡侧腕长伸肌、桡侧腕短伸肌和尺侧腕伸肌等。肱二头肌和肱肌位于上臂前面，肱二头肌在浅层，肱肌在深层。这是上肢的主要屈肌，它的主要功能是使前臂在肘关节弯曲和旋外，以及使上臂向前臂靠拢。肱二头肌和肱肌发达了，能增加健美感，是重要的"美肌"之一。

一、上肢主要肌肉介绍

（一）肱二头肌

部位：在上臂前面。有长、短两头。

功能：近固定时，使上臂在肩关节处屈（长头）；使前臂在肘关节处屈和旋外（前臂旋外位时能充分发挥该肌力量）。远固定时，使上臂向前臂靠拢。

（二）肱三头肌

部位：在上臂后面。有三个头：长头、外侧头、内侧头。

功能：近固定时，使前臂在肘关节处伸，上臂在肩关节处伸（长头）。远固定时，使上臂在肘关节处伸。

（三）肱肌

部位：在肱二头肌的深层，为羽状肌。

功能：近固定时，使前臂在肘关节处屈（屈前臂的主要肌肉），远固定时，使上臂向前靠拢。

（四）肱桡肌

部位：肱骨外上方、桡骨远侧外侧面。

功能：近固定时，使前臂在肘关节处屈，使前臂选前或选后，还能使极度旋内或旋外的前臂调节到正中位置。

（五）桡侧腕屈肌

部位：桡骨上方，起自肱骨内髁及前臂筋膜上方，止于第二掌骨底。

功能：近固定时，屈肘、屈腕和外展腕。

（六）尺侧腕屈肌

部位：位于尺骨上的浅层肌肉。

功能：近固定时，屈腕和内收腕。

二、发展上肢肌肉的锻炼方法

（一）器械练习

1. 器械坐姿弯举

作用：发展肱二头肌、肱肌、肱桡肌等。

做法：面向器械坐下，将上臂贴放在海绵支撑垫上，双臂打开，手心向上握住握把，身体立直，成预备姿势。通过弯曲肘关节上举器械握把，还原，再重复数次，如图6-72（a）、图6-72（b）所示。

(a)　　　　　(b)

图6-72　器械坐姿弯举

要点：保持脊柱居中，缓慢运动，避免含胸和耸肩，通过肱二头肌的力量上举，而不是用手发力。

呼吸：上举时吸气，放下时呼气。

2. 吊索胸前下拉

作用：发展肱三头肌。

做法：面向拉力器站立，正手握住吊索两头，腕关节处于自然位置，手指屈曲，肘关节位于身体两侧加紧，双肩放松，脊柱居中，成预备姿势。通过伸肘关节下拉拉力器的绳索，前臂先下降至臀部，然后转向内，拇指在内侧，小指在外侧，还原重复数次，如图 6-73（a）、图 6-73（b）所示。

(a) (b)

图 6-73 吊索胸前下拉

要点：脊柱始终居中，在训练中避免含胸、肘外撇，上臂固定，与脊柱平行，动作缓慢有控制度，通过肱三头肌的力量下拉，不要让前臂停止在与地面平行的位置。

呼吸：下拉时吸气，返回时呼气。

3. 单臂低位拉力器站姿弯举

作用：发展肱二头肌、肱肌、肱桡肌。

做法：站在拉力器前侧，左手反手握住拉力器握把，腕关节保持自然状态，手指屈曲，身体挺直，双肩放松，脊柱居中，成预备姿势。通过弯曲肘关节上提拉力器，还原。重复数次后交换另外一侧，如图 6-74（a）、图 6-74（b）所示。

要点：脊柱居中，挺胸收腹，上臂固定，动作缓慢有控制度，通过肱二头肌的力量上提，不要让前臂停止在与地面平行的位置。

呼吸：上提时呼气，还原时吸气。

（二）杠铃练习

1. 杠铃双臂弯举

作用：锻炼肱二头肌和肱肌，在一定程度上锻炼到肱桡肌、旋前肌，以及腕部和手指屈肌。

(a) (b)

图 6-74　单臂低位拉力器站姿弯举

做法：两脚开立，两臂持铃下垂，掌心向前，然后屈臂将杠铃(哑铃和铃片)弯举至胸前，在慢慢还原继续做，如图 6-75(a)、图 6-75(b)所示。

(a) (b)

图 6-75　杠铃双臂弯举

要点：做动作前一定要伸直两臂，充分拉长肱二头肌；身体不要前后摆动，要完全用前臂及上臂屈肌之力慢慢将器械举起，然后再慢慢放下器械。宽握距可锻炼肱二头短头；窄握距可锻炼肱二头长头；当杠铃举起时上抬肘部，可使肱二头肌得到更好的锻炼。

呼吸：用力前吸气，放下器械时呼气。

2. 坐姿斜板弯举

作用：这是锻炼肱二头肌最好的方法之一。

做法：双手握小杠铃或 U 形杠铃，将肘关节置于斜板上做弯举动作，如图 6-76(a)、图 6-76(b)所示。

要点：肘固定，完全用肱二头肌及前臂肌群之力。注意从适度的负荷开始练习。

呼吸：用力吸气，放松还原时呼气。

3. 仰卧臂屈伸

作用：锻炼肱三头肌。

(a)   (b)

图 6-76　坐姿斜板弯举

做法：仰卧在长凳上，两手正握杠铃，上臂与地面垂直。两肘向内夹，以肘关节为轴心，前臂向头前方向下落，肘尖向上，杠铃杆（或哑铃）位于前额处，然后伸前臂将肘伸直，如图 6-77（a）、图 6-77（b）所示。

(a)   (b)

图 6-77　仰卧臂屈伸

要点：肘高抬并内夹，伸臂方向要控制在头上方。
呼吸：用力伸直前吸气，伸直后呼气。

4. 杠铃坐姿反握腕弯举

作用：发展桡侧腕屈肌、尺侧腕屈肌、掌长肌。

做法：坐姿，身体稍前倾，掌心向上反握杠铃，两手间距窄于肩宽。前臂放于大腿上，手腕位于膝关节上方，成预备姿势。让杠铃从手掌滚落于手指上，然后向上屈腕，使杠铃的重量回落于手掌上，还原，重复数次，如图 6-78（a）、图 6-78（b）所示。

要点：身体始终保持一个姿势，动作缓慢有控制度。
呼吸：自然呼吸。

5. 坐姿正握腕弯举

作用：发展桡侧腕长伸肌、桡侧腕短伸肌、尺侧腕伸肌。

做法：坐姿，身体稍前倾，掌心向下正握杠铃，两手间距窄于肩宽。前臂放于大腿上，手腕位于膝关节上方，成预备姿势。伸腕关节，抬高哑铃，还原，重复数次，如图 6-79（a）、

(a)　　　　　　　　　　　　　(b)

图 6-78　杠铃坐姿反握腕弯举

图 6-79(b)所示。

(a)　　　　　　　　　　　　　(b)

图 6-79　坐姿正握腕弯举

要点：身体始终保持一个姿势，动作缓慢有控制度。
呼吸：自然呼吸。

(三)哑铃练习

1. 哑铃颈后弯举

作用：锻炼肱三头肌。

做法：身体直立，两手正握哑铃于头后，肘高抬，上臂固定于耳侧，然后做臂屈伸动作，将哑铃等重物向上举起，直至两臂在头上伸直，注意上臂与肘要固定，上举时臂要伸直。如图 6-80(a)、图 6-80(b)所示。

要点：肘要高抬，肘尖向上，两肘夹紧，用力时不得外分或借助其他力量。
呼吸：用力时吸气，直臂后呼气。

2. 单臂哑铃颈后弯举

作用：锻炼肱三头肌。

做法：坐于训练凳上，双脚踩实地面。身体直立，左手正握哑铃于头后，肘高抬，上臂固定于耳侧，然后做臂屈伸动作，将哑铃向上举起，直至左臂在头上伸直。注意上臂与肘要固定，上举时臂要伸直，如图 6-81(a)、图 6-81(b)所示。

(a)   (b)

图 6-80 哑铃颈后弯举

(a)   (b)

图 6-81 单臂哑铃颈后弯举

要点：肘要高抬，肘尖向上，两肘夹紧，用力时不得外分或借助其他力量。

呼吸：用力时吸气，直臂后呼气。

3. 坐姿哑铃单臂屈伸

作用：锻炼肱三头肌。

做法：坐姿，挺胸收腹，一手撑体侧，另一手屈肘正握哑铃，置于头颈后，上臂贴紧耳侧，以肘关节为轴用力将其推起，然后慢慢屈肘，肘尖向上，待手触肩时立即向上用力伸直，如图 6-82(a)、图 6-82(b) 所示。

要点：上臂与肘关节要固定，上举时臂要伸直。

呼吸：前臂伸直吸气，屈肘下落呼气。

4. 跪立臂屈伸

作用：发展肱三头肌。

做法：左腿跪立于长凳上，用同侧手臂支撑身体，保持脊柱居中，用右手持哑铃，伸展肩关节使上臂与地面平行，屈肘，成预备姿势。伸直前臂，还原重复数次，如图 6-83(a)、图 6-83(b)所示。

图 6-82 坐姿哑铃单臂屈伸

图 6-83 跪立臂屈伸

要点：腰背挺直，避免肘关节下垂或外展，避免含胸和肩关节下垂，动作缓慢进行。
呼吸：伸直手臂呼气，弯曲手臂吸气。

5. 坐姿哑铃斜板弯举
作用：发展肱二头肌。
做法：单手握哑铃，将肘关节置于斜板上做弯举动作，如图 6-84(a)、图 6-84(b)所示。
要点：肘固定，完全用肱二头肌及前臂肌群之力。注意从适度的负荷开始练习。
呼吸：用力吸气，放松还原时呼气。

（四）徒手练习

1. 仰姿反屈伸
作用：发展肱三头肌以及三角肌前部、胸大肌。
做法：将双手置于长凳边缘，脚置于地面，双肩放松，双臂自然伸展，臀下沉，成预备姿势。弯曲双肘，使躯干下降至上臂与地面平行，还原，重复数次，如图 6-85(a)、图 6-85(b)所示。
要点：尽量保持躯干挺直，脊柱居中，避免含胸耸肩，避免躯干过度下降，保护肩关节，

(a)   (b)

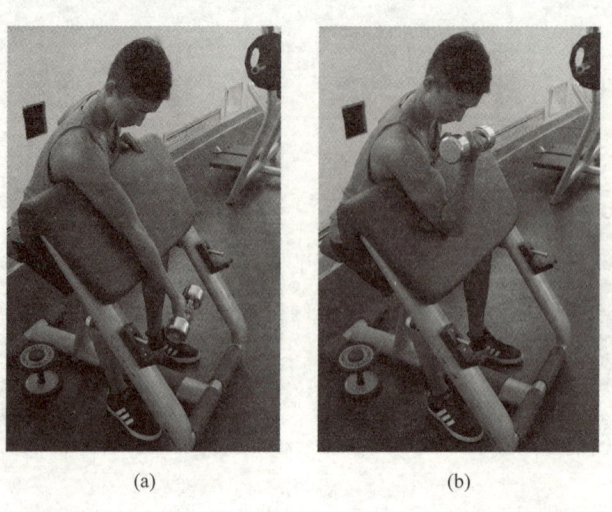

图 6-84 坐姿哑铃斜板弯举

(a)   (b)

图 6-85 仰姿反屈伸

使躯干降至上臂与地面平行即可。避免肘外撇,肘尖朝后。

呼吸:身体下降时吸气,抬高身体时呼气。

2. 平板支撑

作用:发展双臂力量、腹直肌,腰背部肌群。

做法:跪在垫子上,双臂和双腿与地面垂直,双手打开,与肩同宽,然后慢慢将双腿向后伸展直到伸直,双脚并拢,脚趾支撑触地。此时身体像一个板子一样,不要有凹陷的地方。保持数秒后还原跪姿,如图 6-86 所示。

图 6-86 平板支撑

要点：不要弓背，保持骨盆的中立，脊柱挺直。挺胸双肩下沉。
呼吸：停留时自然呼吸。

三、肱二头肌、肱三头肌、前臂肌的伸展

1. 站立曲臂伸展

做法：小弓步站立于墙壁或门框一侧，挺胸收腹，被伸展的一侧手臂弯曲成 90°，将小臂贴于墙壁表面或门框一侧，手心朝前，大臂与肩在一水平面上，准备好后随呼气身体向另一侧微微扭转。牵拉胸部肌肉至中等紧张程度，并配合自然呼吸保持 10~30 秒。换对侧手臂，重复上述动作，如图 6-87 所示。

要点：身体挺直，被伸展一侧手臂固定，肩部保持水平，由腰部带动身体轻微扭转。此动作伸展到三角肌前束。

2. 站立双手交叉伸展

做法：站立，挺胸，脊柱伸展。双手在背后十指相交，随吸气，双臂抬离身体向后伸展，保持自然呼吸 10~30 秒，如图 6-88 所示。

图 6-87 站立曲臂伸展　　图 6-88 站立双手交叉伸展

要点：脊柱居中，双肩后旋，肩胛骨向中间收拢。此动作伸展到三角肌、肱二头肌肌。

3. 站立手臂十字伸展

做法：站立，将右臂横于胸前，左臂弯曲，用左前臂固定住右上臂，形成一个十字形。保持身体挺立，自然呼吸 10~30 秒，如图 6-89 所示。

要点：脊柱居中，双肩放松，此动作伸展到三角肌后束。

4. 站立上举曲臂伸展

做法：站立，举双臂向上，左臂弯曲，使肘关节指向上方，左前臂自然放于头后，右手固定住左肘关节，向右侧拉引，使左肱三头肌得到最大限度的伸展。保持 10~30 秒，自然呼吸，如图 6-90 所示。此动作伸展到肱三头肌。

要点：脊柱居中，双肩展开，收腹挺胸，肩胛骨下沉。

图 6-89　站立手臂十字伸展　　　　　图 6-90　站立上举曲臂伸展

5. 站立曲臂侧弯

做法：站立，将右臂贴近耳侧，上举再弯曲，使肘关节向上，右手扣住头部左侧，随呼气身体像左侧侧弯，保持 10～30 秒后还原，交换另一侧，如图 6-91 所示。

要点：脊柱正直，肘关节外展向上，挺胸收腹。

6. 站立单臂伸展

做法：双臂前平举，翻转右臂，使手心向外，手指向下（或向上），左臂伸直，左手握住右手手指向后拉伸，保持 10～30 秒。然后交换另一侧手臂，如图 6-92(a)、图 6-92(b)所示。

(a)　　　　　　　(b)

图 6-91　站立曲臂侧弯　　　　　图 6-92　站立单臂伸展

要点：手臂伸直，双肩放松。

第七节 健美下肢肌肉训练

腿是人体的支柱,人的一切活动都离不开双腿,线条流畅的双腿不仅是健美体格的基础,而且是维持运动和生命活力的有力保障。一般从健美健身角度来审视健美的大腿应该是股四头肌健壮有力,结实丰满,以肌肉线条清晰为美,小腿则是以腿肚子呈纺锤形为美,突鼓适中为宜。双腿过细会给人一种乏力、弱不禁风的感觉,腿过粗会给人比例失衡、行动不便的错觉,因此,要想达到双腿既苗条修长又结实健硕,就应该积极参加健身健美锻炼。

下肢肌主要有臀大肌、股二头肌、半腱肌、大收肌、股四头肌、小腿三头肌和比目鱼肌群等。

一、下肢主要肌肉介绍

(一)臀大肌

部位:在骨盆正后位外侧面臀部皮下。

功能:近固定时,使大腿在髋关节处伸和旋外;肌肉上半部收缩可使大腿外展、下半部收缩可使大腿内收。远固定时,一侧收缩,使骨盆转向对侧。两侧同时收缩使骨盆后倾,并使躯干后伸,维持身体站立的平衡。

(二)股二头肌

部位:在大腿后面外侧,有长、短两个头。

功能:近固定时,使小腿在膝关节处屈和旋外,还可使大腿后伸(长头)。远固定时,两侧收缩,使骨盆后倾。

(三)股四头肌

部位:大腿前面,有四个头。

功能:近固定时,股直肌收缩,使大腿在髋关节处屈。股四头肌整体收缩,使小腿在膝关节处伸。远固定时,股四头肌收缩,使大腿在膝关节处伸,牵拉股骨向前,以维持人体直立姿势。

(四)半腱肌和半膜肌

1. 半腱肌

部位:在大腿后面内侧(肌腱占肌长的下半)。

功能:半腱肌功能与半膜肌相同。

2. 半膜肌

部位:在半腱肌深面(肌膜占肌长的上半)。

功能:(半腱肌和半膜肌)近固定时,使小腿在膝关节处屈和旋内。还可使大腿后伸。远固定时,两侧收缩,使骨盆后倾。

（五）大收肌

部位：在大腿内侧深层。

功能：近固定时，使大腿在髋关节处内收、后伸和旋外。远固定时，一侧收缩，使骨盆向侧倾，两侧同时收缩，使骨盆后倾。

（六）小腿三头肌

部位：在小腿后面。由浅层的腓肠肌和深层的比目鱼肌组成。

功能：近固定时，小腿三头肌整体收缩，使足在踝关节处屈；腓肠肌收缩使小腿在膝关节处屈。远固定时，小腿三头肌整体收缩，拉动股骨下端和胫骨，腓骨上端，使膝关节伸直，协同维持人体直立。

二、发展下肢肌肉群的锻炼方法

（一）器械练习

1. 仰卧腿屈伸

作用：发展臀大肌、腘绳肌、股四头肌等。

做法：坐在训练器械上，背部贴紧靠椅背，双脚置于平台上，两脚间距与肩同宽，调整座椅与平台的距离，膝关节微屈，脚放平，双腿支撑重力，成预备姿势。通过屈髋关节和膝关节使重物平台下降，直至膝关节屈曲90°，还原重复数次，如图6-93(a)、图6-93(b)所示。

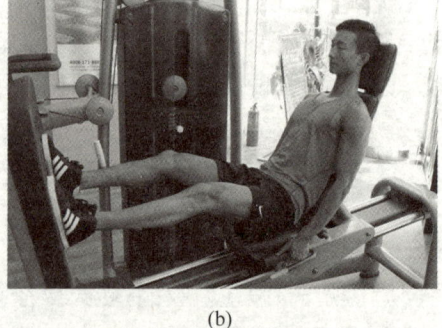

(a)　　　　　　　　　　(b)

图6-93　仰卧腿屈伸

要点：避免强烈运动，缓慢进行，有控制度。在练习时下背部置于后垫上，背部支撑的角度按需要调整，保持身体平衡，使脊柱居中，挺胸，保证双膝位于两脚尖连线的垂直线上。

呼吸：屈膝时吸气，伸直时呼气。

2. 坐姿腿屈伸

作用：此动作是对股四头肌最好的训练方法。

做法：坐于器械凳上，将小腿固定于海绵滚轴后侧，双手扶握于座椅两侧的扶手上，使身体保持稳定，屈膝，脚背勾住海绵滚轴，根据自身的力量增加阻力，抬腿至与地面平行时保持2~3秒，然后回落，重复练习数次，如图6-94(a)、图6-94(b)所示。

要点：双手始终握住扶手，身体固定，不要随动作前后摆动，调整好海绵滚轴的高度。

(a)   (b)

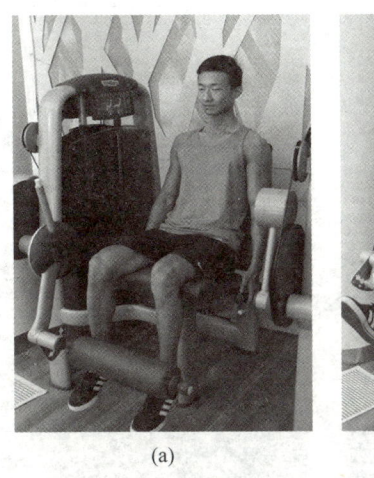

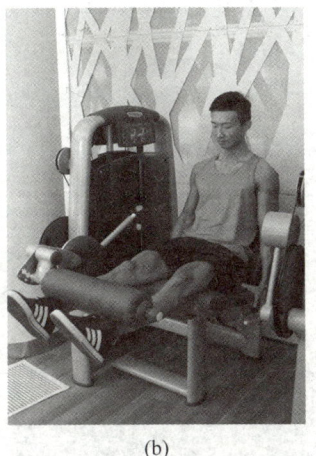

图 6-94　坐姿腿屈伸

呼吸：抬腿至地面平行时吸气，动作完成时呼气。

3. 器械腿内收

作用：发展大腿内收肌群。

做法：坐在器械练习机上，两腿打开紧贴于垫板上，身体坐直，挺胸，保持身体平直，调整好两腿展开的角度，双手握住练习机的握把，成预备姿势。通过两腿用力内收，使垫板靠拢，保持片刻后还原，重复数次，如图 6-95（a）、图 6-95（b）所示。

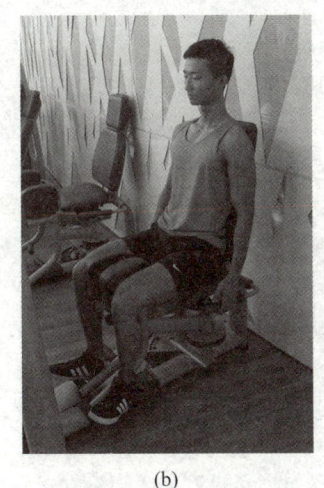

(a)   (b)

图 6-95　器械腿内收

要点：动作缓慢，有一定的阻力，通过大腿内收肌用力，收腹挺胸。

呼吸：内收时呼气，打开时吸气。

4. 器械腿外展

作用：发展臀中肌、臀小肌。

做法：坐在器械练习机上，两腿并拢紧贴于垫板上，身体坐直，挺胸，保持身体平直，调整好适度的阻力,双手握住练习机的握把,成预备姿势。通过用力使两腿分开,坚持片刻,还原,重复数次,如图6-96(a)、图6-96(b)所示。

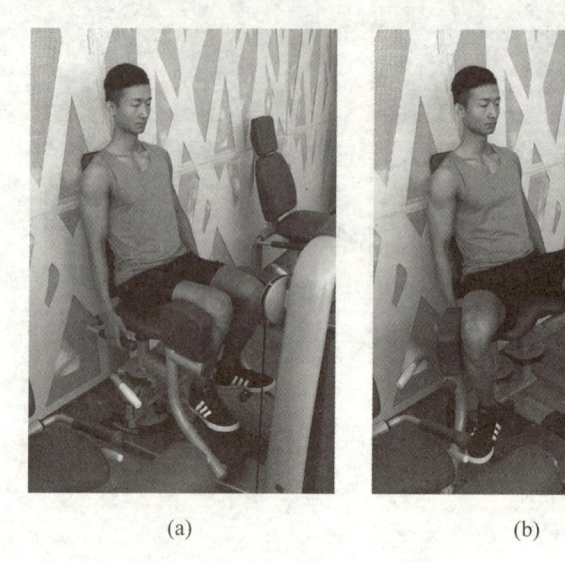

(a) (b)

图 6-96 器械腿外展

要点:动作缓慢进行,当髋关节外展时,避免弓背,用臀部肌群的力量使双腿外展,而不要用膝盖和脚的力量。

呼吸:外展时吸气,收回时呼气。

5. 拉力器单腿外展

作用:发展臀肌。

做法:站于拉力器一侧,将右脚脚踝与拉力器相连,慢慢将重心落于左腿上,左手可扶在拉力架上,右手叉腰,保持身体平衡,脊柱居中,成预备姿势。通过右腿向外展开到最大角度,还原,重复数次后交换右侧练习,如图6-97(a)、图6-97(b)所示。

(a) (b)

图 6-97 拉力器单腿外展

要点：动作缓慢进行，重心落在支撑腿上，打开时身体不要左右摆动。

呼吸：外展时吸气，还原时呼气。

6. 拉力器单腿内收

作用：发展大腿内收肌群。

做法：站于拉力器一侧，将右脚脚踝与拉力器相连，慢慢将重心落于左腿上，右手可扶在拉力架上，左手叉腰，保持身体平衡，脊柱居中，成预备姿势。通过右腿向左侧内收，还原，重复数次后交换左侧练习，如图 6-98(a)、图 6-98(b)所示。

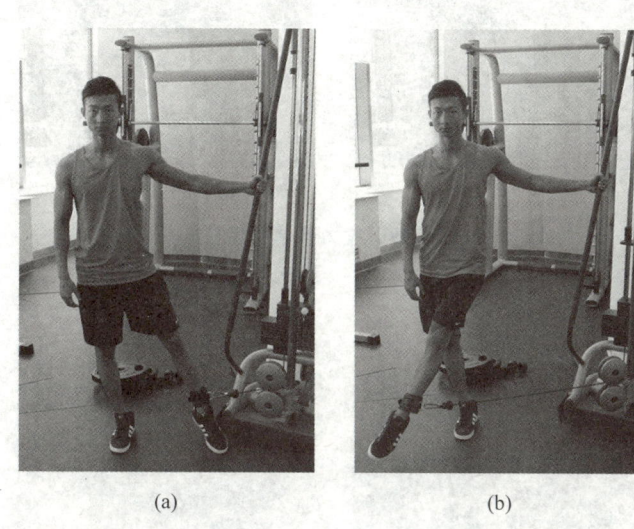

(a)　　　　(b)

图 6-98　拉力器单腿内收

要点：动作缓慢进行，重心落在支撑腿上，内收时身体不要左右摆动。

呼吸：内收时吸气，还原时呼气。

7. 拉力器单腿后拉

作用：发展臀大肌、股二头肌。

做法：面向拉力器站立，将右脚脚踝与拉力器相连，慢慢将重心落于左腿上，右手可扶在拉力架上，左手叉腰，保持身体平衡，脊柱居中，成预备姿势。通过右腿向正后方抬起，保持片刻，还原，重复数次后交换左侧练习，如图 6-99(a)、图 6-99(b)所示。

要点：动作缓慢进行，重心落在支撑腿上，后抬腿时身体不要前后摆动，臀大肌只能使髋关节向后伸展 10°～15°。

呼吸：后抬腿时呼气，还原时吸气。

8. 器械后提腿

作用：发展臀大肌。

做法：站于器械上，双手握住扶手，将左腿后侧贴于阻力垫上，身体立直，收腹，挺胸，成预备姿势。慢慢向后抬高左腿，达到最大抬腿幅度后，再慢慢收回。重复数次后交换另外一条腿，如图 6-100(a)、图 6-100(b)所示。

要点：向后抬腿时，身体直立，不要前探。

呼吸：抬腿时吸气，还原呼气。

(a)   (b)

图 6-99　拉力器单腿后拉

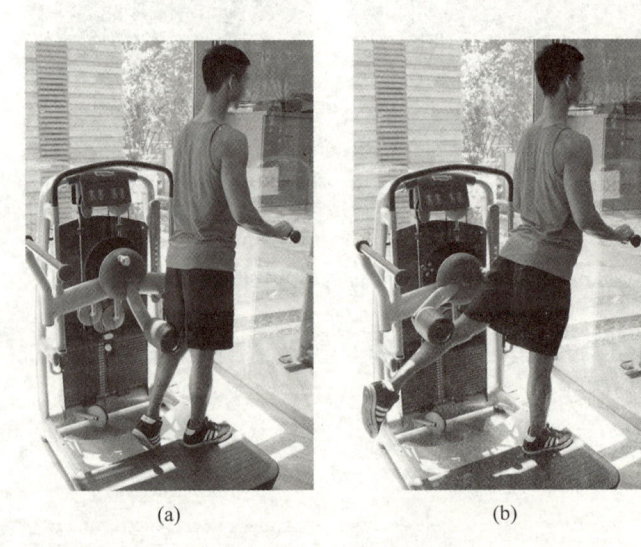

(a)   (b)

图 6-100　器械后提腿

（二）杠铃练习

1. 杠铃蹲起（前蹲、深蹲、半蹲、静蹲等）

作用：以上蹲起练习，虽然动作不大相同，但均能发展股四头肌、腰背伸肌、股后肌群以及小腿三头肌。前蹲对发展上背部肌肉和股四头肌前段（膝部）效果更好些；而后蹲对腰背肌及股四头肌末端（近臂处）影响更大；深蹲对股四头肌锻炼效果好，而膝角在135°以上则主要锻炼腰背伸肌和股后肌群。

做法：将杠铃放在胸前坐下蹲后起立称为前蹲。前蹲时，两手握住放在深蹲架上的杠铃，屈肘将杠铃放在锁骨上，然后负铃向前走两步，离开深蹲架后保持挺胸直腰姿势慢慢下蹲（两腿可采取侧分或并腿）至大小腿夹角小于90°后再起立。

将杠铃放置颈后，慢慢下蹲后起立，叫后蹲；坐在凳上，而后站立起来，叫坐蹲；下蹲至大小腿夹角90°后起立,叫半蹲,从直立位置慢慢超负荷下蹲而后借助外力(保护者的帮助)站起叫退让蹲。两腿分开约与肩同宽,做时要挺起胸部,收紧腰部。负铃下蹲时到一定位置(135°或90°),膝角固定不动6~8秒叫静蹲,它通过肌肉的等长工作,不断提高肌肉的张力而发展力量,如图6-101(a)、图6-101(b)所示。

(a)　　　(b)

图6-101　杠铃蹲起

要点:练习时,要记住下面两句话"抬头挺胸腰收紧,慢慢下蹲快起立"。这样做效果更好,并能防止受伤。

呼吸:随目标肌肉收缩时呼气,伸展时吸气。

2. 杠铃箭步蹲

作用:主要发展臀大肌,锻炼股四头肌和屈髋肌等。

做法:两脚开立与肩同宽,用斜方肌上部支撑杠铃,向前迈进一步,使前腿的膝与脚垂直,后腿尽量向后,上提足跟。上体保持直立,然后屈膝下压至能承受的深度(约90°)使身体缓慢下降,后腿膝部几乎接触地面,即伸直两腿,重复数次后收回两腿。交换另一侧练习,如图6-102(a)、图6-102(b)所示。

(a)　　　(b)

图6-102　杠铃箭步蹲

要点：向前跨步时，身体重心集中在前腿，膝盖弯曲不要内扣，前腿弯曲成 90°，不要使膝盖头超过脚趾尖。保持身体直立，脊柱居中，如果屈髋肌过于紧张，腰部会出现代偿。挺胸不要弓背。

呼吸：各种下蹲方式不同，但呼吸方法相同，即做前后深呼吸几次；下蹲时呼气，收回时吸气，完成动作后调整呼吸。

3. 杠铃负重提踵

作用：发展小腿后部肌群，主要发展腓肠肌、比目鱼肌。

做法：肩扛杠铃，站于史密斯架下，然后做直膝提踵动作，可连续做，如图 6-103（a）、图 6-103（b）所示。

图 6-103　杠铃负重提踵

要点：做提踵时应特别注意身体重心不要在做前有意前移，因为这样练习很容易，但效果极差。

呼吸：自然呼吸。

（三）哑铃练习

1. 负重提踵

作用：发展小腿后部肌群，主要发展腓肠肌、比目鱼肌。

做法：手持哑铃，足趾下可垫木板或铃片，然后做直膝提踵动作，可连续做，如图 6-104（a）、图 6-104（b）所示。

要点：做提踵时应特别注意身体重心不要在做前有意前移，因为这样练习很容易，但效果极差。

呼吸：自然呼吸。

2. 哑铃蹲跳

作用：发展小腿三头肌。

做法：练习者全蹲后，双手握住哑铃片，然后伸膝、展体，最后屈足，使身体垂直向上跳起，如图 6-105（a）、图 6-105（b）所示。

要点：预备姿势要做到二直（臂直、腰直）；跳起时要做到三直（髋部、膝部、踝部充分伸直）。

(a)   (b)

图 6-104　负重提踵

(a)   (b)

图 6-105　哑铃蹲跳

呼吸：用力蹬冲时吸气，下蹲时呼气。

3. 哑铃箭步蹲

动作与杠铃相同。

三、下肢肌的静力性伸展

（一）臀大肌的伸展

1. 仰卧单侧屈腿伸展

做法：仰卧在垫子上，身体正直，目视上方，将左腿弯曲双手抱住左膝，保持右腿伸直，右脚脚趾指向上方。随呼气，双臂用力下压，将左大腿贴近身体，使臀大肌得到充分伸展。保持 10~30 秒，还原，交换另一侧，如图 6-106 所示。

要点：脊柱居中，伸直侧腿放松，弯曲侧大腿贴近胸部。

图 6-106 仰卧单侧屈腿伸展

2. 站立单侧屈腿伸展

做法：手扶墙或手扶把杆站立，弯曲双膝，将左脚踝放于右大腿上，挺直腰背，随屈膝下沉，臀部向后推，身体保持直立，停留 10～30 秒后交换另一侧，如图 6-107（a）、图 6-107（b）所示。

(a) (b)

图 6-107 站立单侧屈腿伸展

要点：收腹，保持身体稳定，背伸展，骨盆保持中立。

3. 仰卧双腿十字屈伸展

做法：仰卧，弯曲右膝，将右脚踝放于左大腿上，然后弯曲左膝，右手从右腿空隙中穿过与左手相抱于左腿，上体贴靠垫子不抬起，随呼气双臂弯曲拉动左腿接近身体，以带动右侧臀部得到充分伸展。保持 10～30 秒后交换另一侧，如图 6-108 所示。

要点：脊柱居中，不用抬头，双手有意识地按压左膝向下，可以更好地拉伸臀大肌。

（二）髂腰肌的伸展

1. 站立弓步伸展

做法：成左腿弓步，右腿向后伸展，将右膝贴地，身体直立，挺胸收腹，保持这个姿势，在不改变膝盖位置的情况下，将髋前部下压，直到产生拉伸感。保持 10～30 秒后再交换另一侧，如图 6-109 所示。

图 6-108 仰卧双腿十字屈伸展　　图 6-109 站立弓步伸展

要点：左膝弯曲膝盖头不要超过脚趾尖，髋关节摆正，挺胸目视前方。

2. 侧卧屈膝伸展

做法：成左侧卧，弯曲右膝，右手从身后握住右脚，左臂和左腿伸展，保持身体平衡，同时髋关节向前顶。看似像单侧的侧弓式。保持 10～30 秒，还原仰卧，再交换另一侧练习，如图 6-110 所示。

图 6-110 侧卧屈膝伸展

要点：侧卧式有些难度，需要练习者有一定的平衡感，下面的手臂与身体可以成 100°，起到支撑和稳定身体的作用。

（三）股四头肌的伸展

1. 站立单腿屈伸展

做法：背对把杆站立，右手把杆，身体直立，腹部微收，重心移向右脚，向后弯曲左膝，将左脚面放在把杆上，身体慢慢向后使左脚尽量贴近左侧臀部，以便充分伸展大腿前侧。保持姿势 10～30 秒，然后交换另一侧，如图 6-111 所示。

要点：站立时身体贴近把杆，脊柱居中，保持左膝垂直于地面。

2. 跪姿单腿屈伸

做法：成左弓步，将右膝触地。身体直立，弯曲右膝，使右手握住右脚踝，随呼气，髋关节向前伸展，使右大腿得到充分伸展。保持 10～30 秒，还原，交换另外一侧练习，如图 6-112 所示。

要点：左膝弯曲不要超出左脚脚趾间，身体挺立，不要含胸弓背，骨盆保持中立。

图 6-111　站立单腿屈伸展　　　　　　　　图 6-112　跪姿单腿屈伸

（四）腘绳肌的伸展

1. 坐姿单腿伸展

做法：坐姿，双腿伸展，折叠左腿，将左脚抵在右大腿根部，身体以髋关节为轴，向前俯身，使双手碰触右脚，最终尝试让身体贴近右腿。保持 10～30 秒，还原，交换另一侧练习，如图 6-113 所示。

图 6-113　坐姿单腿伸展

要点：向前俯身时体会身体是从腹部开始贴近大腿，然后是胸部、头部依次贴近大腿。避免弓背含胸。

2. 仰卧单侧举腿

做法：仰卧，脊柱正直。随吸气抬起右腿，双手抱住右腿后侧，勾起右脚，尽量保持右膝伸直，随呼气让右腿向身体方向靠近，保持 10～30 秒，还原，交换另一侧练习，如图 6-114 所示。

要点：双腿伸直，上身不要离地，被伸展侧腿要尽量伸直。

图 6-114 仰卧单侧举腿

3. 坐姿双腿伸展

做法：坐姿，双腿并拢向前伸展，先使身体直立，与腿成 90°，然后随呼气，双臂带引身体向前俯身，尝试双手触脚，向前弯曲时身体以髋关节为轴，向前俯身，最终尝试让身体贴近双腿，保持 10～30 秒，还原，交换另一侧练习，如图 6-115 所示。

要点：向前俯身时体会身体是从腹部开始贴近大腿，然后是胸部、头部依次贴近大腿。避免弓背含胸。

4. 站立腹背伸展

做法：站立，双脚与肩同宽或是略大于肩。身体以髋关节为轴，向前向下俯身，双臂自然伸展下垂，尝试双手触地，保持 10～30 秒，还原，如图 6-116 所示。

图 6-115 坐姿双腿伸展

图 6-116 站立腹背伸展

要点：尽量保持背伸展，不要弓背。以髋关节为轴，可以更好地伸展到腘绳肌。

（五）小腿三头肌的伸展

1. 勾脚伸展

做法：面向墙壁，双手扶墙，勾起右脚，将右脚脚尖贴住墙壁，身体慢慢向前倾斜，将重心移向右脚，身体会随着重心前移，腿部后侧的拉伸越明显，保持 10～30 秒，还原，交换另一侧练习,如图 6-117 所示。

要点:身体直立向上,双腿伸直。

2. 弓步伸展

做法:站立,右膝弯曲,左腿向后伸展,成右脚弓步。左脚脚后跟踩实地面,绷紧左膝,身体尽量向上挺直,保持 10~30 秒,还原,交换另一侧练习,如图 6-118 所示。

图 6-117　勾脚伸展　　　　　　　　图 6-118　弓步伸展

要点:左脚脚后跟不要离地,身体挺直向上,骨盆摆正。

思考与练习

1. 发展健美胸部肌群的练习方法有哪些?
2. 发展健美背部的练习方法有哪些?
3. 肩颈部都有哪些肌肉?该怎么练习?
4. 下肢都有哪些主要的肌群?名称是什么?怎么伸展?

第七章

健身健美课程教学计划书

章前导言

本章介绍了健身健美运动计划制定的一些前提及原则,以及基本的要素和内容;按年、月、周、日的时间为例,说明了制订计划的内容要求;以课计划为例,按大学体育课程教案的形式向练习者介绍了10次健身健美课的练习方法。

第一节 教 学 大 纲

一、课程基本情况

课程基本情况见表7-1。

表7-1 课程基本情况

课程代码			
课程名称	健身健美 Fitness bodybuilding		
课程类别	公共体育课		
课程性质	□核心 □必修 ☑选修 □限选		
学分	2	执行学期	1~4
课程学时 及其分配	总学时 32	学时分配	
^	^	讲授	4
^	^	实践	28
开课单位	高等院校		
适用专业	全校所有专业		
授课语言	中文		
考核比例	理论成绩10%,平时成绩20%,期末测评70%		
考核方式	综合评分		
考核内容	根据教学内容分别进行技术和平时学习态度等方面		

续表

课程代码	
教材及参考书	《大学生健身健美(第2版)》
制定人及制定时间	

二、课程性质与作用

本大纲根据 2021 年印发《体育与健康教学改革指导纲要(试行)》、2022 年教育部发布《义务教育体育与健康课程标准》的相关指示,结合高校健身健美教学资源及新时代大学生的实际情况制定。高校健身健美课程作为一门选修课,它是一项融健美操、力量健身、瑜伽、普拉提为一体,以健、力、美为特征的体育课程。目的在于通过学习健身健美的锻炼方法,促进学生身心健康,改善体形,纠正姿态,保持良好的精神面貌。

课程基于学生身体素质和爱好特长,遵循人体的体适能适应规律,先形体后器械、先整体后分类、先基础后提高的顺序有效组织教学,使学生先掌握科学锻炼的基本知识、技能,逐渐养成良好锻炼习惯,提高身体控制能力,再有针对性地培养,学会根据个人爱好和运动能力制定运动处方有效促进科学健身,达到提升运动能力、提高健康意识。

本课程在全民健身、体教融合、体育思政的教育理念下,注重知识和能力的联合培养,采用理论传授、多媒体演示、线上线下相结合的教学方式,课堂中通过学生的自评、互评的方式提高学生的主动性、积极性,让学生通过体育锻炼享受乐趣、增强体质、健全人格、锤炼意志,形成自觉锻炼、自主锻炼的意识,培养学生终身锻炼的良好习惯和健康的生活方式。

三、教学目标与要求

(1) 使学生了解和掌握健身健美的基本知识、基本技术和基本技能,全面提高身体素质。

(2) 使学生掌握健身健美训练的方法,培养锻炼的兴趣,体验锻炼的快乐,形成运动爱好,养成终身锻炼的习惯。

(3) 促进健康、矫正畸形、改善体态、修塑形体、减少多余脂肪。

(4) 增强力量、耐力,提高生理机能,均衡全身肌肉。

四、课程培养标准

课程培养标准见表 7-2。

表 7-2　课程培养标准

一级指标	二级指标	三级指标	达标要求		
			了解	掌握	提高
1　知识	1.1　基础知识	1.1.1　健身健美的理论知识	√		
		1.1.2　健身健美基本技术		√	
		1.1.3　健身健美测量及评定方法		√	

续表

一级指标	二级指标	三级指标	达标要求		
			了解	掌握	提高
2 能力	2.1 运动能力	2.1.1 健与美的欣赏能力			√
		2.1.2 自我练习及指导的能力		√	
		2.1.3 健身健美的运动技术能力		√	
		2.1.4 运动中保护与自我保护能力		√	
	2.2 个人能力	2.2.1 团队协作能力			√
		2.2.2 交流与沟通能力			√
		2.2.3 综合艺术的能力			√
3 素质	3.1 运动素质	3.1.1 健身健美相关知识素质	√		
		3.1.2 身体素质(力量、耐力、灵敏)			√
		3.1.3 心理素质(顽强、坚韧、进取、自信)			√
		3.1.4 健身健美审美素质			√
	3.2 体育思政	3.2.1 文明意识			√
		3.2.2 竞争意识			√
		3.2.3 团队互助意识			√

五、教学内容安排

教学内容安排见表7-3。

表7-3 教学内容安排

第1周	第2周	第3周	第4周
基本技术练习(实践) 重点：熟悉健身房器材与训练安全事项	1. 课程介绍及健与美欣赏 2. 人体肌肉系统概述 3. 常用术语与运动损伤处理(讲授)	健身健美的指导方法、测量及评定(实践) 重点：沟通与交流、文明竞争与团队协作意识	抗阻训练(实践) 重点：指导、技术练习
第5周	**第6周**	**第7周**	**第8周**
健身健美相关知识素质及抗阻训练基本原则(讲授)	抗阻训练(实践) 重点：技术练习、指导、测量及评定	专项训练1：胸部肌肉(实践) 重点：技术练习、指导、测量及评定	专项训练2：背部肌肉(实践) 重点：指导、技术练习、测量及评定
第9周	**第10周**	**第11周**	**第12周**
专项训练3：腰腹部肌肉(实践) 重点：指导、技术练习、测量及评定	专项训练4：肩颈部肌肉(实践) 重点：指导、技术练习、测量及评定	专项训练5：上肢肌肉(实践) 重点：指导、技术练习、测量及评定	专项训练6：下肢肌肉(实践) 重点：指导、技术练习、测量及评定
第13周	**第14周**	**第15周**	**第16周**
小组练习,准备期末考试内容	理论考试	期末考试 分5人小组合作,基于假设测评数据(由老师指定分配)制订一套适合的全身健身训练计划并展示,同时提出训练指导	

第二节　健身健美课程计划制订方法

一、健身健美运动计划的概念

　　运动计划也称运动处方，是以提高身体体能、促进身心健康、预防运动缺乏症为目的，针对个人的身体情况而制订的一种科学的、定量化的周期性运动锻炼方案。即根据锻炼者的身体状况、体能水平及运动目的而确定适当的运动方式、强度、频率及时间，使锻炼者进行有计划的周期性运动的指导方案。

　　制订运动计划是健身健美运动中不可缺少的重要环节。制订系统而周密的运动计划是锻炼目标和锻炼任务得以实施的前提，也是健身者避免锻炼的盲目性和随意性，以及保证身体全面健康发展的必备条件。

　　众所周知，运动健身对增强身体体适能、预防疾病和提高身体健康等有很好的作用。但在健身健美运动中，运动强度、运动量及运动项目需因人而异，设定具体内容。因此，在健身健美课中应根据学生的身体情况制订初、中、高级的不同的运动计划，以达到最佳的运动效果。另外，锻炼的频率、间隔、强度、时间、运动形式、持续周期等都可以通过运动计划来实现。

二、健身健美运动计划制订的前提和原则

（一）制订运动计划的前提

（1）在进行计划制订前应在医生或专业人士的指导下进行身体健康测试和评估。
（2）在健身教练的指导下可以进一步对身体进行体能测试和评估。
（3）在了解了身体和体能情况后，再进一步明确健身的目标，如是强身健体、减脂塑形、强壮体魄或是健美体格等目标的锻炼。
（4）落实锻炼的环境，根据健身场地现有条件制订计划，如器械是否齐全、场地是否便利等。

（二）健身健美运动计划的原则

1. 有效性原则

运动计划的制订和实施应使锻炼者的体适能水平和健康状况有所改善。

2. 安全性原则

运动计划的实施过程中，应保证在安全的范围内进行，不要超出安全的界限，否则，可能发生危险。

3. 全面性原则

运动计划应遵循全面发展身心健康的原则，在运动计划的制订和实施中，应注意维持人体生理和心理的平衡，以达到"全面发展身心健康"的目的。

三、健身健美运动计划的基本要素和内容

（一）制订运动计划的基本要素

健身健美运动计划的基本要素包括运动目的、运动频率、运动强度、运动时间、运动类型

等。其中，运动频率、运动强度、运动时间、运动类型被称为运动计划的四要素。

1. 运动目的

由于个体差异，所以应根据不同的身体情况确定锻炼的目标即运动目的。运动目的具有主观和客观的双重性。主观性表现为运动意向、愿望和兴趣，是以情绪为核心的主观意愿需要。而客观性则更多的是由于健康状况、疾病程度等身体客观情况产生的需求，把运动作为满足机体健康需要的一种手段。

2. 运动频率

运动频率是指每周运动的次数。运动频率是制订运动计划的一个非常重要的环节。运动频率可直接影响运动的实施及运动效果。运动效果是在每次运动对人体产生的良性作用的积累中显示出来的，是一个量变到质变的过程，所以，要根据不同的运动目的按一定的周期来实施运动计划，控制好运动的频率，即不可过度练习，如在一次运动后，运动对机体的良性作用还未出现（也就是前一次运动的疲劳尚未消除）紧接着进行第二次运动，则会造成疲劳蓄积，严重的还会造成运动损伤。

另外，也不可运动频率过低，这样运动效果会减弱，即无法达到运动目的。因此，正确的设定运动频率，要根据运动目的和身体情况的不同而区别对待。

3. 运动强度

运动强度是指人体运动中单位时间移动的距离、速度或肌肉单位时间内所做的功。在运动计划中运动强度是决定运动量最主要的因素，也是运动计划四要素中最重要的一个因素，是运动计划定量化和科学性的核心问题。运动强度是否恰当，关系到锻炼的效果及锻炼者的安全。

4. 运动时间

在运动的过程中，每次持续运动的时间即运动时间，在持续的周期性运动中，运动时间与运动强度相乘就是运动量。因此，运动时间根据负荷强度而发生变化。在运动强度确定后，持续该强度的运动时间就成为影响锻炼效果的重要因素。运动时间过短，对机体的良性作用程度弱，达不到应有的效果。反之，运动时间过长，有可能超过机体的承受能力，造成疲劳累积而损害身体。

因此，确定运动时间应根据运动目的及运动强度来设定能引起机体产生最佳效果的运动时间，即必要的运动时间。

5. 运动类型

运动类型又称运动形式、运动类别，它关系着运动计划的性质。为了达到身体全面锻炼的效果，应依据运动目的来选择适当的运动类型。健身健美运动包括有氧运动、抗阻训练、伸展练习三种主要运动类型。例如，为了提高心肺耐力，一般选择有氧运动；为了增强肌肉力量和耐力，可采用抗阻训练；为了改善柔韧性，可进行伸展性练习。

（二）制订运动计划的内容

健身健美锻炼的运动计划一般有多年计划、年计划、阶段计划、周计划和课计划五种，这五种计划是相互联系的有机统一体。

1. 多年计划

多年计划一般是两年以上的锻炼计划，是对未来两年的一个大致的运动规划。多年计划不是一个具体的内容,而是对于身体锻炼程度、基本体能素质、思想作风等方面发展的总设想、总目标、总任务。主要内容如下。

(1) 对练习者的基本情况进行分析,然后根据练习者的实际情况制订基本设想和要达到的总体目标。
(2) 按初级阶段、中级阶段、高级阶段安排各阶段大概的时间和任务。
(3) 完成各阶段任务和指标的基本途径和实施方案。
(4) 各种训练内容和运动量的大体安排。
(5) 各年度效果评价及完成总体指标数的要求。

2. 年计划

年计划是根据多年计划中规定的年度任务和指标等内容而定的,它是训练计划中最基本也是最重要的一种。其内容包括以下 4 点。

(1) 练习者的基本素质、技术、心理等方面的情况分析。
(2) 本年度要达到的总体训练目标和任务。
(3) 各个阶段各项训练的基本手段、要求与实施步骤。
(4) 全年评价方法和要达到的效果指标。

3. 阶段计划

根据全年训练计划采取的周期性安排,它应考虑全年计划中对该阶段的各项要求和安排。其内容包括以下 4 点。

(1) 阶段的具体训练任务和内容。
(2) 阶段训练手段、时间和具体实施步骤。
(3) 阶段锻炼的运动量和运动频率。
(4) 阶段的评价方法和要达到的效果指标。

4. 周计划

周计划是以阶段计划为依据,结合具体实际情况来制订的。其内容包括以下 4 点。

(1) 周锻炼的具体任务和要求。
(2) 每周周锻炼的次数、时间的安排及要达到的目标。
(3) 周运动量的安排和锻炼的具体部位安排及动作方法、顺序的选择。
(4) 周评价小结及效果指标。

5. 课计划

课计划是以周计划所规定的任务、内容和运动量而制订的,是整个锻炼计划中具体实施的环节,要求十分具体。一般包括以下 4 点。

(1) 本次课计划的具体任务和要求。
(2) 具体部位的练习方法、顺序。
(3) 具体部位的练习时间、运动强度的安排。
(4) 课计划小结及身体感受情况。

四、运动计划的实施

在运动计划的实施过程中,应注意安排好每一节训练课和随时监测运动负荷量。这样才能安全有效地完成运动计划。

一般一节完整的训练课包括准备部分、基本部分和整理放松部分。

1. 准备部分

准备部分是将身体预热的一个过程,包括肌肉、关节、血管、心肺系统各个方面。它使身体从安静的状态逐渐适应运动状态,以避免接下来进入较大运动负荷量时不会造成身体伤害,如肌肉、韧带的拉伤、关节的损伤等。准备活动一般采用慢跑、步行、拉伸等有氧运动和伸展性练习。一般时间为10~15分钟。

2. 基本部分

基本部分是运动计划的主要内容,是达到运动目的的主要途径。通过一定时间的持续运动过程,使机体保持在相对较高的状态下,从而锻炼其机能的适应力和提高机能潜力。

这个部分可以安排有氧练习,也可安排抗阻练习,或先进行抗阻练习,再进行有氧练习。这个部分的练习时间一般为50~60分钟为宜,时间太长,运动量过大会造成过度疲劳,时间短,又没有效果。因此,在练习时应关注自我感觉和进行心率监测,以便随时调整运动计划。

3. 整理放松部分

就像准备部分一样,这部分的练习也是很重要的。在每一次运动后都应认真完成这个部分的练习。机体在整理放松的过程中从运动状态转化为相对安静状态。使人体肌肉得到放松,减轻疲劳,促进体力恢复,避免因突然停止运动而引起的心血管系统、呼吸系统的不良反应,如头晕、恶心、重力性休克等。

整理放松部分与准备部分内容相似,可先进行缓慢的跑步或步行的运动,然后进行伸展练习,既可以放松肌肉,也可以达到增强柔韧性的作用。这部分时间可为10~15分钟。

第三节　健身健美课程计划书

本计划书以课计划为模板,以大学健身健美课程教案的形式向练习者提供了10次健身健美课程。每次课程中选一个身体肌肉部位练习,在器械练习方法上也选多种练习形式,并将有氧练习、素质练习和伸展练习穿插在每次课当中,同时使用循环练习的方法提高学生的练习兴趣及练习效果。

具体课程教案如下。

课次　__1__　　　　　　　　　　　　　　　　　　　　　时间_____

课的内容	1. 热身组合的学习 2. 学习与练习腿部训练动作:杠铃蹲起、哑铃箭步蹲、坐姿腿屈伸、负重提踵 3. 素质练习 4. 拉伸组合的学习
课的任务	1. 初步掌握腿部训练动作要领,培养良好的肌肉控制,理解三调(调呼吸、调身体姿态、调意念)的作用 2. 素质练习加强心肺功能 3. 拉伸组合的练习使学生身体得到充分放松与休息,缓解运动疲劳 4. 调动学生的积极性,培养学生强身健体的意识

续表

结构	课的内容	时间或组数	组织与教法
有氧热身	1. 关节练习 颈部伸展→肩部旋转→胸部扩展→腰部扭转→原地提膝→腿部弓伸→跳跃拍手 2. 有氧舞蹈基本步伐的练习	1. 每组动作4×8拍 2. 略	1. 两排队列 2. 略,见第五章
健美力量锻炼	1. 杠铃蹲起	3组8～12次	1. 选用史密斯架 2. 3～4人一组进行练习 3. 选择较轻的重量进行8～12次的练习,注意体会动作,保证动作质量
	2. 杠铃箭步蹲	3组10次（每侧）	1. 选用小杠铃 2. 3～4人一组进行练习 3. 选择较轻的重量进行每侧腿10次的练习,注意体会动作,保证动作质量
	3. 坐姿腿屈伸	3组8～12次	1. 选用联合器械 2. 3～4人一组进行练习 3. 选择较轻的重量进行8次练习,注意体会动作,保证动作质量
	4. 负重提踵	3组15次（每侧）	1. 选用哑铃 2. 3～4人一组进行练习 3. 选择较轻的重量进行15次练习,注意体会动作,保证动作质量

续表

结构	课 的 内 容	时间或组数	组织与教法
健美力量锻炼	5.循环训练 （1）将学生分为 A、B、C、D 四小组 　　A 组练习杠铃蹲起（动作 1） 　　B 组练习哑铃箭步蹲（动作 2） 　　C 组练习坐姿腿屈伸（动作 3） 　　D 组练习负重提踵（动作 4） （2）四小组将第一个动作完成三组后，A 组到 B 组位置完成动作 2，B 组到 C 组位置完成动作 3，C 组到 D 组位置完成动作 4，D 组到 A 组位置完成动作 1，依次类推，直至每小组完成四个练习动作	每项练习：每人 3 组每组 10 次	采用循环训练法
素质练习	1.慢跑 1000 米 2.俯卧撑	1.计时 5 分钟合格 2.3 组×20 个	
伸展放松	1.臀大肌伸展 2.髂腰肌及四头肌伸展 3.腘绳肌及小腿伸展	每个动作停留 10～20 个呼吸	

课次　 2　　　　　　　　　　　　　　　　　　　　　　时间_____

课的内容	1. 热身组合的学习 2. 学习与练习胸部训练动作：平卧杠铃推举、仰卧哑铃飞鸟、器械坐姿夹胸、健身球俯卧撑 3. 素质练习 4. 拉伸组合的学习
课的任务	1. 初步掌握胸部训练动作要领，培养良好的肌肉控制，理解三调（调呼吸、调身体姿态、调意念）的作用 2. 素质练习加强心肺功能 3. 拉伸组合练习使学生的身体得到充分放松与休息，缓解运动疲劳 4. 培养学生的审美能力，激励学生强烈的参与意识

结构	课的内容	时间或组数	组织与教法
有氧热身	1. 关节练习 颈部伸展→肩部旋转→胸部扩展→腰部扭转→原地提膝→腿部弓伸→跳跃拍手 2. 有氧舞蹈基础组合的学习	1. 每组动作4×8拍 2. 略	1. 两排队列 2. 略，见第五章
健美力量锻炼	1. 平卧杠铃推举	3组 8～12次	1. 3～4人一组进行练习，轮流进行保护 2. 选择较轻的重量进行8～12次练习，注意体会动作，保证动作质量
	2. 仰卧哑铃飞鸟	3组 8～12次	1. 3～4人一组进行练习 2. 选择较轻的重量进行练习，注意体会动作，保证动作质量
	3. 器械坐姿夹胸	3组 8～12次	1. 选用联合器械 2. 3～4人一组进行练习 3. 选择较轻的重量进行练习，注意体会动作，保证动作质量

续表

结构	课的内容	时间或组数	组织与教法
健美力量锻炼	4. 健身球俯卧撑	3组 15～20次	1. 选用健身球 2. 3～4人一组进行练习 3. 注意体会动作，保证动作质量，身体保持平稳
	5. 循环训练 （1）将学生分为A、B、C、D四小组 　　A组练习平卧杠铃推举（动作1） 　　B组练习仰卧哑铃飞鸟（动作2） 　　C组练习器械坐姿夹胸（动作3） 　　D组练习健身球俯卧撑（动作4） （2）四小组将第一个动作完成三组后，A组到B组位置完成动作2，B组到C组位置完成动作3，C组到D组位置完成动作4，D组到A组位置完成动作1，依次类推，直至每小组完成四个练习动作	每项练习：3组10次	采用循环训练法
素质练习	1. 慢跑1000米 2. 高抬腿	1. 计时5分钟合格 2. 3组×30秒	
伸展放松	1. 胸大肌伸展 2. 胸大肌被动伸展	每个动作停留10～20个呼吸	

课次	3			时间
课的内容	1. 热身组合的学习 2. 学习与练习背部训练动作：直腿硬拉、单手哑铃划船、器械正手颈前下拉、俯卧挺身 3. 素质练习 4. 拉伸组合的学习			
课的任务	1. 初步掌握背部训练动作要领，培养良好的肌肉控制，理解三调（调呼吸、调身体姿态、调意念）的作用 2. 素质练习加强心肺功能 3. 拉伸组合练习使学生身体得到充分放松与休息，缓解运动疲劳 4. 培养学生的自信心和团队合作的精神			
结构	课的内容		时间或组数	组织与教法
有氧热身	1. 关节练习 颈部伸展→肩部旋转→胸部扩展→腰部扭转→原地提膝→腿部弓伸→跳跃拍手 2. 有氧舞蹈基础组合的练习		1. 每组动作4×8拍 2. 略	1. 两排队列 2. 略，见第五章
健美力量锻炼	1. 直腿硬拉		3组 8~12次	1. 3~4人一组进行练习 2. 选择较轻的重量进行8~12次练习，注意体会动作，保证动作质量
健美力量锻炼	2. 单手哑铃划船		3组 8~12次	1. 3~4人一组进行练习 2. 选择较轻的重量进行练习，注意体会动作，保证动作质量
健美力量锻炼	3. 器械正手颈前下拉		3组 8~12次	1. 选用联合器械 2. 3~4人一组进行练习 3. 选择较轻的重量进行练习，注意体会动作，保证动作质量

续表

结构	课的内容	时间或组数	组织与教法
健美力量锻炼	4.俯卧挺身	3组 15～20次	1. 选用瑜伽垫 2. 3～4人一组进行练习 3. 注意体会动作，保证动作质量，身体保持平稳
	5.循环训练 (1) 将学生分为 A、B、C、D 四小组 　　A组练习直腿硬拉(动作1) 　　B组练习单手哑铃划船(动作2) 　　C组练习器械正手颈前下拉(动作3) 　　D组练习俯卧挺身(动作4) (2) 四小组将第一个动作完成三组后，A组到B组位置完成动作2，B组到C组位置完成动作3，C组到D组位置完成动作4，D组到A组位置完成动作1，依次类推，直至每小组完成四个练习动作	每项练习：3组10次	采用循环训练法
素质练习	1. 慢跑1000米 2. 平板支撑	1. 计时5分钟合格 2. 3组×1分钟	
伸展放松	1. 站立前伸展 2. 站立侧伸展及扭转	每个动作停留10～20个呼吸	

课次	4		时间	
课的内容	1. 热身组合的学习 2. 学习与练习肩部训练动作：宽距杠铃推举、直臂哑铃侧平举、低位拉力器单臂俯身飞鸟、器械坐姿推举 3. 素质练习 4. 拉伸组合的学习			
课的任务	1. 初步掌握肩部训练动作要领，培养良好的肌肉控制，理解三调（调呼吸、调身体姿态、调意念）的作用 2. 素质练习加强心肺功能 3. 拉伸组合练习使学生身体得到充分放松与休息，缓解运动疲劳 4. 强调课堂纪律，培养学生刻苦学习与吃苦耐劳的精神			
结构	课的内容		时间或组数	组织与教法
有氧热身	1. 关节练习 颈部伸展→肩部旋转→胸部扩展→腰部扭转→原地提膝→腿部弓伸→跳跃拍手 2. 有氧舞蹈提高套路的学习		1. 每组动作4×8拍 2. 略	1. 两排队列 2. 略，见第五章
健美力量锻炼	1. 宽距杠铃推举		3组8～12次	1. 3～4人一组进行练习 2. 选择较轻的重量进行8～12次练习，注意体会动作，保证动作质量
	2. 直臂哑铃侧平举		3组8～12次	1. 选用哑铃 2. 3～4人一组进行练习 3. 选择较轻的重量进行练习，注意体会动作，保证动作质量
	3. 低位拉力器单臂俯身飞鸟		3组8～12次	1. 选用龙门架拉力器 2. 3～4人一组进行练习 3. 选择较轻的重量进行练习，注意体会动作，保证动作质量

续表

结构	课的内容	时间或组数	组织与教法
健美力量锻炼	4. 器械坐姿推举	3 组 15～20 次	1. 选用联合器械 2. 3～4 人一组进行练习 3. 注意体会动作，保证动作质量，身体保持平稳
	5. 循环训练 （1）将学生分为 A、B、C、D 四小组 　　A 组练习宽距杠铃推举（动作 1） 　　B 组练习直臂哑铃侧平举（动作 2） 　　C 组练习低位拉力器单臂俯身飞鸟（动作 3） 　　D 组练习器械坐姿推举（动作 4） （2）四小组将第一个动作完成三组后，A 组到 B 组位置完成动作 2，B 组到 C 组位置完成动作 3，C 组到 D 组位置完成动作 4，D 组到 A 组位置完成动作 1，依次类推，直至每小组完成四个练习动作	每项练习：3 组 10 次	采用循环训练法
素质练习	1. 慢跑 1000 米 2. 俯卧两头起	1. 计时 5 分钟合格 2. 3 组×20 次	
伸展放松	1. 站立双手交叉伸展	每个动作停留 10～20 个呼吸	

续表

结构	课的内容	时间或组数	组织与教法
伸展放松	2. 站立手臂十字伸展	每个动作停留10～20个呼吸	

课次　5　　　　　　　　　　　　　　　　　　　　　　　　　　时间_____

课的内容	1. 热身组合的学习 2. 学习与练习肱二头肌训练动作：杠铃双臂弯举、坐姿斜板弯举、器械坐姿弯举、坐姿哑铃斜板弯举 3. 素质练习 4. 拉伸组合的学习
课的任务	1. 初步掌握肱二头肌训练动作要领,培养良好的肌肉控制,理解三调（调呼吸、调身体姿态、调意念）的作用 2. 素质练习加强心肺功能 3. 拉伸组合练习使学生身体得到充分放松与休息,缓解运动疲劳 4. 培养学生的积极性,不畏艰难,勇于突破极限

结构	课的内容	时间或组数	组织与教法
有氧热身	1. 关节练习 颈部伸展→肩部旋转→胸部扩展→腰部扭转→原地提膝→腿部弓伸→跳跃拍手 2. 有氧舞蹈提高套路的练习	1. 每组动作4×8拍 2. 略	1. 两排队列 2. 略,见第五章
健美力量锻炼	1. 杠铃双臂弯举	3组 10～16次	1. 3～4人一组进行练习 2. 选择较轻的重量进行10～16次练习,注意体会动作,保证动作质量

续表

结构	课的内容	时间或组数	组织与教法
健美力量锻炼	2. 坐姿斜板弯举	3组 10～16次	1. 3～4人一组进行练习 2. 选择较轻的重量进行练习，注意体会动作，保证动作质量
	3. 器械坐姿弯举	3组 10～16次	1. 选用联合器械 2. 3～4人一组进行练习 3. 选择较轻的重量进行练习，注意体会动作，保证动作质量
	4. 坐姿哑铃单臂屈伸	3组 10～16次	1. 3～4人一组进行练习 2. 注意体会动作，保证动作质量，身体保持平稳

	5. 循环训练
	(1) 将学生分为 A、B、C、D 四小组
	  A组练习杠铃双臂弯举(动作1)
	  B组练习坐姿斜板弯举(动作2)
	  C组练习器械坐姿弯举(动作3)
	  D组练习坐姿哑铃斜板弯举(动作4)
	(2) 四小组将第一个动作完成三组后，A组到B组位置完成动作2，B组到C组位置完成动作3，C组到D组位置完成动作4，D组到A组位置完成动作1，依次类推，直至每小组完成四个练习动作
		每项练习：3组 10次	采用循环训练法

素质练习	1. 慢跑 1000 米 2. 俯卧撑	1. 计时 5 分钟合格 2. 3组×25个	

续表

结构	课的内容	时间或组数	组织与教法
伸展放松	1. 站姿屈臂伸展 2. 站姿单臂伸展	每个动作停留10～20个呼吸	

课次　　6　　　　　　　　　　　　　　　　　　　　　　时间　　　　　　

课的内容	1. 热身组合的学习 2. 学习与练习肱三头肌训练动作：仰卧臂屈伸、哑铃颈后弯举、吊索胸前下拉、仰姿反屈伸 3. 素质练习 4. 拉伸组合的学习
课的任务	1. 初步掌握肱三头肌训练动作要领，培养良好的肌肉控制，理解三调（调呼吸、调身体姿态、调意念）的作用 2. 素质练习加强心肺功能 3. 拉伸组合练习使学生身体得到充分放松与休息，缓解运动疲劳 4. 培养学生反省、提问、分析、探索、创新、实践的能力

结构	课的内容	时间或组数	组织与教法
有氧热身	1. 关节练习 颈部伸展→肩部旋转→胸部扩展→腰部扭转→原地提膝→腿部弓伸→跳跃拍手 2. 啦啦操基础组合的学习	1. 每组动作4×8拍 2. 略	1. 两排队列 2. 略，见第五章

续表

结构	课的内容	时间或组数	组织与法
健美力量锻炼	1. 仰卧臂屈伸	3 组 10～16 次	1. 3～4 人一组进行练习 2. 选择较轻的重量进行 10～16 次练习，注意体会动作，保证动作质量
	2. 哑铃颈后弯举	3 组 10～16 次	1. 3～4 人一组进行练习 2. 选择较轻的重量进行练习，注意体会动作，保证动作质量
	3. 吊索胸前下拉	3 组 10～16 次	1. 选用龙门架吊索 2. 3～4 人一组进行练习 3. 选择较轻的重量进行练习，注意体会动作，保证动作质量
	4. 仰姿反屈伸	3 组 10～16 次	1. 使用训练椅 2. 3～4 人一组进行练习 3. 注意体会动作，保证动作质量，身体保持平稳

续表

结构	课的内容	时间或组数	组织与教法

健美力量锻炼	5.循环训练
	(1) 将学生分为 A、B、C、D 四小组
	    A 组练习仰卧臂屈伸(动作 1)
	    B 组练习哑铃颈后弯举(动作 2)
	    C 组练习吊索胸前下拉(动作 3)
	    D 组练习仰姿反屈伸(动作 4)
	(2) 四小组将第一个动作完成三组后,A 组到 B 组位置完成动作 2,B 组到 C 组位置完成动作 3,C 组到 D 组位置完成动作 4,D 组到 A 组位置完成动作 1,依次类推,直至每小组完成四个练习动作
		每项练习：3 组 10 次	采用循环训练法

素质练习	1.慢跑 1000 米 2.高抬腿	1.计时 5 分钟合格 2.3 组×40 秒	
伸展放松	1.站立上举曲臂伸展 2.腿部伸展(同第一次课)	每个动作停留 10～20 个呼吸	

课次   7   时间

课的内容	1.热身组合的学习 2.学习与练习腹直肌训练动作：直膝两头起、健身球仰卧起坐、器械支撑屈膝上举、器械凳卷腹 3.素质练习 4.拉伸组合的学习
课的任务	1.初步掌握腹直肌训练动作要领,培养良好的肌肉控制,理解三调(调呼吸、调身体姿态、调意念)的作用 2.素质练习加强心肺功能 3.拉伸组合练习使学生身体得到充分放松与休息,缓解运动疲劳 4.培养互相帮助、互相鼓励、团队合作精神

结构	课的内容	时间或组数	组织与教法
有氧热身	1.关节练习 颈部伸展→肩部旋转→胸部扩展→腰部扭转→原地提膝→腿部弓伸→跳跃拍手 2.啦啦操基础组合的练习	1.每组动作 4×8 拍 2.略	1.两排队列 2.略,见第五章

续表

结构	课的内容	时间或组数	组织与教法
健美力量锻炼	1. 直膝两头起	1组 10～16次	1. 3～4人一组进行练习 2. 注意体会动作，将注意力集中在腹直肌上，保证动作质量，放慢动作完成速度
	2. 健身球仰卧起坐	1组 10～16次	1. 选用健身球及瑜伽垫 2. 3～4人一组进行练习 3. 注意体会动作，将注意力集中在腹直肌上，保证动作质量，放慢动作完成速度
	3. 器械支撑屈膝上举	1组 10～16次	1. 选用联合器械 2. 3～4人一组进行练习 3. 注意体会动作，将注意力集中在腹直肌上，保证动作质量，放慢动作完成速度
	4. 器械凳卷腹	1组 10～16次	1. 选用联合器械 2. 3～4人一组进行练习 3. 注意体会动作，将注意力集中在腹直肌上，保证动作质量，放慢动作完成速度

续表

结构	课的内容	时间或组数	组织与教法
健美力量锻炼	5. 循环训练 (1) 将学生分为 A、B、C、D 四小组 　　A 组练习直膝两头起(动作 1) 　　B 组练习健身球仰卧起坐(动作 2) 　　C 组练习器械支撑屈膝上举(动作 3) 　　D 组练习器械凳卷腹(动作 4) (2) 四小组将第一个动作完成三组后，A 组到 B 组位置完成动作 2，B 组到 C 组位置完成动作 3，C 组到 D 组位置完成动作 4，D 组到 A 组位置完成动作 1，依次类推，直至每小组完成四个练习动作	每项练习：3 组 10～16 次	采用循环训练法
素质练习	1. 慢跑 1000 米 2. 俯卧两头起	1. 计时 5 分钟合格 2. 3 组×20 个	
伸展放松	1. 俯卧主动伸展	每个动作停留10～20 个呼吸	
	2. 健身球伸展	每个动作停留10～20 个呼吸	

课次　　8　　　　　　　　　　　　　　　　　　　　　　　　时间　　　　　　

课的内容	1. 热身组合的学习 2. 学习与练习腹外斜肌训练动作：侧板式、直立侧上拉、杠铃体旋转、拉力器侧身扭转 3. 素质练习 4. 拉伸组合的学习
课的任务	1. 初步掌握腹外斜肌训练动作要领，培养良好的肌肉控制，理解三调(调呼吸、调身体姿态、调意念)的作用 2. 素质练习加强心肺功能 3. 拉伸组合练习使学生身体得到充分放松与休息，缓解运动疲劳 4. 提高学生良好的纪律性。培养刻苦努力，勇于挑战自我的坚强品质

续表

结构	课的内容	时间或组数	组织与教法
有氧热身	1. 关节练习 颈部伸展→肩部旋转→胸部扩展→腰部扭转→原地提膝→腿部弓伸→跳跃拍手 2. 啦啦操提高组合的学习	1. 每组动作 4×8 拍 2. 略	1. 两排队列 2. 略,见第五章
健美力量锻炼	1. 侧板式	1 组 40 秒（单侧）	1. 选用瑜伽垫 2. 3～4 人一组进行练习 3. 注意体会动作,将注意力集中在腹外斜肌上,保证动作质量,放慢动作完成速度
	2. 直立侧上拉	1 组 10～16 次（单侧）	1. 选用哑铃 2. 3～4 人一组进行练习 3. 注意体会动作,将注意力集中在腹外斜肌上,保证动作质量,放慢动作完成速度
	3. 杠铃体旋转	1 组 15～20 次	1. 选用杠铃 2. 3～4 人一组进行练习,重量不要过重 3. 注意体会动作,将注意力集中在腹外斜肌上,保证动作质量,放慢动作完成速度
	4. 拉力器侧身扭转	1 组 10～16 次（单侧）	1. 选用联合器械 2. 3～4 人一组进行练习 3. 注意体会动作,将注意力集中在腹外斜肌上,保证动作质量,放慢动作完成速度

续表

结构	课的内容	时间或组数	组织与教法
健美力量锻炼	5.循环训练 (1) 将学生分为 A、B、C、D 四小组 　　A 组练习侧板式(动作 1) 　　B 组练习直立侧上拉(动作 2) 　　C 组练习杠铃体旋转(动作 3) 　　D 组练习拉力器侧身扭转(动作 4) (2) 四小组将第一个动作完成三组后,A 组到 B 组位置完成动作 2,B 组到 C 组位置完成动作 3,C 组到 D 组位置完成动作 4,D 组到 A 组位置完成动作 1,依次类推,直至每小组完成四个练习动作	每项练习:3 组10~16 次(侧板式单侧40 秒)	采用循环训练法
素质练习	1.慢跑 1000 米 2.俯卧撑	1.计时 5 分钟合格 2.3 组×30 个	
伸展放松	1.坐姿扭转 2.坐姿伸腿扭转	每个动作停留10~20 个呼吸	

课次　9　　　　　　　　　　　　　　　　　　　　　时间　　　　　

课的内容	1. 热身组合的练习 2. 循环训练 3. 拉伸组合的练习			
课的任务	1. 全身力量循环练习,增强肌肉力量,减脂塑形,培养良好的肌肉控制,理解三调(调呼吸、调身体姿态、调意念)的作用 2. 拉伸组合练习使学生身体得到充分放松与休息,缓解运动疲劳 3. 培养克服困难的信心,培养学生终身体育意识			
结构	课 的 内 容	时间或组数	组织与教法	
有氧热身	1. 关节练习 颈部伸展→肩部旋转→胸部扩展→腰部扭转→原地提膝→腿部弓伸→跳跃拍手 2. 啦啦操提高组合的练习	1. 每组动作 4×8 拍 2. 略	1. 两排队列 2. 略,见第五章	
健美力量锻炼	循环训练 (1) 将学生分为 A、B、C、D 四小组 　　A 组练习侧板式(动作 1) 　　B 组练习直立侧上拉(动作 2) 　　C 组练习杠铃体旋转(动作 3) 　　D 组练习拉力器侧身扭转(动作 4) (2) 四小组将第一个动作完成三组后,A 组到 B 组位置完成动作 2,B 组到 C 组位置完成动作 3,C 组到 D 组位置完成动作 4,D 组到 A 组位置完成动作 1,依次类推,直至每小组完成四个练习动作 动作 1:杠铃蹲起;动作 2:仰卧哑铃飞鸟;动作 3:器械正手颈前下拉;动作 4:杠铃双臂弯举与吊索胸前下拉为对抗组 (3) 四小组完成全身力量训练后集体进行垫上腰腹练习: 　　①直膝两头起;②仰卧上举腿;③肘支撑;④侧板式	每项练习:3 组 10～16 次 垫上腰腹练习:每个动作 30 秒,尽力完成,4 个动作为一组,组间休息 30 秒,共完成三组	采用循环训练法	
素质练习	1. 放松跑 10 分钟 2. 全身伸展放松(略)	—	—	

课次　10　　　　　　　　　　　　　　　　　　　　时间　　　　　

课的内容	1. 热身组合的练习 2. 循环训练 3. 拉伸组合的练习			
课的任务	1. 全身力量循环练习,增强肌肉力量,减脂塑形,培养良好的肌肉控制,理解三调(调呼吸、调身体姿态、调意念)的作用 2. 拉伸组合练习使学生身体得到充分放松与休息,缓解运动疲劳 3. 培养学生对健身健美的兴趣,培养克服困难的信心,培养学生追求上进的精神			
结构	课 的 内 容	时间或组数	组织与教法	
有氧热身	1. 关节练习 颈部伸展→肩部旋转→胸部扩展→腰部扭转→原地提膝→腿部弓伸→跳跃拍手 2. 啦啦操提高组合的练习	1. 每组动作 4×8 拍 2. 略	1. 两排队列 2. 略,见第五章	

续表

结构	课的内容	时间或组数	组织与教法
健美力量锻炼	循环训练 (1) 将学生分为 A、B、C、D 四小组 　　A 组练习侧板式(动作 1) 　　B 组练习直立侧上拉(动作 2) 　　C 组练习杠铃体旋转(动作 3) 　　D 组练习拉力器侧身扭转(动作 4) (2) 四小组将第一个动作完成三组后，A 组到 B 组位置完成动作 2，B 组到 C 组位置完成动作 3，C 组到 D 组位置完成动作 4，D 组到 A 组位置完成动作 1，依次类推，直至每小组完成四个练习动作 动作 1：杠铃箭步蹲；动作 2：器械坐姿夹胸；动作 3：俯卧挺身；动作 4：器械坐姿弯举与仰卧臂屈伸为对抗组 (3) 四小组完成全身力量训练后集体进行垫上腰腹练习：①直膝两头起；②仰卧上举腿；③肘支撑；④侧板式	每项练习：3 组 10～16 次 垫上腰腹练习：每个动作 30 秒，尽力完成，4 个动作为一组，组间休息 30 秒，共完成三组	采用循环训练法
素质练习	1. 放松跑 10 分钟 2. 全身伸展放松(略)	每个动作停留 10～20 个呼吸	

思考与练习

1. 健身健美训练计划书的制订要素和原则有哪些？
2. 健身健美训练计划的基本要素和内容有哪些？
3. 健身健美课程教案中关于腿部、胸部和腹部的练习有哪些？
4. 健身健美课程教案中关于上肢部位的练习有哪些？

附录 A

教育部关于印发《高等学校体育工作基本标准》的通知

教体艺〔2014〕4号

各省、自治区、直辖市教育厅（教委），新疆生产建设兵团教育局，有关部门（单位）教育司（局），部属各高等学校：

现将《高等学校体育工作基本标准》（以下简称《基本标准》）印发给你们，请遵照执行。

《基本标准》是对全日制普通高等学校体育工作的基本要求，也是评估、检查高等学校体育工作的重要依据，凡是达不到《基本标准》要求、学生体质健康水平连续三年下降的学校，在"高等学校本科教学工作水平评估"中不得评为合格等级，各省（区、市）不得批准其为高水平运动队建设学校。

各高等学校要充分认识加强学校体育工作的重要意义，牢固树立健康第一的指导思想，把体育工作摆上重要位置，切实加强领导和规范管理，认真落实《基本标准》。教育部将适时组织开展面向所有高校的《基本标准》达标工作专项评估、检查，凡不达标的学校，将予以通报并限期整改，整改期间高水平运动队建设学校停止招收运动队新生。

请将此件转发至所属高校。

教育部
2014 年 6 月 11 日

高等学校体育工作基本标准

为落实立德树人根本任务，加强高等学校体育工作，切实提高高校学生体质健康水平，促进学生全面发展，根据国家有关规定，制订本标准。本标准适用于普通本科学校和高等职业学校的体育工作。

一、体育工作规划与发展

1. 全面贯彻党的教育方针，服务立德树人根本任务，将学校体育纳入学校全面实施素质教育的各项工作，认真执行国家教育发展规划、规章制度及各项要求。创新人才培养模式,使学生掌握科学锻炼的基础知识、基本技能和有效方法,学会至少两项终身受益的体育锻炼项目,养成良好锻炼习惯。挖掘学校体育在学生道德教育、智力发展、身心健康、审美素养和健康生活方式形成中的多元育人功能,有计划、有制度、有保障地促进学校体育与德育、智育、美育有机融合,提高学生综合素质。

2. 统筹规划学校体育发展,把增强学生体质和促进学生健康作为学校教育的基本目标之一和重要工作内容,纳入学校总体发展规划,全面发挥体育在学校人才培养、科学研究、社会服务和文化传承中不可替代的作用。制订阳光体育运动工作方案,明确工作目标、具体任务、保障措施和责任分工,并落实各项工作。

3. 设置体育工作机构,配备专职干部、教师和工作人员,并赋予其统筹开展学校体育工作的各项管理职能。实行学校领导分管负责制(或体育工作委员会制),每年至少召开一次体育工作专题会议,有针对性地解决实际问题。学校各有关部门积极协同配合,合理分工,明确人员,落实责任。

4. 加强学校体育工作管理,在学校体育改革发展、教育教学、教研科研、竞赛活动、社会服务等各项工作领域制订规范文件、健全管理制度、加强过程监测。建立科学规范的学校体育工作评价机制,并纳入综合办学水平和教育教学质量评价体系。

二、体育课程设置与实施

1. 严格执行《全国普通高等学校体育课程教学指导纲要》,必须为一、二年级本科学生开设不少于144学时(专科生不少于108学时)的体育必修课,每周安排体育课不少于2学时,每学时不少于45分钟。为其他年级学生和研究生开设体育选修课,选修课成绩计入学生学分。每节体育课学生人数原则上不超过30人。

2. 深入推进课程改革,合理安排教学内容,开设不少于15门的体育项目。每节体育课须保证一定的运动强度,其中提高学生心肺功能的锻炼内容不得少于30%;要将反映学生心肺功能的素质锻炼项目作为考试内容,考试分数的权重不得少于30%。

3. 创新教育教学方式,指导学生科学锻炼,增强体育教学的吸引力、特色性和实效性。建立体育教研、科研制度,形成高水平研究团队,多渠道开展以提高学生体质健康、教学质量、课余训练、体育文化水平等为目标的战略性、前瞻性、应用性项目研究,带动学校体育工作整体水平提高。

三、课外体育活动与竞赛

1. 将课外体育活动纳入学校教学计划,健全制度、完善机制、加强保障。面向全体学生设置多样化、可选择、有实效的锻炼项目,组织学生每周至少参加三次课外体育锻炼,切实保证学生每天一小时体育活动时间。

2. 学校每年组织春、秋季综合性学生运动会(或体育文化节),设置学生喜闻乐见、易于参与的竞技性、健身性和民族性体育项目,参与运动会的学生达到50%以上。经常组织校内体育比赛,支持院系、专业或班级学生开展体育竞赛和交流等活动。

3. 注重培养学生体育特长,有效发挥体育特长生和学生体育骨干的示范作用,组建学生体育运动队,科学开展课余训练,组织学生参加教育和体育部门举办的体育竞赛。

4. 加强校园体育文化建设,促进中华优秀体育文化传承创新。学校成立不少于20个学生体育社团,采取鼓励和支持措施定期开展活动,形成良好的校园体育传统和特色。开展对外体育交流与合作。通过校报、公告栏和校园网等形式,定期通报学生体育活动情况,传播健康理念。

5. 因地制宜开展社会服务。支持体育教师适度参与国内外重大体育比赛的组织、裁判等社会实践工作。鼓励体育教师指导中小学体育教学、训练和参与社区健身辅导等公益活动。支持学校师生为政府及社会举办的体育活动提供志愿服务。

四、学生体质监测与评价

1. 全面实施《国家学生体质健康标准》,建立学生体质健康测试中心,安排专门人员负责,完善工作条件,每年对所有学生进行体质健康测试,测试成绩向学生反馈,并将测试结果经教育部门审核后上报国家学生体质健康标准数据管理系统,形成本校学生体质健康年度报告。及时在校内公布学生体质健康测试总体结果。

2. 建立健全《国家学生体质健康标准》管理制度,学生测试成绩列入学生档案,作为对学生评优、评先的重要依据。毕业时,学生测试成绩达不到 50 分者按结业处理(因病或残疾学生,凭医院证明向学校提出申请并经审核通过后可准予毕业)。毕业年级学生测试成绩及格率须达 95% 以上。

3. 将学生体质健康状况作为衡量学校办学水平的重要指标。将体质健康状况、体育课成绩、参与体育活动等情况作为学生综合素质评价的重要内容。

4. 建立学生体质健康状况分析和研判机制,根据学生体质健康状况制定干预措施,视情况采取分类教学、个别辅导等必要措施,指导学生有针对性地进行体育锻炼,切实改进体育工作,提高全体学生体质健康水平。

五、基础能力建设与保障

1. 健全学校体育保障机制,学校体育工作经费纳入学校经费预算,并与学校教育事业经费同步增长。加强学校体育活动的安全教育、伤害预防和风险管理,建立健全校园体育活动意外伤害保险制度,妥善处置伤害事件。

2. 根据体育课教学、课外体育活动、课余训练竞赛和实施《国家学生体质健康标准》等工作需要,合理配备体育教师。体育教师年龄、专业、学历和职称结构合理,健全体育教师职称评定、学术评价、岗位聘任和学习进修等制度。

3. 将体育教学、课外体育活动、课余训练竞赛和实施《国家学生体质健康标准》等工作纳入教师工作量,保证体育教师与其他学科(专业)教师工作量的计算标准一致,实行同工同酬。

4. 体育场馆、设施和器材等符合国家配备、安全和质量标准,完善配备、管理、使用等规章制度,基本满足学生参加体育锻炼的需求。定时维护体育场馆、设施,及时更新、添置易耗、易损体育器材。体育场馆、设施在课余和节假日向学生免费或优惠开放。

附录 B

全国健美操大众锻炼标准实施办法

第一条　为进一步贯彻落实《全民健身计划纲要》，推动全民健美操运动的广泛开展增强人民体质，根据《健美操活动管理办法》，制定本办法。

第二条　《全国健美操大众锻炼标准》（以下简称《锻炼标准》）是注重社会性和群众性的单项体育锻炼标准，适用于在学校、机关、企事业单位、部队、农村和各级健身中心、社区普遍推行。《锻炼标准》的推行对象是全体国民。

第三条　国家体育总局体操运动管理中心（以下简称体操中心）在国家体育总局的领导下负责锻炼标准的制定、修改，中国健美操协会具体实施。各省、自治区、直辖市体育主管部门在各自职权范围内宣传、指导、管理并组织本地区（部门）各基层单位具体推行工作。

第四条　推行方式应适合本地区（部门）的实际情况，可结合各级、各类健美操比赛进行，也可专门组织达标活动。

第五条　符合下列条件的比赛可申请达标：

符合中国健美操协会最新竞赛规则，由获得健美操三级以上等级证书的裁判员或持有中国健美操协会颁发的等级证书的指导员（以下简称健美操指导员）执行裁判工作，除组织比赛外，还可在中国健美操协会指定的健身场馆（中心），组织专门的达标活动。

申请三级以上达标，必须有一名二级健美操裁判员或一名二级健美操指导员执行裁判。

第六条　《锻炼标准》分为四个层次六个级别：一级为入门，二、三级为初级，四、五级为中级，六级为高级。

第七条　申请一至三级达标者可越级申报。三级以上，必须持有现等级证书方可晋升高一等级。

第八条　《锻炼标准》的各级证书、证章和胸卡由中国健美操协会统一制作；审核颁发工作委托各级体育主管部门、健美操协会负责；具体颁发单位可由县级（含县级）以上体育主管部门（以下简称颁发单位）施行。

各颁发单位除向达标者收取由体操中心统一规定的证书、证章和胸卡工本费外，不得额外收取任何费用。

第九条　参与达标测定的裁判组应由三至五人组成，其中裁判组长一人。裁判资格为健美操等级裁判员或等级指导员。各级别达标成绩为"达标"和"未达标"。评分办法由体操中心另行制定。

第十条　各级别的达标成绩经比赛裁判组长或指定健身场馆（中心）等级裁判员或健美操指导员签字，由比赛主办单位或指定健身场馆（中心）联合加盖公章后，四级以上须报省级体育主管部门,四级以下(含)须报地、市级体育主管部门领取等级证书、证章和胸卡。

第十一条 各体育主管部门应汇总本地区各颁发单位的达标情况(包括各级别达标人数、性别、年龄结构、比赛名称或达标场馆等),并于每年12月10日前报体操中心备案。

第十二条 各颁发单位应严格执行锻炼标准的达标规定,确保推行锻炼标准的权威性和严肃性。各省、自治区、直辖市体育主管部门和行业体协、健美操或体操协会,负责每年审查本地区、本行业颁发单位的工作。

第十三条 对推行锻炼标准成绩突出的单位,体操中心将给予表彰和奖励。

对玩忽职守、弄虚作假的单位和个人,一经查实,由体育主管部门依据国家有关规定或由健美操协会依据章程予以相应处罚。

第十四条 本办法自发布之日起实施。

附录 C

第八次全国学生体质与健康调研有关情况介绍

教育部体育卫生与艺术教育司

为贯彻落实习近平总书记在全国教育大会、全国卫生与健康大会上的重要讲话精神和《中国教育现代化 2035》《"健康中国 2030"规划纲要》《全民健身条例》《国务院办公厅关于强化学校体育促进学生身心健康全面发展的意见》等相关要求,根据国务院 1987 年同意建立的全国学生体质与健康调研制度,2019 年,教育部、国家体育总局、国家卫生健康委、国家民族事务委员会、科技部、财政部部署开展了第八次全国学生体质与健康调研工作。

全国学生体质与健康调研是国民体质监测体系的重要组成部分,是学校体育、卫生与健康教育工作的重要内容。开展该调研的主要目的是为全面掌握我国学生体质与健康现状和变化发展趋势,指导各地和学校全面落实和贯彻新时代党的教育方针,科学开展学校体育、学校卫生与健康教育工作,助力教育强国、体育强国和健康中国建设。该调研工作自 1985 年起,每 5 年开展 1 次,分别于 1991 年、1995 年、2000 年、2005 年、2010 年、2014 年开展了第二至第七次全国学生体质与健康调研工作。

一、我国学生体质与健康状况总体改善

本次调研按照分层整群随机抽样调查方法,在全国 31 个省(区、市)和新疆生产建设兵团的 93 个地市 1258 所学校进行调研,调研学生 374257 人,覆盖全日制普通中小学、普通高等学校学生。调研身体形态、生理机能、身体素质、健康状况等 4 个方面 24 项指标。调研包括检测项目和问卷调查。调研实施过程中,先进行体检项目测试,再进行体测项目测试。对体检样本中的小学四年级以上学生进行问卷调查。被调研学生按城、乡、男、女分四类,每周岁一个年龄组。

(一) 体质健康达标优良率逐渐上升。2019 年全国 6～22 岁学生体质健康达标优良率为 23.8%,优良率较高的地区为东部经济发达和沿海地区。自 2014 年教育部颁布实施《国家学生体质健康标准》以来,我国学生体质健康达标优良率总体呈上升趋势,13～22 岁年龄段学生优良率从 2014 年的 14.8% 上升到 2019 年的 17.7%,上升了 2.9 个百分点。13～15 岁、16～18 岁、19～22 岁学生体质健康达标优良率分别上升了 5.1 个、1.8 个和 0.2 个百分点,初中生上升最为明显。

（二）学生身高、体重、胸围等形态发育指标持续向好。各年龄组男女生身高、体重、胸围指标均继续呈现上升趋势。与 2014 年相比，2019 年全国 7～9 岁、10～12 岁、13～15 岁、16～18 岁、19～22 岁男生身高分别增加 0.52cm、1.26cm、1.69cm、0.95cm 和 0.81cm，体重增加 0.61kg、1.73kg、2.52kg、2.52kg 和 2.86kg，胸围增加 0.53cm、1.01cm、0.99cm、0.82cm 和 1.54cm。各年龄组女生身高分别增加 0.72cm、1.24cm、0.97cm、0.80cm 和 0.62cm，体重增加 0.70kg、1.64kg、2.28kg、1.99kg 和 1.67kg，胸围增加 0.52cm、1.03cm、1.38cm、0.95cm 和 0.83cm。

（三）学生肺活量水平全面上升。肺活量显示人的心肺功能，肺活量大的儿童，身体供氧能力更强。近 10 年来，全国学生肺活量持续增加，初中生增长最为明显。与 2014 年相比，2019 年全国 7～9 岁、10～12 岁、13～15 岁、16～18 岁、19～22 岁男生肺活量分别增加 82.5mL、153.6mL、209.7mL、161.2mL 和 92.3mL，各年龄段女生的肺活量分别增加 105.3mL、166.0mL、187.2mL、147.0mL 和 102.2mL。

（四）中小学生柔韧、力量、速度、耐力等素质出现好转。中小学生柔韧、力量、速度和耐力等素质总体出现好转，柔韧素质、力量素质小学生和初中生改善较其他年龄段明显。与 2014 年相比，2019 年各年龄段女生 1 分钟仰卧起坐成绩分别增加 1.9 个、1.9 个、1.8 个、1.6 个和 1.0 个；7～12 岁男生斜身引体增加 0.7 个。中学生速度素质和耐力素质有所改善。2019 年与 2014 年数据相比，13～15 岁、16～18 岁男女中学生 50 米跑成绩有所提升，分别提高了 0.09 秒和 0.01 秒；13～15 岁女生 800 米跑成绩提高 4.49 秒，13～15 岁男生 1000 米跑成绩提高 6.50 秒。

（五）学生营养不良持续改善。2019 年我国 6～22 岁学生营养不良率为 10.2%，近 10 年来，各年龄段男女生营养不良状况持续改善。与 2014 年相比，2019 年全国 7～9 岁、10～12 岁、13～15 岁、16～18 岁、19～22 岁学生分别下降 2.1 个、1.6 个、2.4 个、2.6 个和 2.3 个百分点。

二、促进学生体质与健康水平提高的主要因素

（一）经济社会发展水平激发学生生长潜能。随着经济社会发展，人民生活水平提高，影响学生生长发育的疾病得到有效预防和控制，身体形态指标和营养不良状况持续改善，从营养不良向营养过剩转变。

（二）政策措施牵引带动学生体质与健康。一是校园足球等体育特色学校建设促进学生体质与健康。教育部从 2015 年开始在全国广泛开展体育特色学校建设，对增强学生体质与健康起到了积极作用。校园足球特色学校学生体质健康达标优良率为 29.2%，高于非校园足球特色学校的 22.3%。二是中考体育的强化增加中学生体育活动时间。近年来，随着中考体育考试分值提高，中学生尤其是初三学生体育活动时间显著增加。在校体育锻炼 1 小时比率，初三学生为 42.7%，高于高一学生的 30.6%。体质健康达标优良率初三学生为 29.2%，高于高一学生的 22.6%。

（三）家校协同提高学生体质与健康水平。家庭和学校的教育与引导对提高学生健康素养起着至关重要的作用。得到父母支持的孩子体质健康达标优良率高于没有得到父母支持的学生。学校体育锻炼安排和用眼卫生指导等至关重要，每周体育与健康课课时达标的学校学生体质健康达标优良率显著高于其他学校，每天安排 2 次以上眼保健操的学校的学

生近视风险低于其他学校。

（四）学生健康意识和生活方式改善体质健康状况。学生保证每天足量的体育锻炼和睡眠时间等对增强身体素质、预防超重肥胖和近视发生有积极影响。每天能够保证1小时以上在校体育锻炼时间的学生体质健康达标优良率为27.4%，显著高于体育锻炼时间不足的学生的17.7%，每天睡眠充足的学生近视率为47.8%，显著低于睡眠不足的学生的67.8%。

三、下一步工作安排

此次调研也发现了学生视力不良和近视率偏高、学生超重肥胖率上升、学生握力水平有所下降、大学生身体素质下滑等一些学生体质与健康状况亟待解决的问题。下一步，教育部将深入学习贯彻习近平总书记关于教育的重要论述，全面分析第八次全国学生体质与健康调研结果，精准把握学生体质与健康的影响因素，靶向施策，加强和改进学校体育、卫生与健康教育工作，提升学生体质健康水平。

（一）全面加强和改进学校体育工作。指导各地和学校贯彻落实中办、国办联合印发的《关于全面加强和改进新时代学校体育工作的意见》，强化体育课和课外锻炼，加强中小学生体质健康管理，全面落实大课间体育活动制度，大力推广家庭体育锻炼活动。督促指导中小学校每节课间安排学生走出教室适量活动和放松。推进高校体育评价改革，把体育工作及其效果作为高校办学评价的重要指标，纳入高校本科教学工作评估指标体系和"双一流"建设成效评价。

（二）落实学校卫生与健康教育政策要求。指导各地和学校贯彻落实《教育部等五部门关于全面加强和改进新时代学校卫生与健康教育工作的意见》，深化健康教育改革，夯实卫生条件保障，全面提升学生健康意识和能力，养成健康生活方式。

（三）持续综合防控儿童青少年近视。指导各地和学校贯彻落实《综合防控儿童青少年近视实施方案》《儿童青少年近视防控光明行动工作方案（2021—2025年）》，开展减轻学生学业负担、强化户外活动和体育锻炼、科学规范使用电子产品等八个专项行动，持续降低儿童青少年近视率。

（四）实施全国健康学校建设计划。出台建设标准，试点先行，落实各方责任，提升学校的健康促进能力，把每一所学校建设成为有效促进学生健康的机构，以学生健康、学校健康支撑服务全民健康和健康中国建设。

中华人民共和国教育部官网
2021年9月3日

附录 D

教育部关于印发《高等学校课程思政建设指导纲要》的通知

教高〔2020〕3 号

各省、自治区、直辖市教育厅(教委),新疆生产建设兵团教育局,有关部门(单位)教育司(局),部属各高等学校、部省合建各高等学校:

《高等学校课程思政建设指导纲要》已经教育部党组会议审议通过,现印发给你们,请结合实际认真贯彻执行。

教育部
2020 年 5 月 28 日

高等学校课程思政建设指导纲要

为深入贯彻落实习近平总书记关于教育的重要论述和全国教育大会精神,贯彻落实中共中央办公厅、国务院办公厅《关于深化新时代学校思想政治理论课改革创新的若干意见》,把思想政治教育贯穿人才培养体系,全面推进高校课程思政建设,发挥好每门课程的育人作用,提高高校人才培养质量,特制定本纲要。

一、全面推进课程思政建设是落实立德树人根本任务的战略举措

培养什么人、怎样培养人、为谁培养人是教育的根本问题,立德树人成效是检验高校一切工作的根本标准。落实立德树人根本任务,必须将价值塑造、知识传授和能力培养三者融为一体、不可割裂。全面推进课程思政建设,就是要寓价值观引导于知识传授和能力培养之中,帮助学生塑造正确的世界观、人生观、价值观,这是人才培养的应有之义,更是必备内容。这一战略举措,影响甚至决定着接班人问题,影响甚至决定着国家长治久安,影响甚至决定着民族复兴和国家崛起。要紧紧抓住教师队伍"主力军"、课程建设"主战场"、课堂教学"主渠道",让所有高校、所有教师、所有课程都承担好育人责任,守好一段渠、种好责任田,使各类课程与思政课程同向同行,将显性教育和隐性教育相统一,形成协同效应,构建全员全程全方位育人大格局。

二、课程思政建设是全面提高人才培养质量的重要任务

高等学校人才培养是育人和育才相统一的过程。建设高水平人才培养体系，必须将思想政治工作体系贯通其中，必须抓好课程思政建设，解决好专业教育和思政教育"两张皮"问题。要牢固确立人才培养的中心地位，围绕构建高水平人才培养体系，不断完善课程思政工作体系、教学体系和内容体系。高校主要负责同志要直接抓人才培养工作，统筹做好各学科专业、各类课程的课程思政建设。要紧紧围绕国家和区域发展需求，结合学校发展定位和人才培养目标，构建全面覆盖、类型丰富、层次递进、相互支撑的课程思政体系。要切实把教育教学作为最基础最根本的工作，深入挖掘各类课程和教学方式中蕴含的思想政治教育资源，让学生通过学习，掌握事物发展规律，通晓天下道理，丰富学识，增长见识，塑造品格，努力成为德智体美劳全面发展的社会主义建设者和接班人。

三、明确课程思政建设目标要求和内容重点

课程思政建设工作要围绕全面提高人才培养能力这个核心点，在全国所有高校、所有学科专业全面推进，促使课程思政的理念形成广泛共识，广大教师开展课程思政建设的意识和能力全面提升，协同推进课程思政建设的体制机制基本健全，高校立德树人成效进一步提高。

课程思政建设内容要紧紧围绕坚定学生理想信念，以爱党、爱国、爱社会主义、爱人民、爱集体为主线，围绕政治认同、家国情怀、文化素养、宪法法治意识、道德修养等重点优化课程思政内容供给，系统进行中国特色社会主义和中国梦教育、社会主义核心价值观教育、法治教育、劳动教育、心理健康教育、中华优秀传统文化教育。

——推进习近平新时代中国特色社会主义思想进教材进课堂进头脑。坚持不懈用习近平新时代中国特色社会主义思想铸魂育人，引导学生了解世情、国情、党情、民情，增强对党的创新理论的政治认同、思想认同、情感认同，坚定中国特色社会主义道路自信、理论自信、制度自信、文化自信。

——培育和践行社会主义核心价值观。教育引导学生把国家、社会、公民的价值要求融为一体，提高个人的爱国、敬业、诚信、友善修养，自觉把小我融入大我，不断追求国家的富强、民主、文明、和谐和社会的自由、平等、公正、法治，将社会主义核心价值观内化为精神追求，外化为自觉行动。

——加强中华优秀传统文化教育。大力弘扬以爱国主义为核心的民族精神和以改革创新为核心的时代精神，教育引导学生深刻理解中华优秀传统文化中讲仁爱、重民本、守诚信、崇正义、尚和合、求大同的思想精华和时代价值，教育引导学生传承中华文脉，富有中国心、饱含中国情、充满中国味。

——深入开展宪法法治教育。教育引导学生学思践悟习近平全面依法治国新理念新思想新战略，牢固树立法治观念，坚定走中国特色社会主义法治道路的理想和信念，深化对法治理念、法治原则、重要法律概念的认知，提高运用法治思维和法治方式维护自身权利、参与社会公共事务、化解矛盾纠纷的意识和能力。

——深化职业理想和职业道德教育。教育引导学生深刻理解并自觉实践各行业的职业精神和职业规范，增强职业责任感，培养遵纪守法、爱岗敬业、无私奉献、诚实守信、公道办

事、开拓创新的职业品格和行为习惯。

四、科学设计课程思政教学体系

高校要有针对性地修订人才培养方案,切实落实高等职业学校专业教学标准、本科专业类教学质量国家标准和一级学科、专业学位类别(领域)博士硕士学位基本要求,构建科学合理的课程思政教学体系。要坚持学生中心、产出导向、持续改进,不断提升学生的课程学习体验、学习效果,坚决防止"贴标签""两张皮"。

公共基础课程。要重点建设一批提高大学生思想道德修养、人文素质、科学精神、宪法法治意识、国家安全意识和认知能力的课程,注重在潜移默化中坚定学生理想信念、厚植爱国主义情怀、加强品德修养、增长知识见识、培养奋斗精神、提升学生综合素质。打造一批有特色的体育、美育类课程,帮助学生在体育锻炼中享受乐趣、增强体质、健全人格、锤炼意志,在美育教学中提升审美素养、陶冶情操、温润心灵、激发创造创新活力。

专业教育课程。要根据不同学科专业的特色和优势,深入研究不同专业的育人目标,深度挖掘提炼专业知识体系中所蕴含的思想价值和精神内涵,科学合理拓展专业课程的广度、深度和温度,从课程所涉专业、行业、国家、国际、文化、历史等角度,增加课程的知识性、人文性,提升引领性、时代性和开放性。

实践类课程。专业实验实践课程,要注重学思结合、知行统一,增强学生勇于探索的创新精神、善于解决问题的实践能力。创新创业教育课程,要注重让学生"敢闯会创",在亲身参与中增强创新精神、创造意识和创业能力。社会实践类课程,要注重教育和引导学生弘扬劳动精神,将"读万卷书"与"行万里路"相结合,扎根中国大地了解国情民情,在实践中增长智慧才干,在艰苦奋斗中锤炼意志品质。

五、结合专业特点分类推进课程思政建设

专业课程是课程思政建设的基本载体。要深入梳理专业课教学内容,结合不同课程特点、思维方法和价值理念,深入挖掘课程思政元素,有机融入课程教学,达到润物无声的育人效果。

——文学、历史学、哲学类专业课程。要在课程教学中帮助学生掌握马克思主义世界观和方法论,从历史与现实、理论与实践等维度深刻理解习近平新时代中国特色社会主义思想。要结合专业知识教育引导学生深刻理解社会主义核心价值观,自觉弘扬中华优秀传统文化、革命文化、社会主义先进文化。

——经济学、管理学、法学类专业课程。要在课程教学中坚持以马克思主义为指导,加快构建中国特色哲学社会科学学科体系、学术体系、话语体系。要帮助学生了解相关专业和行业领域的国家战略、法律法规和相关政策,引导学生深入社会实践、关注现实问题,培育学生经世济民、诚信服务、德法兼修的职业素养。

——教育学类专业课程。要在课程教学中注重加强师德师风教育,突出课堂育德、典型树德、规则立德,引导学生树立学为人师、行为世范的职业理想,培育爱国守法、规范从教的职业操守,培养学生传道情怀、授业底蕴、解惑能力,把对家国的爱、对教育的爱、对学生的爱融为一体,自觉以德立身、以德立学、以德施教,争做有理想信念、有道德情操、有扎实学识、有仁爱之心的"四有"好老师,坚定不移地走中国特色社会主义教育发展道路。体育类课程

要树立健康第一的教育理念，注重爱国主义教育和传统文化教育，培养学生顽强拼搏、奋斗有我的信念，激发学生提升全民族身体素质的责任感。

——理学、工学类专业课程。要在课程教学中把马克思主义立场观点方法的教育与科学精神的培养结合起来，提高学生正确认识问题、分析问题和解决问题的能力。理学类专业课程，要注重科学思维方法的训练和科学伦理的教育，培养学生探索未知、追求真理、勇攀科学高峰的责任感和使命感。工学类专业课程，要注重强化学生工程伦理教育，培养学生精益求精的大国工匠精神，激发学生科技报国的家国情怀和使命担当。

——农学类专业课程。要在课程教学中加强生态文明教育，引导学生树立和践行绿水青山就是金山银山的理念。要注重培养学生的"大国三农"情怀，引导学生以强农兴农为己任，"懂农业、爱农村、爱农民"，树立把论文写在祖国大地上的意识和信念，增强学生服务农业农村现代化、服务乡村全面振兴的使命感和责任感，培养知农爱农创新人才。

——医学类专业课程。要在课程教学中注重加强医德医风教育，着力培养学生"敬佑生命、救死扶伤、甘于奉献、大爱无疆"的医者精神，注重加强医者仁心教育，在培养精湛医术的同时，教育引导学生始终把人民群众生命安全和身体健康放在首位，尊重患者，善于沟通，提升综合素养和人文修养，提升依法应对重大突发公共卫生事件能力，做党和人民信赖的好医生。

——艺术学类专业课程。要在课程教学中教育引导学生立足时代、扎根人民、深入生活，树立正确的艺术观和创作观。要坚持以美育人、以美化人，积极弘扬中华美育精神，引导学生自觉传承和弘扬中华优秀传统文化，全面提高学生的审美和人文素养，增强文化自信。

高等职业学校要结合高职专业分类和课程设置情况，落实好分类推进相关要求。

六、将课程思政融入课堂教学建设全过程

高校课程思政要融入课堂教学建设，作为课程设置、教学大纲核准和教案评价的重要内容，落实到课程目标设计、教学大纲修订、教材编审选用、教案课件编写各方面，贯穿于课堂授课、教学研讨、实验实训、作业论文各环节。要讲好用好马工程重点教材，推进教材内容进人才培养方案、进教案课件、进考试。要创新课堂教学模式，推进现代信息技术在课程思政教学中的应用，激发学生学习兴趣，引导学生深入思考。要健全高校课堂教学管理体系，改进课堂教学过程管理，提高课程思政内涵融入课堂教学的水平。要综合运用第一课堂和第二课堂，组织开展"中国政法实务大讲堂""新闻实务大讲堂"等系列讲堂，深入开展"青年红色筑梦之旅""百万师生大实践"等社会实践、志愿服务、实习实训活动，不断拓展课程思政建设方法和途径。

七、提升教师课程思政建设的意识和能力

全面推进课程思政建设，教师是关键。要推动广大教师进一步强化育人意识，找准育人角度，提升育人能力，确保课程思政建设落地落实、见功见效。要加强教师课程思政能力建设，建立健全优质资源共享机制，支持各地各高校搭建课程思政建设交流平台，分区域、分学科专业领域开展经常性的典型经验交流、现场教学观摩、教师教学培训等活动，充分利用现代信息技术手段，促进优质资源在各区域、层次、类型的高校间共享共用。依托高校教师网

络培训中心、教师教学发展中心等,深入开展马克思主义政治经济学、马克思主义新闻观、中国特色社会主义法治理论、法律职业伦理、工程伦理、医学人文教育等专题培训。支持高校将课程思政纳入教师岗前培训、在岗培训和师德师风、教学能力专题培训等。充分发挥教研室、教学团队、课程组等基层教学组织作用,建立课程思政集体教研制度。鼓励支持思政课教师与专业课教师合作教学教研,鼓励支持院士、"长江学者""杰青"、国家级教学名师等带头开展课程思政建设。

加强课程思政建设重点、难点、前瞻性问题的研究,在教育部哲学社会科学研究项目中积极支持课程思政类研究选题。充分发挥高校课程思政教学研究中心、思想政治工作创新发展中心、马克思主义学院和相关学科专业教学组织的作用,构建多层次课程思政建设研究体系。

八、建立健全课程思政建设质量评价体系和激励机制

人才培养效果是课程思政建设评价的首要标准。建立健全多维度的课程思政建设成效考核评价体系和监督检查机制,在各类考核评估评价工作和深化高校教育教学改革中落细落实。充分发挥各级各类教学指导委员会、学科评议组、专业学位教育指导委员会、行业职业教育教学指导委员会等专家组织作用,研究制订科学多元的课程思政评价标准。把课程思政建设成效作为"双一流"建设监测与成效评价、学科评估、本科教学评估、一流专业和一流课程建设、专业认证、"双高计划"评价、高校或院系教学绩效考核等的重要内容。把教师参与课程思政建设情况和教学效果作为教师考核评价、岗位聘用、评优奖励、选拔培训的重要内容。在教学成果奖、教材奖等各类成果的表彰奖励工作中,突出课程思政要求,加大对课程思政建设优秀成果的支持力度。

九、加强课程思政建设组织实施和条件保障

课程思政建设是一项系统工程,各地各高校要高度重视,加强顶层设计,全面规划,循序渐进,以点带面,不断提高教学效果。要尊重教育教学规律和人才培养规律,适应不同高校、不同专业、不同课程的特点,强化分类指导,确定统一性和差异性要求。要充分发挥教师的主体作用,切实提高每一位教师参与课程思政建设的积极性和主动性。

加强组织领导。教育部成立课程思政建设工作协调小组,统筹研究重大政策,指导地方、高校开展工作;组建高校课程思政建设专家咨询委员会,提供专家咨询意见。各地教育部门和高校要切实加强对课程思政建设的领导,结合实际研究制定各地、各校课程思政建设工作方案,健全工作机制,强化督查检查。各高校要建立党委统一领导、党政齐抓共管、教务部门牵头抓总、相关部门联动、院系落实推进、自身特色鲜明的课程思政建设工作格局。

加强支持保障。各地教育部门要加强政策协调配套,统筹地方财政高等教育资金和中央支持地方高校改革发展资金,支持高校推进课程思政建设。中央部门所属高校要统筹利用中央高校教育教学改革专项等中央高校预算拨款和其他各类资源,结合学校实际,支持课程思政建设工作。地方高校要根据自身建设计划,统筹各类资源,加大对课程思政建设的投入力度。

加强示范引领。面向不同层次高校、不同学科专业、不同类型课程，持续深入抓典型、树标杆、推经验，形成规模、形成范式、形成体系。教育部选树一批课程思政建设先行校、一批课程思政教学名师和团队，推出一批课程思政示范课程、建设一批课程思政教学研究示范中心，设立一批课程思政建设研究项目，推动建设国家、省级、高校多层次示范体系，大力推广课程思政建设先进经验和做法，全面形成广泛开展课程思政建设的良好氛围，全面提高人才培养质量。

附录 E

教育部办公厅关于做好 2023 年高校思想政治工作队伍培训研修中心重点建设工作的通知

教思政厅函〔2023〕5 号

各省、自治区、直辖市教育厅（教委），新疆生产建设兵团教育局，部属各高等学校、部省合建各高等学校，高校思想政治工作队伍培训研修中心：

为认真学习贯彻习近平新时代中国特色社会主义思想，深入学习宣传贯彻党的二十大精神，加强高校思想政治工作队伍培训研修中心（以下简称中心）建设，提升高校思想政治工作队伍素质能力，现就做好 2023 年中心重点建设工作有关事项通知如下。

一、总体目标

深入实施"时代新人铸魂工程"，全面提升高校辅导员素质能力，根据辅导员培训体系建设要求，加快推进优质课程建设，创新教学形式，规范管理规程，严格考核评估，切实提升高校思想政治工作队伍培训研修质量，健全"部、省、校"联动三级辅导员培训格局，为推动高校思想政治工作高质量发展提供有力支撑。

（一）全方位提升辅导员素质能力。聚焦辅导员主要职责，强化培养目标引领。围绕思想理论教育和价值引领能力，指导辅导员深入学习马克思主义理论特别是习近平新时代中国特色社会主义思想，掌握贯穿其中的立场、观点、方法，掌握思想政治教育规律和工作方法，及时了解学生思想行为特点及思想政治状况，推动党的创新理论入脑入心。围绕党团班级建设能力，以学生党团及班级建设实务工作为主要内容，指导辅导员做好党团及班级建设，提高教育管理服务学生的综合能力。围绕学风建设能力，以学业辅导为主要内容，指导辅导员深入掌握学生专业培养计划和学习情况，提高有效引导学生养成良好学习方式的能力。围绕日常事务管理能力，以高校学生事务管理为主要内容，指导辅导员掌握入学教育、毕业教育、军事训练、奖贷资助、生活指导等工作内容和方法。围绕心理健康教育工作能力，以大学生心理健康教育基本理论、方法和技能培训为主要内容，帮助辅导员提升及时发现学生心理问题、有效进行心理疏导，以及参与应对和处理心理危机事件的能力。围绕网络思想政治教育能力，以网络技术运用、网络文化建设、网络思想教育引导为主要内容，提高辅导员参与网络平台建设，加强网络引导和培育学生网络素养等方面能力。围绕校园危机事件应对能力，以学生危机事件预防与处置为主要内容，指导辅导员掌握危机防范处置技能技巧，做到及时发现、及早干预、高效应对各类危机事件。围绕职业规划与就业创业指导能力,以学生职业生涯规划基础知识、基本理论和常用方法为主要内容,提高辅导员职业生涯规划指导能力,更好地帮助学生树立正确的职业观、择业观、创业观、成才观。围绕理论和实践研究能力,以思想政治教育及相关学科基本理论和研究方法为主要内容,指导辅导员提高分析实际问题和开展理论研究的能力。

(二)分群体实施精准培训。针对新入职群体,主要为工作年限1—3年的辅导员。帮助此类辅导员掌握基本职业技能和专业素养,熟悉高校辅导员工作流程,能够胜任辅导员主要工作职责。针对有一定工作基础的群体,主要为工作年限4—8年的辅导员。帮助此类辅导员在达到职业化基本素质的前提下,能够积极探索形成工作特色,拥有较强的研究能力,积累一定理论和实践成果,促进专业化发展。针对有较为丰富工作经验的群体,主要为工作年限8年以上的辅导员。帮助此类辅导员自觉将思政实践经验总结归纳为理论规律,成为大学生思想政治教育某一方面的行家里手,不断向专家化要求迈进。

(三)多层次完善培训体系。依托"部、省、校"三级培训平台,发挥各类培训优势。重点组织国家级示范培训,由教育部思想政治工作司统筹,全国范围内组织开展示范培训。有力推进省级特色培训,由省级教育行政部门结合各地实际,打造区域性特色培训,全省(区、市)范围内分批组织高校辅导员骨干培训与新入职辅导员培训,指导各校制定"一校一策"培训计划。全覆盖开展校级基础培训,由高校自主组织,参照中心校级培训方案和课程模块,结合本校学科特色与学生特点,分层组织开展贴合实际、务实管用的全覆盖培训。加大高等职业院校和民办高校辅导员培训力度,发掘少数民族高校辅导员特色培训资源,组织实施系列培训。

二、主要任务

(一)加强课程建设。开发"理论学习、实践教学、工作研讨"等多类型课程,聚焦培训主题和重点内容,打造精品课程集群。理论学习类课程,以马克思主义理论特别是党的创新理论教育为主要内容。实践教学类课程,综合运用模拟式、体验式、训练式等教学方法,增加互动体验内容。工作研讨类课程,紧扣业务主题,创新探索案例分析、交流分享、对策研讨等授课形式。加强"菜单式、开放式"课程资源建设,设计重点培训"必修课"、专题学习"选修课",以及"应知应会"系列微课,丰富培训课程资源,提供自主搭配课程套餐,满足不同类型辅导员学习需求。

(二)集聚优质师资。以专业为导向加强师资库建设。聘请实践经验丰富、理论水平高超的高校党委书记、校长等党政领导干部以及有深厚育人情怀的知名专家学者,遴选全国思政中青年骨干、网络教育名师、最美高校辅导员等一线思政骨干,打造一支理论与实践相结合的专业培训师资队伍。全国示范培训须从国家级师资库中邀请专家,省校两级培训也可根据实际建立师资库。以课程为主导健全师资交流机制。做好课程师资选聘配备,根据培训主题科学匹配师资队伍,结合专业背景与授课特色,同一课程方向储备一定数量的师资,根据具体内容择优匹配邀请。加强课程师资动态管理,定期开展专家教学和培训成效评估,及时更新内容并调整师资,构建开放型师资格局。

(三)强化平台支撑。建设高水平实践教学基地,挖掘各地各高校特色资源,依托各地各高校爱国主义教育基地、红色教育基地、研学教育基地、综合实践基地等教育资源,与有关部门和单位共同建立沉浸式、交互式的高校思政实践教育基地，增强培训内容的体验性和感悟性，每期全国示范培训应安排 1 场现场教学。打造系统化数字平台，依托高校辅导员队伍能力提升大数据赋能平台，研发线上功能，开辟专门栏目，推进培训项目组织报名、质量评估等智能化管理。建设辅导员学习成长数字档案，动态呈现学习培训、成长发展等情况，逐步实现培训资源精准供给。整合数字培训资源，加强网络课程制作推广，健全完善激励机制，以大数据比选手段优化培训质量和中心建设评价。

（四）推动共建共享。强化同主题培训资源开放共享。建立健全中心协作机制，加强同一培训主题中心之间的交流合作和供需对接，整合优质师资，推动课程信息和培训数据互联互通。统筹设计相同培训主题全国示范培训，合作开展省校两级培训项目，实现优势互补。加强同区域中心协同共建。鼓励省际校际探索联学交流合作模式，带动优质资源流动，促进业务合作，形成思政培训研修合力。开放全国示范培训优质资源，面向区域内其他高校辅导员组织开展系列重点培训班次。

三、组织管理

（一）加强统筹领导。教育部思想政治工作司负责统筹指导。省级教育行政部门要加强指导管理，结合本地区实际整合资源，提供必要的政策和经费支持。各有关高校要落实主体责任，定期专题研究中心建设，落实人财物必要支持与保障。各中心要认真履行功能职责，保质保量完成建设任务。

（二）有序组织推进。各中心应于年初提交年度工作计划，包括示范培训方案、精品课程条目、重点任务清单等。年中围绕重点建设工作，完成各类培训任务，做好课程设计研发，实现网络资源共享，做到规定动作做到位、自选动作有特色。年底提交工作总结，反馈本年度培训成效。

（三）完善培训规程。加强培训项目闭环管理，优化方案制定、组织报名、学员管理、考核评价、质量评估等工作环节，形成系统完备、科学有效的培训运行机制。加强培训满意度和实效性调研，侧重课程师资、服务组织等多维度评价，提升培训的科学性和规范性。

（四）严格考核管理。各中心加强年度自查，坚持过程评价，实行动态管理，量化工作评估指标，做到全过程监管和全方位评价。严格项目经费管理，认真执行财务管理规定，确保经费使用规范。

教育部办公厅
2023 年 5 月 4 日

参 考 文 献

[1] 张先松.健身健美运动[M].武汉：华中科技大学出版社,2009.
[2] 张先松.健身健美理论与实践[M].武汉：武汉出版社,2005.
[3] 相建华,杨润琴,尹俊玉.初级健美训练教程[M].北京：人民体育出版社,2003.
[4] 相建华,王莹.中级健美训练教程[M].北京：人民体育出版社,2004.
[5] 相建华,田振华,邓玉.高级健美训练教程[M].北京：人民体育出版社,2006.
[6] 王红梅.营养与食品卫生学[M].上海：上海交通大学出版社,2000.
[7] 国家体育总局群体司组.社会体育指导员技术等级培训教材[M].北京：高等教育出版社,2003.
[8] 吴东明,王健.体能训练[M].北京：高等教育出版社,2006.
[9] 曲艳丽.团体操编排设计与游戏[M].济南：山东大学出版社,2001.
[10] 杨斌,于晓红.形体训练纲论[M].北京：北京体育大学出版社,2009.
[11] 黄宽柔,姜桂萍.健美操体育舞蹈[M].北京：高等教育出版社,2009.
[12] 肖冬梅.大学生心理健康教育与训练[M].北京：中国人民大学出版社,2009.
[13] 叶琳琳.大学生心理健康教育与心理素质训练[M].北京：北京师范大学出版社,2012.
[14] 付桂英.体态礼仪与形体训练[M].北京：北京师范大学出版集团,2010.
[15] 汪艳丽.大学生心理素质训练[M].北京：高等教育出版社,2010.
[16] 张桂兰.形体训练[M].北京：国防工业出版社,2010.
[17] 郑一群.走出困境——如何应对人生中的挫折与压力[M].北京：清华大学出版社,2011.
[18] 匡小红.健美操[M].北京：高等教育出版社,2011.
[19] 侯丽萍,张慧全.大学生心理健康与心理素质训练[M].长春：东北师范大学出版社,2011.
[20] 王健,马军,王翔.健康教育[M].北京：高等教育出版社,2005.

相关网站：

[1] 北京体育局网站
[2] 国家体育局网站
[3] 国家教育部网站
[4] 北京市教育委员会网站
[5] www.ccachina.org